개벽파선언

개벽파선언

다른 백년
다시 개벽

조성환 이병한
지음

도서출판 모시는사람들

다른백년 다시개벽

후끈 달아올랐다. 흠뻑 땀을 쏟았다. 러시아식 사우나, 반야에서 몸을 한껏 데웠다. 숨이 턱밑까지 차오르면 문을 박차고 나가 풍덩 호수로 뛰어들었다. 한여름 8월의 바이칼은 여전히 시리다. 차디찬 물속을 첨벙첨벙 가르며 열기를 식힌다. 해가 져도 하얗디하얀 하늘에는 빠꼼 초승달이 걸렸다. 시베리아의 북극성도 투명하게 빛을 내기 시작한다. 지도에서 보노라면 바이칼은 길게 찢어진 몽골리안의 눈 꼬리처럼 생겼다. 영롱하고 초롱한 시베리아의 눈망울에서 헤엄치는 양 상쾌하고 산뜻하다. 그제야 천근만근 근심이 녹아 풀어졌다. 무지근하던 마음을 비로소 말끔하게 씻어내었다.

올 여름방학 모스크바행은 소기의 목적을 달성하지 못했다. 본문에서 야심차게 예고하는바, 레닌도서관을 뒤져 북조선에서 발간된 《개벽신보》를 발굴하고 논문을 써 보고자 하였다. 남한식 개화국가와 북조선식 척사국가와는 다른 제3의 길, 해방공간 재건된 청우당의 개벽국가 노선을 복원시켜 보고 싶었다. 개화 좌/우파의 반목을 지나 개벽 좌/우파의 대연정으로 열어가는 앞으로 30년의 청사진으로 삼고자 했던 것이다. 헌데 폐가식 도서관이라는 점이 복병이었다. 데이

터베이스로 기록되어 있지 않은 자료를 발품 들여 찾아낼 길이 원천 봉쇄되어 있는 것이다. 손에 닿을 수 있는 자료는 1953년부터 1955년 사이뿐이다. 혹시나 싶어 주밀하게 살폈으나 실망을 금할 수 없는 수준이었다. 동학의 후예다운 기상과 기세를 한 치도 찾아보기 힘들다. 개벽국가의 비전 또한 한 움큼도 들어 있지 않았다. 온통 김일성 만세요, 오로지 소련 만만세이다. 차마 더 읽어갈 수가 없었다. 도무지 읽어줄 수가 없었다. 탄성은커녕 탄식만 새어나왔다. 사흘 만에 발길을 싹 끊어버렸다. 한국전쟁으로 말미암아 북조선에서도 '다른 백년, 다시 개벽'의 기개는 결정적으로 꺾이고 말았던 것이다.

홀홀 털어내기로 한다. 홀홀 흘려보낸다. 미련 또한 남지 않는다. 최선을 다하였다. 혼신을 기울였다. 1월 1일부터 6개월간 정과 성을 다 쏟아 생각을 익히고 문장을 다듬었다. 뜸을 오래 들인 책이다. 본디 『유라시아 견문』 3권의 머리말을 '개벽파선언'으로 꾸리고자 했었다. 자그마치 1년이 넘도록 묵히고 삭힌 작업인 것이다. 아무리 쥐어짜내도 써지지 않던 문장이 올해는 봇물처럼 터져 나왔다. 조성환 선생님과의 만남을 기폭제로 마침내 물꼬가 트인 것이다. '견문'에서 '선언'으로의 이행이 자연스러워졌다. 우연이었다. 인연이었다. 필연이었다. 운명이었다. 이 책의 제안은 내가 한 것이었으나 마침표를 찍게 된 것은 오롯이 조성환 선생님의 공이다. 그분이 아니었다면 나는 또 다른 1년을 끙끙 앓으며 허송세월 했을지도 모른다. 두고두고 감사할 분이다.

돌아보면 지난 1년, 겹겹의 인과 연이 일파만파 블록체인처럼 엮이고 갈마들었다. 귀국 이후 몸담게 된 원광대학교에서는 '동학쟁이' 박맹수 선생님이 총장이 되셨다. '다른백년'의 이래경 이사장은 기꺼이 연재 지면을 제공해 주셨다. '모시는사람들' 박길수 대표는 글을 쓸 수 있는 공간을 내어주셨다. 무엇보다 로드스꼴라*와의 만남이 형질전환의 비등점이었다. 맑고 밝은 1020세대와 접속하면서 개벽파의 미래학교, '개벽학당' 또한 출범할 수 있었던 것이다. 탁월한 청소년 교육가 김현아 선생님이 '미래인'들을 대거 몰고 와 주신 덕분이다. 마침 미래문명을 연구하는 여시재의 이광재 원장 또한 기운 좋은 터에 자리한 한옥 건물 대화당을 선뜻 빌려 주셨다. 간절히 바라면 온 우주가 돕는다 했던가, 일사천리 속속 진행되고 척척 해결된 일이다.

북방의 선선한 여름을 만끽하는 사이 한국은 뜨겁게 달아올랐다. 일백년 전 삼일혁명의 재연이라도 되는 양 일본과의 갈등이 첨예하게 폭발하는 모양새다. 감정에 휘둘리지 않고 먼발치서 지긋이 조감해 보게 된다. 단지 나라와 나라의 싸움이 아닐 것이다. 아편전쟁 이후 서세동점의 끝물에 당도해서 벌어지는 혼란이고 소란일 것이다. 메이지유신 이래 150년, 동아시아에서 일본은 서구의 무의식적 대리인이었다. 그 개화문명의 총아가 적폐의 정수임이 낱낱이 드러나고 있는 것이다. 하여 진정한 극일이라 함은 일본보다 더 나은 개화국가가 되는 것이 아닐 터이다. 국력의 역전으로 해소될 사안 또한 아니라고 하겠다. 이럴 때일수록 민족주의적 정념과 국가이성에 회수되지 않는

● RoadSchola. '길 위에서 배우고, 놀고, 연대하는 여행학교'를 표방하는 대안학교. 김현아 대표교사를 중심으로 기수별(연령, 학년 불문)로 매년 학생을 선발하여 운영한다. 국내는 물론 세계 각지를 여행하거나 국내에서 다양한 프로그램을 운영한다.

지구적 영성의 계발이 절실하다. 개화에서 개벽으로의 대반전, 모시고 기르고 섬기는 문명으로의 대전환을 우리부터 솔선수범하여야 하겠다. 그로써 갈 길을 찾지 못하는 저 이웃나라에도 우정의 손길을 내밀어 살길을 열어주어야 하는 것이다. 당장 나부터 실행하려고 든다. 8월 말과 9월 초, 연달아 큐슈를 방문하여 '레이와 유신'을 도모하고 있는 일본의 개벽파들과 회합할 것이다. 지난 백년 문명개화는 각자도생하였으나, 다른 백년 신문명 개벽은 만국과 만인과 만물이 협동하며 상호진화하자고 설득하고 화합해 갈 것이다.

〈개벽파선언〉은 마흔을 넘긴 나에게도 획을 긋는 작업이다. 이 책을 기점으로 과거를 발굴하고 탐구하는 역사학자에서 미래를 창조하고 탐험하는 미래학자로 거듭나려고 한다. '개벽파 미래학자'로서의 재출발과 새출발이 설레고 든든한 까닭은 전적으로 벽청(개벽하는 청년)들의 존재 덕분이다. 그들로 말미암아 나는 생각과 생활을 결합하고 생명과 생산을 융합시키는 개벽학당의 당장 '로샤'(路思)가 될 수 있었다. 용맹한 시베리아의 호랑이를 닮은 개벽학당 1기 친구들에게 이 책을 드린다. 21세기는 오롯이 당신들의 것이며 온전히 여러분들의 몫이다.

2019년 8월 12일, 모스크바에서

이
병
한

다른 백년, 다시 개벽

개벽파 선언! 철학자와 사학자가 나누는 이 대화에 임하는 저의 기대
부터 밝혀 두려 합니다.…제 선생님과 선배님들이 서술한 한국 근현
대사는 한마디로 '개화사'입니다.…저는 지구사의 대반전을 맞춤하
여 '개벽사(開闢史)'를 새로이 쓰고 싶습니다. 1860년 동학 창도 이래
150년사를 통으로 갈아엎고 싶습니다.…개벽사의 서술은 개벽학 수
립으로 나아갈 것입니다.…개벽대학을 염원합니다. 그리고 새 학파
의 등장은 새 정파 탄생의 마중물이 될 것입니다.

1. 다시 천하?

새해 첫날입니다. 동트기 전, 고요한 새벽입니다. 2019년 한 해를 선생님과의 서신으로 시작합니다. 두근두근, 새날을 여는 신고식입니다. 심호흡을 깊이 하고 반듯하게 자리에 앉았습니다. 처음처럼, 새 마음을 새깁니다. 지금 이 순간의 초심을 6개월 내내 지속하고 싶습니다.

지난 연말을 돌아봅니다. 학술행사 참여 차 베이징에 다녀왔습니다. 마침 개혁개방 40주년●을 맞춤한 때였습니다. 천안문 광장의 국가박물관에서는 '위대한 변혁'을 주제로 한 전시가 한창이었습니다. 한참을 줄을 서서 기다린 끝에야 겨우 관람할 수 있었습니다.

● 1978년 12월 제11기 중국공산당 중앙위원회 제3차 전체회의에서 덩샤오핑 등 실용주의 세력 주도로 개혁개방 정책을 표방한 일로부터 40주년

한마디로 실망스러웠습니다. 고속철도, 고속도로, 고속인터넷, 세계 최장의 교각과 달 탐사 등 시종 물질개벽의 성취를 일방으로 선전합니다. 경제강국, 기술강국, 우주강국, 군사강국만 도드라지게 꾸며두었습니다.

● 桑田碧海 뽕나무밭이 푸른바다로 바뀐다는 말로, 변화의 폭과 깊이가 매우 넓고 큰 것을 말함

물론 지난 40년 중국이 이룩한 상전벽해●는 괄목할 것입니다. 그

성취를 더욱 실감나게 해 준 것은 공교롭게도 기내에서 시청한 영화 한 편이었습니다. 제목이 유별납니다. 〈Crazy Rich Asians〉.* 아시아 인이라고 했지만 실은 중국인 이야기입니다. 더 정확히는 '글로벌 중 국인'이라 해야겠군요. 도입부가 가장 인상적이었습니다. 주인공 커 플이 뉴욕의 레스토랑에서 나눈 대화가 지인의 SNS를 통해 싱가포르 에 계시는 부모님에게도 곧장 알려집니다. 뉴욕, 상하이, 홍콩, 타이 베이, 싱가포르, 런던 등 글로벌 도시들을 가로지르며 실시간 이어지 는 연결망이 대단합니다. 200년 오래된 화교 네트워크와 20년 새로운 온라인 네트워크가 결합된 21세기의 디지털-화교망을 실감나게 연출 합니다. 누천년의 아날로그 공동체와 새천년의 디지털 커뮤니티가 합 류한 모양새입니다. 신대륙과 구대륙을 아우르고, 온라인과 오프라인 을 횡단하는 글로벌 차이나의 현재입니다.

● 2018.10.25 개봉 존 추 (Jon M. Chu) 감독

'Crazy Rich', 영화 제목이 상기하는 것처럼 중국은 이미 물질개벽 의 수준에서 미국과 유럽에 육박했습니다. 구미를 능가하는 것 또한 시간문제일 것입니다. 격차는 더더욱 벌어질 것입니다. 2049년, 중화 인민공화국 일백주년에는 명실상부 G1이 될 공산이 큽니다. 새로운 현상만도 아니라고 하겠습니다. 오래된 지위로 되돌아가는 것입니 다. 세계사는 아편전쟁 이전으로 반전하고 있습니다. 저 나라의 지도 층이 부쩍 '책임대국'을 강조하는 것 또한 '익숙한 미래'를 예비하고 대 비하는 것이라 하겠습니다.

그 준비의 일환으로 사상계에서는 '천하'나 '대동'이라는 말도 자주

쓰고 있습니다. 이번 베이징대학의 한 연구소 개소식 또한 '천하'를 핵심 키워드로 삼았습니다. 천하질서가 무너졌다고 호들갑이었던 것이 불과 120년 전입니다. 동아시아인의 장구한 역사 감각으로 미루어 보면 백년 대란은 잠시, 일시에 그칩니다. 일치일란(一治一亂)의 한 주기, 변주일 뿐입니다.

천하는 붕괴되기는커녕 더욱 확장되고 심화된 형태로 다시 굴기하고 있습니다. 이번 세기에는 동아시아로만 한정되지도 않을 것입니다. 일대일로(一帶一路)를 따라 아랍으로 유럽으로 아프리카로 아메리카로 확산되고 있습니다. '천하위공'(天下爲公)*이라는 오래된 사자성어가 'Global First'라는 신조어로 번안되고 있음을 곳곳에서 목도합니다. 보호주의로 퇴각하고 국가주의로 퇴행하는 구미에 맞선 대안적 지구사상으로 매력공세를 펼치는 것입니다.

● '온 세상은 한 집안(사람)의 사사로운 소유가 아니라 일반 국민의 것이다'의 뜻

실로 신천하, '다시 천하'의 기세가 하늘을 찌릅니다. 동아시아인으로서 천하의 귀환을 마다할 것 없다 여깁니다. 40년 항산*을 갖추었으니, 다음 40년은 항심을 다지는 것도 자연스러운 일입니다. 그럼에도 천하론을 추수하는 것만으로는 썩 석연치 않습니다. 지난 백년을 지나 '다시 천년'으로 복귀하는 것 또한 영 마뜩치 않습니다.

● 恒産 cf. '무항산무항심(無恒産無恒心), 맹자 양혜왕편)' 항산이 없으면 항심이 없다는 말로, 생활이 안정되지 않으면 바른 마음(恒心)을 견지하기 어렵다는 뜻이다. 여기서 항산(恒産)은 기본적인 생활을 유지할 수 있는 일정한 재산이나 생업(일자리).

다행히도 천하대란의 벽두, 우리 선조들이 자생적으로 토해낸 모던한 개념이 솟구쳤습니다. 바로 '개벽'입니다. 저들에게 '천하'가 있다면, 우리에게는 '개벽'이 있습니다. 저들이 끝내 '천하'를 고수하고 사수할 때, 우리는 '개벽'을 창안하고 창조했습니다.

서울로 돌아오는 비행기, 선생님의 책 『한국근대의 탄생: 개화에서 개벽으로』*를 다시 펼쳐 든 까닭입니다. 저는 단연 2018년 '올해의 책'으로 꼽습니다. 완미해서가 아닙니다. '다시 개벽'의 물꼬를 틔우는 출사표와도 같은 책이기 때문입니다. 21세기 다른 백년, 다른 나라, 다른 문명의 단서가 숱하게 묻혀 있는 보물창고 같은 저서입니다. 부디 더욱 널리 읽혀지기를 바랍니다.

● 조성환, 모시는사람들, 2018

2. 다시 개벽!

아시다시피 저는 유라시아를 천일 동안 유랑했습니다. 근대의 고약한 시공간 개념을 철폐하고 싶었습니다. 공간적으로 서구와 비서구를 무 자르듯 나누고, 시간적으로 전통과 근대에 만리장성을 쌓아 둔 딱딱하고 단단한 고정관념을 부숴 버리고 싶었습니다. 유럽과 아시아가 다시 합류하고 고전과 미래가 소통하는 21세기의 포스트모던한 진풍경을 두 눈에 담고 두 발로 누비고 싶었습니다. 귀로에 접어들며 뜻밖의 결론에 이르렀습니다. 서구적 근대가 산출한 겹겹의 분단체제 심층에 성(聖)과 속(俗)의 분단체제가 똬리를 틀고 있다는 것입니다. 천상과 지상의 분단체제라고도 하겠습니다. 자연과 자유의 분화라고도 하겠습니다. 속이 성을 압도했습니다. 지상의 논리가 천상의 도리를 압살했습니다. 자유가 자연에 압승을 거두었습니다.

그 근대화=세속화의 교조주의가 곳곳에서 허물어져 내리고 있었습니다. 성과 속이 다시 합류하고 있는 모습을 도처에서 목격했습니다. 언젠가부터 '성속합작'이라는 말을 즐겨 쓰게 된 연유입니다. 탈서구적 세계화, 지구적 근대의 정수였습니다. 허나 탈세속화의 끝이 비단 종교로의 귀환이 아니었음이 백미입니다. 기성종교가 축적한 문명적 자산이 대안적인 '라이프스타일'로 업데이트되고 업그레이드되고 있었습니다. 그래서 저는 '재영성화'라고 표현합니다. 특정 계급만 향유하던 일상을 한층 성스럽게 영위하는 삶의 기술이 대중적으로 각광을 받고 있는 것입니다. 그 새로운 삶의 양식의 추구가 '새 정치'도 추동하고 있었습니다. '민주주의 2.0', 권리(權利)의 민주화에서 천리(天理)의 민주화로 이행하고 있습니다.

전혀 낯선 모습만은 아니었습니다. 거듭 거푸 동학운동을 떠올렸습니다. 사람을 하늘로 모시고 만물을 한울로 섬기는 동학이 목하 지구사의 대세, 메가트렌드와 합치한다고 여겼습니다. 귀국하면 신동학운동에 투신해야겠다고 다짐했습니다. 저 자신을 '개벽파'로 자임하게 된 것입니다. 동무와 동지가 있을까, 동덕(同德)을 찾았습니다. 그러다 눈을 찔러 온 것이 선생님이 쓰신 일련의 논문들입니다. 이틀을 몰아서 '조성환 읽기'에 몰두했습니다. 한국에 돌아가면 반드시 찾아뵈어야 할 분으로 첫 손에 꼽았습니다. 처음 뵌 것이 작년(2018) 봄, 4월입니다. 익산의 원광대학교 앞, 아담한 카페에서였습니다. 그 후로 학교 안과 밖에서 여러 차례 만났습니다. 넌지시 서신 형태의 연재를 제안한 것이 늦가을 무렵이었습니다. 기꺼이, 망설임 없이 수락해 주셨죠. 신이 났습니다. 흥에 겨웠습니다. 덕분에 신년 맞이가 더욱 신명이 납니다.

개벽파선언! 철학자와 사학자가 나누는 이 대화에 임하는 저의 기대부터 밝혀 두려 합니다. 사학과 철학의 앙상블, 사상사의 졸가리를 새로이 세우고 싶습니다. 제 선생님과 선배님들이 서술한 한국 근현대사는 한마디로 '개화사'입니다. 문명개화, 서구적 근대를 향해 진보하는 150년사를 뼈대로 삼고 있습니다. 심지어 그에 기초하여 1,500년 과거사도 기술되었다고 할 수 있습니다. 따지고 보면 좌/우와 진보/보수가 크게 다르지 않습니다. 한쪽은 식민지 근대화와 개발독재의 성취를 높이 치고, 다른 쪽은 항일운동과 민주화운동의 가치를 높게 삽니다.

그러나 심층에서 '탈아입구'*의 대서사는 공유하고 있다고 하겠습니다. 저는 지구사의 대반전을 맞춤하여 '개벽사'(開闢史)를 새로이 쓰고 싶습니다. 1860년 동학 창도 이래 150년사를 통으로 갈아엎고 싶습니다. 혼자 힘으로는 턱없이 벅찹니다. 공부도 아직 미진합니다. 밑천이 모자란 정도가 아닙니다. 이제 겨우 시작입니다. 그래서 먼저 개벽사를 정리하고 계신 선생님의 도움을 긴히 빌리고자 합니다.

개벽사의 서술은 개벽학 수립으로 나아갈 것입니다. 현재의 대학은 개화학교입니다. 학과 체제부터 커리큘럼까지 온통 개화독재입니다. 절절하게, 열렬하게 개벽대학을 염원합니다. 그리고 새 학파의 등장은 새 정파 탄생의 마중물이 될 것입니다. 개벽파를 규합하고 개벽

● 脱亜入欧 후쿠자와 유키치가 19세기 말 일본의 나아갈 길로 제시한 국가정책. '아시아를 벗어나 유럽으로 들어간다'는 뜻이다. 탈아론(脱亞論)이라는 제목으로 시사신보(時事新報)에 발표한 내용이다.

당의 출범까지 내다봅니다. 물론 서두를 이유는 조금도 없습니다. 철학이 부재한 새 정당과 새 정치의 좌초를 이미 숱하게 목도한 터입니다. 정당보다 시급한 것이 학당입니다. 공교육 학교와 사교육 학원 사이, 학당의 새 길을 모색합니다. 공/사로 나뉘되 학교와 학원 또한 일백년 개화의 관성에 머물고 있다는 점에서 별반 차이를 느끼지 못하기 때문입니다. 응당 개벽학당의 기치를 높이 들어야 할 것입니다. 개벽사의 서술, 개벽학의 수립, 개벽파의 규합, 개벽당의 출범, 그리하여 끝내 개벽국가의 탄생을 목도하고 싶습니다. 우리가 먼저 마당을 깔고 피리를 불면, 재야의 인재와 강호의 고수들이 속속 모여들기를 희구합니다. 무엇보다 다른 백년의 주인공, 새 천년에 태어난 1020세대의 호응을 깊이 갈망합니다.

3. 디톡스*

바야흐로 2019년입니다. 삼일운동 100주년입니다. 삼일운동부터가 '다시 개벽' 운동이었습니다. 19세기 말 천하대란 속에 좌절한 동학혁명이 삼일운동의 기개로 되살아나 20세기를 열어젖혔던 것입니다. 1919년에서 다시 백 년째, '또 다시 개벽', 개벽 2.0을 궁리합니다.

옥스퍼드 사전이 2018년 올해의 단어로 선정한 것이 'Toxic'(독,毒)이었습니다. 깊이 공감합니다. 과연 유럽과 아시아를 나눌 수가 없습니다. 극서와 극동이 하나의 지구를 공유합니다. 폭염과 폭한이 유난스럽습니다. 미세먼지는 나날이 극성입니다. 지난 백년, 개화득세의 후과입니다. 적폐 중의 적폐, 19세기 말 문명개화 이래 누적된 '개화 중독증'을 서둘러 벗어나야 하겠습니다. 〈개벽파선언〉이 그 해독제 역할을 해야 할 것입니다. 21세기의 디톡스 운동이라고도 하겠습니다. 중독에서 해독으로, 포스트모던, 포스트 웨스트, 포스트 트루스 시대정신과도 부합합니다.

　미리 오해는 피하고 싶습니다. 개벽이 개화를 능가하는 것이 능사가 아닙니다. 개화와 개벽의 대합장/대합창을 도모합니다. 서방학과 동방학을 회통한 신동학을 추구합니다. 천주와 천하와 천도가 융합하는 다시 개벽을 소망합니다. 해원상생(解寃相生),* 일방의 승리가 아니라 쌍방의 조화를 탐색합니다. 지난 연말, 한 해를 마감하는 술자리에서 애용한 건배사가 있습니다. '새로운 역사는 이제부터'입니다. 김정은 위원장이 판문점 평화의 집 방명록에 남긴 문구입니다. 『한국근대의 탄생』의 부제 '개화에서 개벽으로'야말로 '새로운 역사는 이제부터'에 딱 어울리는 화두라고 생각합니다. 맹목적 척사로 치달았던 북조선과 맹종적 개화로 내달렸던 남한이 다시 어우러지는 최선의 방편 또한 양쪽에서 공히 잊혀졌던 개벽파를 더불어 재건해 가는 것이라고 여깁니다. 2019년을 개벽파 재건의 원년으로 삼읍시다.

　첫 서신은 이쯤에서 접습니다. 책에서 제기한 도전적인 내용들은 차근차근 여쭙겠습니다. 화면에서 눈을 거두고 하늘을 올려다봅니다. 새 해가 떠오릅니다. 개벽의 새날이 밝아옵니다. 20190103

● 맺힌 원한을 풀고 서로 잘살자는 뜻

조
성
환

개벽의 힘 _ 한국 근대의 탄생

어떤 이들은 개벽의 역사는 어두운 과거, 패배한 역사라서 보기가 싫
다고도 하는데, 그렇기에 더더욱 직시하고 직면해야 한다고 생각합
니다.…그 어두운 터널을 통과하면서 개벽사를 읽어내려 가다 보면
거기에도 밝음이 있다는 사실을 알게 됩니다. 그것이 '부채'이자 동시
에 '치유'이기도 하다는 사실을 깨닫게 됩니다.…중국의 지식인들이
천하를 고수하고, 일본의 위정자들이 개화에 기댈 때, 한국의 민중들
은 개벽을 창안했기 때문입니다.

1. 다른 천하

이병한 선생님, 새해 벽두에 보내주신 개벽 소식 잘 받아보았습니다. 마침 새해 첫 출근길이었습니다. 천지가 잠자고 있을 때 서울에서 보낸 편지를 천지가 깨어날 무렵에 익산 가는 열차 안에서 읽을 수 있다니, 새삼 물질개벽의 고마움을 느낄 수 있었습니다. 지금은 첫날 일과를 마치고 대학 근처 심야카페에서 답장을 쓰고 있습니다. 곧 자정이 되려 합니다.

편지를 일독하고 나서 제일 먼저 든 생각은 『논어』에 나오는 '후생가외'*라는 말의 의미였습니다. 대개는 '후학의 실력이 출중함'을 표현할 때 쓰는 말인데, 어쩌면 '실력' 보다도 '힘' 을 말하는 게 아닌가 하는 생각이 들었습니다. 젊은 세대의 기상이 넘쳐 기성세대가 두려움을 느낄 정도라는 것이죠. 지난해 크리스마스 때 《프레시안》에 쓰신 글의 부제가 '유학국가에서 동학국가로'여서 깜짝 놀랐는데, 이번에는 '개벽국가의 탄생'이라는 표현에 거듭 놀랐습니다.

제가 아무리 개벽파를 자처한다고 해도 '동학국가'나 '개벽국가'와

● 後生可畏. 『논어』 「자한(子罕)」편에 나온다. '뒤에 태어난 사람들(후배, 제자, 신세대)는 두려워할 만하다. 장차 그들이 지금의 우리보다 못하지 않을 것을 어찌 알겠는가?(子曰: 後生可畏, 焉知來者之不如今也) 나이 4, 50이 되어노 학문과 덕행으로 이름이 나지 않았다면, 그는 또한 두려워할 것이 없다(四十五十而無聞焉, 斯亦不足畏也已).'

같은 대담한 표현은 감히 쓰지 못합니다. 지식이나 지혜는 배울 수 있을지 몰라도 기개나 기운은 압도당하는 것이구나, 하는 생각이 들었습니다. 더군다나 요즘처럼 정보가 공유되는 세상에서는 역발산(力拔山) 기개세(氣蓋世)의 패기가 정말 중요하겠다 싶습니다. 지난 겨울에 소개해 주신 하자센터*의 '공공하는 청년들'(공청)*에게서도 같은 기운을 느낄 수 있었습니다. 2017년에 트럼프가 한반도의 대통령인 양 나대는 것을 보고 화가 나서 거리로 뛰쳐나와 남북평화를 노래하기 시작했더니 거짓말처럼 남북 대화가 시작됐다는 그 용감한 십 대와 이십 대들 말입니다. 평화 뒤에는 용기가 숨어 있다는 사실을 처음 깨달았습니다.

●서울시립청소년직업체험센터. '직업장'이자, '학교'이자, '마을'이기도 한 하자센터는 스스로 돕고, 서로를 살리며, 새로운 공공성을 만드는 자공공(自共公)의 가치로 지속가능한 사회로의 이행을 위한 삶의 기술을 배우고 나누는 창의적 공공지대. 1999년 개관하여 서울시 청소년들을 위한 대안적 진로 교육 프로그램을 기획 개발, 운영하고, 지속가능한 진로 생태계를 확장하는 청소년 직업체험 특화시설 서울 영등포구에 자리하고 있다.
● 로드스꼴라의 멤버들이 스스로를 일컫는 말. 공공(公共)하는 청년

그러고 보니까 이런 패기는 젊은 세대들에게서만 볼 수 있는 것은 아닙니다. 어제 있었던 원광대학교 시무식에서도 박맹수 신임 총장께서 '개벽대학'이라는 표현을 쓰시더군요. 신임 이사장님도 신년사에서 같은 표현을 쓰셨고요. "원광대학을 다시 개벽하여 개벽대학으로 만들자."는 취지였습니다. 그 기세에도 저는 압도당했습니다. 두 분 다 저보다는 한 세대 위의 분들입니다. 이번에는 '선생가외'라고 해야 할 것 같습니다.

생각해 보면 "물질이 개벽되니 정신을 개벽하자"는 원불교 이념으로 '개벽의 일꾼'을 길러내자고 개교한 원광대학교가 왜 그동안 '개벽대학'이라는 슬로건을 내놓지 못했을까 하는 의구심이 듭니다. 혹시 뭔가에 억눌려 주저주저하고 있었던 것은 아닐까요? 개화(서학)나 척

사(유학)에 짓눌려 있었던 것은 아닐까요? 원광대학교의 모습이 그동안의 대한민국의 모습을 상징하는 것은 아닐까요?

첫 번째 화두로 제기하신 중국의 '다시 천하' 이야기, 흥미롭게 잘 읽었습니다. 제가 모르는 중국 근황을 새로 알 수 있었습니다. 문득 '천하위공(天下爲公)'을 '천하이공(天下二公)'으로 바꿔야 하는 시점이 오지 않았나 하는 생각이 들었습니다. 중국이 스스로를 '공'(보편천하)이라고 자처하던 시대에서 미국이라는 새로운 '공'이 등장하게 되었으니까요. 고공(古公)과 신공(新公)의 상박(相搏)이라고나 할까요? 아마도 이 이공(二公) 사이에서, '척사'와 '개화' 사이에서 새로운 미래를 열기 위해서, 김태창 선생님 식으로 말하면 '공공'을 열기 위해서, '개벽'을 들고 나온 것은 아닐까 하는 생각이 들었습니다. 그리고 그것이 우리 식의 근대의 시작이었고, 그래서 '한국 근대의 탄생'은 '한국 개벽의 탄생'으로 바꿔 말할 수 있고요.

2. 다시 근대

사실 제가 '한국의 근대'라는 진부한 주제를 다시 꺼낼 수 있기까지는 기타지마 기신 교수님의 '인도-아프리카 연구'와 선생님의 『유라시아 견문』*에서 결정적인 도움을 얻었습니다. 동학에서 원불교에 이르는 개벽종교만으로는 '개벽이 근대'이고, 그 근대는 '영성적 근대'였다는 말을 자신 있게 할 수는 없었을 겁니다. 그런데 아프리카가 그랬

● 『유라시아 견문』 1, 2, 3;
이병한, 서해문집, 2016~
2019)

고, 인도가 그랬고, 이란이 그랬고, 러시아가 그랬고, 지금도 그렇게 '성속합작'을 하고 있다는 전문가와 견문가의 '증언'을 듣고 나서야 확신할 수 있었습니다.

저는 지금도 선생님께서 작년 5월 1일에 원광대학교에서 발표하신 「나와 동북아시아/유라시아 연구」를 들었을 때의 충격을 생생하게 기억합니다. 『장자』에 나오는 우물 안 개구리가 동해의 자라에게 바다 이야기를 처음 듣고 어안이 벙벙했을 때의 기분이 그랬을 것입니다. 그동안 동아시아 전통과 서구 근대에 갇혀 있던 저의 좁은 시야를 뼈저리게 반성하게 해 준 자리였습니다. 30여 년 전에 서울에서 김용옥 선생님의 동양학 저서를 처음 접했을 때, 그리고 15년 전에 일본에서 브룩 지포린* 교수의 노장 해석을 처음 접했을 때 이후로 받은 세 번째 지적 충격이었습니다.

● Brook Ziporyn, 1964~

그래서 제가 작년에 읽은 최고의 글은 당연히 선생님의 견문록입니다. 특히 《프레시안》에 실린 두아라* 교수와의 인터뷰, 1979년의 이슬람혁명 이야기, 그리고 《한울안신문》에 실린 인터뷰가 압권이었습니다. 세상이 '다시 개벽' 시대로 진입하고 있음을 실감하였습니다. 그리고 자칭 '개벽파'라면서 원광대에 나타나셨을 때 천군만마를 얻은 느낌이었습니다. 이제야 비로소 개화에 치우친 우리 근대사를 다시 쓸 수 있는 고수가 나타났구나 하는 희망이 보였기 때문입니다.

● Prasenjit Duara, 미국 듀크대학교 석좌교수

사실 지금도 한국 젊은이들 중에는 과거의 제가 그랬던 것처럼, 개화와 척사 사이에서, 서학과 유학 사이에서 갈팡질팡하는 이들이 많

을 것입니다. 적어도 다음 세대에게만큼은 제가 걸었던 정신적 방황의 길을 답습하게 하고 싶지는 않습니다. 앞 세대를 원망하면서 살게 하고 싶지 않습니다. 부디 잊혀진 '개벽사'를 복원해 주시기 바랍니다. 제가 할 수 있는 일이라면 무엇이든 돕겠습니다.

3. 부채와 치유

몇 년 전에 우연히 서울 홍은동에 있는 대종교 총본사*에 방문한 적이 있었습니다. 총본사라고는 하지만 굽이굽이 비탈길을 올라가서 산꼭대기 근처에 허름한 건물이 두어 채 있는 정도였습니다. 하지만 제가 정작 놀란 것은 창고에 방치되어 있는 방대한 대종교 경전과 문헌들이었습니다. 그 귀중한 문서들이 전혀 관리되지 않은 채, 방 한 곳에 랩으로 싸여 묻혀 있었습니다. 도서목록도 없었고 자료 정리도 전혀 안 되어 있었습니다. 자료실이나 박물관 같은 것은 엄두도 못 내는 형편이었습니다. 그럴 인력이나 재정이 없다고 했습니다.

독립운동의 중추였음에도 허름한 창고에 방치되어 있는 대종교 문헌들의 처지는 한국학중앙연구원의 장서각이나 안동에 있는 국학진흥원에 모셔져 있는 유학 문헌들과 비교하면 초라하기 그지없는 모습이었습니다. 유학 연구에는 나라에서 방대한 재정을 쏟아 부으면서 정작 항일독립투쟁을 가장 치열하게 전개했다고 하는 대종교에 대해서는 왜 이렇게 냉정하고 무심한가 싶었습니다. 신종교*라는 편견이

● 대종교를 전체적으로 수행운용하는 중추기관. 서울시 서대문구 홍은중 앙로3길 89.

● 新宗敎 기성 종교에 대하여 새로 일어난 종교. 기성의 종교 단체에서 분파되어 나온 것이 많은데 대개는 현실적인 경향을 띤다. '신흥종교'라는 말 대신에 종교학계에서 널리 쓴다. 대개 1860년 동학(東學) 이후에 창도, 창교된 종교를 말한다.

있어서일까요? 이렇다 할 가문이 없어서일까요?

저는 비록 대종교 신자는 아니지만 그 문헌들은 우리의 소중한 사상 자원으로 느껴졌습니다. 가문과 종교를 떠나서 한국인이라면 누구나 지켜야 할 문화유산이라고 생각했습니다. 만주 벌판 혹한의 전장에서, 혹독한 감옥에서, 수련을 하면서 써내려 간 경전과 문헌들입니다. 그런데 누구 하나 돌보는 사람이 없었습니다. 한국학의 유학 편중과 독식을 뼈저리게 절감하였습니다. 유학이 싫어서가 아니라, 이런 식의 불균형은 불건강을 초래하기 때문입니다. 오구라 기조 교수가 한국인들은 '우리' 아니면 '남'이라고 했는데, 유학은 '우리'지만 대종교는 '남'에 들어가 있었습니다.

대종교는 비록 '개벽'이라는 말은 쓰지 않았을지 몰라도 '개천(開天)'을 말했습니다. "새로운 하늘을 연다"는 개천은 "새로운 세상을 열자"는 개벽과 다르지 않습니다. 그래서 대종교도 큰 틀에서는 개벽종교이자 개벽파라고 할 수 있습니다. 저에게 개벽이 '부채'로 다가오는 이유가 여기에 있습니다. 전공에 상관없이 이 땅에서 인문학을 하는 사람이라면 누구나 통과 의례처럼 연구해야 할 숙제 같은 느낌입니다.

개벽을 모르고서 한국 근대를 논한다는 것 자체가 넌센스입니다. 최근에 창작과 비평사에서 나온 『문명의 대전환을 공부하다』*라는 책을 읽었습니다. 한국 근대성에 관해 토론한 내용을 엮은 책인데, 어느 참가자가 "개벽파는 척사파의 일종이 아닌가요?"라는 발언을 하시더군요. 불과 몇 년 전의 저의 모습이었습니다. 개벽사상을 모르고서

● 백낙청, 창비담론아카데미, 창비, 2018

한국 근대를 논한다는 것은 계몽주의를 모르고서 서구 근대를 논하는 것과 다를 바 없습니다. 그래서 지금까지의 한국 근대에 관한 모든 논의는 사상누각에 불과합니다.

어떤 이들은 개벽의 역사는 어두운 과거, 패배한 역사라서 보기가 싫다고도 하는데, 그렇기에 더더욱 직시하고 직면해야 한다고 생각합니다. 그것을 피해 가서는 한 걸음도 앞으로 나아갈 수 없기 때문입니다. 그 어두운 터널을 통과하면서 개벽사를 읽어내려 가다 보면 거기에도 밝음이 있다는 사실을 알게 됩니다. 그것이 '부채'이자 동시에 '치유'이기도 하다는 사실을 깨닫게 됩니다.

지적하신 대로, 중국의 지식인들이 천하를 고수하고, 일본의 위정자들이 개화에 기댈 때, 한국의 민중들은 개벽을 창안했기 때문입니다.

4. 개벽의 힘

지난 연말에 일본 동북대학에서 '토착적 근대'를 주제로 한일공동학술대회가 열렸습니다. 그때 발표자로 참석하신 동경대학교의 이타가키 유조° 명예교수님은 "앞으로 우리 과제는 동학의 보편성을 설명하는 일이다."라고 총평하셨습니다. 주최측인 동북대학의 가타오카 류° 교수님은 학술대회 후기에서 "한국의 동학이나 촛불혁명과 비견할 만한 일본사상의 지하수맥을 발견하는 작업을 한국과의 공동연구

● 板垣雄三

● 片岡龍

형태로 지속하고 싶다."고 하셨습니다. 감동적인 순간이었습니다. 근대성을 주제로 몇 년 동안 지속적인 학술 교류를 한 끝에 마침내 양국 연구자의 의견이 하나로 모아졌음을 느꼈습니다. 비록 소수 인원이긴 했지만 해원상생의 가능성을 발견하였습니다. 이것이 '개벽의 힘'입니다.

학술대회가 끝나고 우리는 일본적 개벽의 흔적을 찾기 위해 하치노헤에 있는 안도 쇼에키* 자료관을 방문했습니다. 18세기에 동북지방에서 활약한 생명사상가 안도 쇼에키는 극심한 기근에 3천여 명의 농민들이 죽어 가는 모습을 보고 당시의 사무라이 지배층을 '성인의 이름을 빌려 무위도식하는 도둑놈들'이라고 신랄하게 비판했습니다. 성인 중심의 지배질서를 정면으로 비판한 동아시아 최초의 사상가였습니다. 동학 식으로 말하면 향벽설위에서 향아설위*로의 전환을 시도했다고나 할까요? 비록 동학처럼 세력화 되지는 못했지만 말입니다. 그래서 다음에는 메이지시대의 정치인으로 농민들과 함께 공해반대 운동을 벌인 다나카 쇼조*의 유적지를 찾아가기로 약속했습니다.

최근에 일본에서 활동하는 어느 중국인 연구자가 한국에 와서 "전세계에서 서구 근대의 독을 가장 많이 먹은 나라는 한중일 삼국이다."라는 말을 한 적이 있습니다. 정곡을 찌른 말이라고 생각합니다. 다만 정작 중독이 된 당사자들은 이 사실의 심각성을 느끼지 못하는 점이 안타까울 따름입니다. 아프리카 케냐의 작가 응구기 와 시옹오*는 '정신의 탈식민지화'라는 표현을 썼는데, 이것도 뿌리 깊은 서구 중심주

- 安藤昌益, 1703~1762

- 向壁設位/向我設位 향벽설위는 제사상을 차릴 때 '벽을 향해 신위를 설하라'는 말이고, 향아설위는 나를 행해 신위를 설하라'는 뜻이다. 동학의 2대 교주 해월 최시형은 내가 하늘이기 때문에 나를 향해 제사를 지내라는 의미에서 전통적인 향벽설위를 향아설위로 바꾸었다.
- 田中正造, 1841~1913

- Naugi Wa Thiongo, 1938~

의를 탈피하는 디톡스 운동입니다. 이 디톡스 작업이야말로 개벽학에서 말하는 정신개벽이 아닌가 싶습니다.

이것으로 첫 번째 답신을 마치고자 합니다. 학문과 사상의 지평을 새롭게 열어갈 기회를 만들어 주셔서 감사할 따름입니다. 20190111

이
병
한

또 다시 개벽 – 인류세의 시대정신

'다시 개벽'이 19세기의 자각이었다면, 21세기는 '또 다시 개벽'의 유
레카를 외칠 만한 것입니다. 고로 개벽파는 코즈모폴리턴, 세련된 세
계시민마저 돌파합니다.…개벽인이야말로 진정한 지구인이며, 하늘
과 더불어 지구의 운명을 개척하는 '개벽꾼'이야말로 참말로 하늘사
람입니다. 국민(國民)에서 천민(天民)으로, 민국에서 천국으로. 그런
기상과 기개가 있어야 기미년 만세운동 100주년을 맞이하는 기해년
의 '선언'(Manifesto)에 값할 것입니다.

1. 자생과 자각

고개를 갸웃했습니다. 연신 끄덕거리다 말미에 갸우뚱 물음표가 돋았습니다. 저 또한 메이지유신 150주년(2018)을 기해 일본에서 나온 서적들을 수집하고 있습니다. '문명개화', 그간의 개화사 150년과는 다른 결의 서사가 가능할지, 그 가능성을 탐문하고 있습니다. 하지만 18세기 동북지방의 안도 쇼에키까지 거슬러 올라가 개벽의 단서를 찾는 것은 쉬이 수긍하기 힘듭니다.

안도 쇼에키는 "당시의 사무라이 지배층을 '성인의 이름을 빌려 무위도식하는 도둑놈들'이라고 신랄하게 비판했다."고 하셨죠. '성인 중심의 지배질서를 정면으로 비판한 동아시아 최초의 사상가'라고 추키셨습니다. 글쎄요. 저로서는 문장의 들머리 '당시의 사무라이 지배층'이 더 도드라져 보입니다.

18세기에도 여전히 일본은 무인이 다스리는 나라였던 것입니다. 유학적 소양으로 단련된 사대부가 존재하지 않았습니다. 중국, 조선, 월남*이 구현했던 문치주의 유교국가와는 일선을 긋는 동아시아 문

● 越南. 베트남의 한자식 표기. 한자를 쓸 당시 베트남의 표기 越南을 베트남어 독음으로 읽은 것이 Việt Nam이며, 우리말로 '베트남'으로 정착되었다. 중국이나 대만에서는 아직도 '월남'으로 부른다.

명의 주변부였죠. 최근에는 메이지유신이야말로 그 기저에 유교화=중국화=근대화의 동력이 작동했다는 독법마저 유력하게 제기되고 있는 상황입니다. 사무라이에서 사대부로, 무사에서 문인관료로 지배층의 세련화(=文化)가 천년이나 가로 늦게 진행되었다는 것입니다.

왕후장상의 씨를 따지지 않는 전통은 동아시아에서 제법 오랩니다. 씨갈이, 역성혁명*이 거듭되어 천자를 갈아치웠습니다. 그럼에도 만세일계 천황이 존재한다는 점이야말로 일본의 예외성입니다. 즉슨 성인 중심의 유교문명을 비판했다 하여 '개벽파'로 자리매김할 수는 없습니다. 더군다나 유학국가를 온전히 구현해 본 적이 없는 일본에서 성인 비판은 자칫 허수아비를 때리는 꼴입니다.

물론 중국이라 해서 크게 다르지는 않습니다. "거리에 가득한 사람 모두가 성인이다." 하였던 15세기 왕양명을 개벽파라고 할 수는 없을 것입니다.

개화파와 척사파의 갈림길, 그리고 개벽파의 새길 내기는 적어도 동아시아의 맥락에서는 19세기 이후의 사태입니다. 이른바 '서구의 충격', 자본주의 세계체제와의 조우라는 역사적 맥락을 소거하면 개벽파의 독창성과 독보성을 도리어 제거해 버리게 됩니다. 자칫 여기저기서 시시때때로 얼치기 개벽파가 출몰할 수도 있습니다. 영성이 충만했던 서구 중세가 개벽기도 아니며, 토테미즘*과 애니미즘*의 범신론*적 사유를 개벽과 직접 결부시킬 수도 없는 노릇입니다. 동학혁명이 그 이전의 숱한 민란과 결정적으로 다른 지점 또한 지배층에 대한 민중 반란이라는 흔하고 빤한 수준을 넘어섰기 때문입니다. '서구의 충격'이 촉발한 전대미문의 천하대란에 임하여 문명적 각성을 예리하게 품어내었던 것입니다. 개벽을 개벽답게 만드는 티핑포인트*가 바로 여기에 있습니다.

개벽파의 역사성에 대한 적확한 인식은 엄밀한 용어 사용과도 직결됩니다. '토착적 근대'라는 말이 저는 여전히 말끔하지 않습니다. '내재적, 내발적, 자생적'이라는 수사 또한 깔끔치가 않습니다. 죄다 자족적인 개념으로 보이기 때문입니다. 자/타를 나누고, 내/외를 가르는 발상입니다. 세계사 다시 쓰기, 소위 글로벌 히스토리는 서구적 근대조차 내발적이고 자생적이고 토착적이지 않았음을 밝혀내고 있습니다. 르네상스와 종교개혁과 계몽주의에도 아랍과의 교류, 아시아와의 교섭, 아프리카-아메리카와의 교역이 중요했음이 나날이 강조되고 있습니다. 서구 계몽주의에 '몽골의 충격'과 한문으로 쓰인 동방경전의 알파벳 번역이 있다 하여 그 가치를 폄하할 수는 없을 것입니다. 동학 또한 마찬가지라고 생각합니다. 토착적이고 내재적이어서 중요한 것이 아니라, 창조적이고 세계적이어서 소중한 것입니다. 내발론의 강박이 18세기 조선에서 서구적 근대의 맹아를 억지로 추출해 내는 실학담론의 패착을 낳았음을 통렬하게 비판한 점이 『한국근대의 탄생』의 백미라고 생각합니다. 자폐적인 내발론과 자멸적인 외발론을 동시에 극복합시다. 선후(先後)를 따지기보다는 박후(薄厚)를 살펴봅시다.

13세기 몽골이 유라시아 대일통을 이루었던 것처럼, 19세기 자본주의 세계체제가 지구를 석권했습니다. 다만 그 편입 과정에서 문명마다 나라마다 여러 갈래의 대응이 등장합니다. 한사코 거부했던 세력이 척사파입니다. 척사파의 양태는 중국에서도, 인도에서도, 심지어 서유럽에서도 발견할 수 있습니다. 보편적인 개념입니다. 반대편에서 무조건 수용코자 했던 세력이 개화파입니다. 이 또한 여러 나라 여러 문명권에서 찾아볼 수 있습니다. 옛것을 고수한 척사파와 새것을 추수한 개화파의 충돌이 보/혁 갈등으로 치달았습니다.

'제3의 길'도 있었습니다. 낯익은 전통을 타파하면서도 낯선 현실의 혁파 또한 겸장겸전했던 개벽파입니다. 자기 고집도 자기 상실도 아닌 자기 혁신을 도모했습니다. 척사파가 무책임하고 개화파가 무절제했다면, 개벽파는 응시하고 응수하고 응전했습니다. 척사파가 시대의 물결에 조응하지 못하고 조선의 적자에서 적폐로 떠밀려 갔다면, 개화파는 서세동점의 파고에 휘말리고 휩쓸려서 조선을 배반하고 매국의 독배를 들이켜고 말았습니다. 척사파가 질끈 눈을 감아 버렸다면, 개화파는 깜빡 눈이 멀어 버린 것입니다. 반면 개벽파는 반짝반짝 눈을 부릅떴습니다. 서늘한 눈으로 천하대세를 직시하고 빛나는 눈으로 나라다운 새 나라를 만들고자 했습니다. 그래서 저는 '자각적 근대'라는 표현을 선호합니다.

즉 근대 세계체제는 단일합니다. 다만 그 근대 세계에 임하는 태도와 자세의 차이로부터 학파와 정파가 분기합니다. '서구적 근대'라 해서 개화파 일색이 아닙니다. 그렇게 쓰인 서구사=개화사조차도 다시 쓰이고 있습니다. 서구에도 척사파와 개화파와 개벽파가 길항하고 있었습니다. 마찬가지 이치로 '비서구적 근대'라고 하여 개벽파가 돌출했던 것도 아닙니다. 작위적인 지리적 구획을 복제하기보다는 사상적 지향에 방점을 두는 편이 이롭습니다. 제가 동학을 높이 치는 이유 또한 묵은 유학을 맹신하지도, 설은 서학을 맹목하지도 않은 탁월한 균형 감각 때문입니다. 구학을 답습하지도, 신학에 매몰되지도 않았습니다. 서구의 충격에 대한 가장 창발적이고 주체적인 응답(Response+Ability)이었다고 생각합니다. 고로 동학은 '자각의 학문'이라고 할 수 있습니다. 하여 개벽은 '자각의 탄성'이었습니다. 깨어나고 깨우치고 깨달아서 19세기의 유레카, '다시 개벽'을 외친 것입니다.

그래서 '개벽을 모르고서 한국 근대를 논하는 것은 넌센스'라는 말에 십분 공감합니다. '개벽을 누락한 한국 근대에 관한 모든 논의가 사상누각에 불과하다'는 지적은 통쾌하기까지 합니다. 넌센스, 비상식과 몰상식이 판을 쳤습니다. 무식하고 무지했습니다. 그리고 근저에서 무심했습니다. 그 무심과 무지와 무식의 소산으로 쌓아올린 탑이 '실학' 연구였습니다. 실학에서 동학으로의 회향, 개화에서 개벽으로의 회심을 두 팔 벌려 환영합니다. 헌 판을 갈고 엎어 새판을 짭시다.

2. 서세동점에서 인류세로

고개를 가로저었습니다. 애써 이틀을 썼던 문장을 싹둑 지워 버렸습니다. '실학과 동학'으로 써내려 갔던 내용을 통째로 덜어냈습니다. 지금 이곳은 수운회관(종로구 삼일대로) 15층입니다. 1월 15일 오전 9시 반을 지나고 있습니다. 어제부터 부쩍 창밖이 뿌옇습니다. 희뿌연 미세먼지가 시야를 온통 가립니다. 인왕산은 희미하고 청와대는 흐릿합니다. 왜 한국의 근대를 실학이 아니라 동학에서 구해야 하는지를 논하는 글이 어쩐지 한가해 보입니다. 갓 50일이 된 아들내미 얼굴이 떠올라 더더욱 답답해집니다. 개벽사 쓰기 또한 자칫 먹물의 고질병, 책상물림의 직업병일지 모른다는 노파심이 입니다. 현장감이 덜한 것입니다. 이번만큼은 에둘러 가지 않기로 합니다. 고준한 담론은 잠시 미루어두고 왜 또 다시 개벽인가, 돌직구를 던지기로 했습니다. 절박하고 절실하고 절절한 제 마음을 고스란히 옮겨 봅니다.

거듭 강조컨대 더 이상 서구와 비서구를 나누기 힘듭니다. 20세기형 인문학의 낡은 관습일 뿐입니다. 북반구(선진국)과 남반구(후진국)를 쪼개기도 여의치 않습니다. 20세기형 사회과학의 후진 습관일 따름입니다. 저는 이제 20세기 후반을 풍미했던 제3세계론이나 세계체제론에서도 별다른 자극과 영감을 받지 못합니다. 동도와 서도를 견주고 서세에 동세를 맞세우는 것 또한 철지난 발상이라고 여깁니다. 목하 한 치 앞도 가리어 버린 저 기후변화와 현대 문명의 폐기물은 동/서와 남/북을 가리지 않기 때문입니다. 오직 하나의 지구가 있을 뿐입니다. 그 둥근 지구, 하나의 하늘 아래 동서남북은 갈리지 않습니다. 오로지 온누리와 온생명과 한살림이 있을 뿐입니다. 동도(東道)와 서도(西道)를 가르는 소모적인 논쟁을 뒤로하고, 천도(天道)와 대도(大道)와 일도(一道)를 탐구합니다. 세계체제론(World System)의 국가간 경쟁을 훌쩍 뛰어넘는 인류와 지구의 공진화, 지구체제론(Earth System)을 모색합니다.

〈한살림선언〉(1989)과 《녹색평론》(1991~)도 이제는 어쩐지 미진한 감이 듭니다. 언젠가부터 동어반복의 식상함을 면치 못하고 있습니다. 생태학은 여전히 지상(地上)과 천하(天下) 사이에 주력합니다. 하늘과 땅 사이 사람의 길, 천지인의 근대화, 천인합일의 현대화를 천착합니다. 지하(지질학)와 천상(천문학)까지는 아우르지 못하고 있는 것입니다. 인류 활동이 지구 물질대사는 물론이요 우주 물질대사에까지 영향을 미치는 '인류세'(Anthropocene)에 당도하였다는 소식이 들려온 지 이미 오래인데도 혁신과 갱신에 게으릅니다. 인류사와 지구사가 합류하여 도달한 인류세(人類世)에 부합하는 새로운 사상, '다시 개벽 2.0'을 갈구합니다.

생태적 사유는 한사코 인간의 능력을 축소시키려 듭니다. 포스트휴먼, 만물 가운데 하나로 강등시키고자 합니다. 그러나 지구 위에 등장한 그 어떠한 생명도 지구와 우주의 행방에 영향을 미칠 만큼 능력을 확보하지는 못했습니다. 실로 획기적인 사태입니다. 가히 유례없는 사건입니다. 선천개벽 창세기(홀로세)*와 후천개벽 인류세의 결정적인 차이입니다. 신의 뜻이나 자연의 법칙에 버금갈 만큼 인간의 역량이 증대된 것입니다. 45억 년 지구사에서 처음으로 인류의 의지가

● Holocene. 지질 시대 중 마지막 시대로 현재 우리가 살고 있는 지질 시대. 대빙하(大氷河)가 녹은 다음에 온 후빙하기(後氷河期) 시대로 약 1만 3천 년 전부터 현재까지.

깃든 행동이 지구의 운명을 좌지우지할 수 있게 된 것입니다. 이 의지는 자연의 힘(force)과는 달리 억제되고 절제될 수도 있는 힘(power)이라는 점에서 절묘한 구석이 있습니다. 즉 서구의 휴머니즘은 인간 중심주의여서 문제인 것이 아니라, 충분히 인간 중심적이지 않아서 문제인 것입니다.

지구는 갈수록 인류의 이 집합적 의지에 영향을 받을 것입니다. 이 엄청난 힘의 행사 여부를 선택하는 인간의 마음가짐(=정신개벽)이야말로 인류를 고유한 생명체로 우뚝 서게 합니다. 지구를 변화시키는 인간의 고유한 힘이 절정에 치달은 바로 이 순간에 인류의 고유한 특성을 외면하는 생태론이 갑갑하고 어색한 까닭입니다. 포스트휴먼을 궁리할 것이 아니라 네오휴먼을 연마해야 합니다. 그야말로 신인간(新人間)=신인간(神人間)이 도래하는 것입니다. 경쾌한 유발 하라리*를 따라 라틴어로는 호모 데우스*라 하겠습니다. 묵직한 의암 손병희*에 기대어 한자로 풀면 인내천(人乃天)이 가장 적절합니다. 사람이 곧 하늘이며, 사람이 즉 한울인 것입니다.

160년 전 노이무공(勞而無功), 아무리 노력해도 헛되었노라, 하늘의 탄식을 들은 이가 최제우*입니다. 유학의 천인합일에서 동학의 천인합작으로 도약하는 비상한 순간이었습니다. 하늘과 인간이 합작(天人相作)하는 인류세의 비전을 이미 내장하고 있던 것입니다. 제가 1848년 〈공산당선언〉이 20세기를 추동했다면, 1860년 『동경대전』은 21세기를 격동시킬 것이라고 호언하고 다니는 연유입니다. '만국의 노동

● Yuval Noah Harari, 1976~
● Homo Deus. '신(神)이 된 인간'. 이스라엘 태생 역사학자 유발 하라리가 '호모 사피엔스'인 현재 인류가 '호모 데우스'로 진화해 간다는 뜻으로 쓴 책의 제목에서 유래한다.
● 孫秉熙, 義菴, 1861~1922
● 崔濟愚, 水雲, 1824~1864

자여 단결하라!'는 턱없이 모자란 발상입니다. 만인과 만물이 얽히고
설키는 21세기, 경천(敬天)과 경물(敬物)과 경인(敬人)의 삼경사상이야말
로 자유-평등-형제애를 능가하는 시대정신을 담지하고 있습니다. 고
작 '자유-평등-형제애'라고 해 보았자 '경인' 단 두 글자로 족합니다.

　그러함에도 동학과 개벽은 여태 수줍습니다. 지난해 11월 토론토
에 다녀왔습니다. 세계종교의회*의 말석을 지켰습니다. 겨우 한국과
한반도 평화를 논의하는 자리에서만 동학과 개벽 얘기가 나지막이 오
고갔습니다. 한국 연구자와 한국의 종교인들만 단출하게 모여 있었습
니다. 크게 안타까웠습니다. 깊이 아쉬웠습니다. 딱하다는 생각마저
일어났습니다. 애가 탔습니다. 속이 쓰렸습니다. 입맛이 쓰디썼습니
다. 세계종교의회 행사를 맞춤하여 토론토 현대미술관에서 열리는 전
시회 주제가 바로 '인류세'였습니다. 전시장을 가득 메운 다인종, 다종
교, 다국적 인류를 지그시 바라보며 "신동학이 인류세의 학문이요, 또
다시 개벽이 인류세의 시대정신이라." 전도하고 싶었습니다.

　온타리오 호수를 산책하다 곰곰 궁리하노라니 "물질이 개벽하니
정신을 개벽하자!"는 표어 또한 이미 시대에 뒤떨어진 것일지도 모른
다는 생각마저 퍼뜩 일어났습니다. 서세동점, 20세기의 수세적 입장
이 투영되어 있는 것이 아닐까요. 인류세에 맞춤하여 문장 앞뒤 순서
를 바꾸어 볼 수도 있지 않을까요. "정신을 개벽하여 물질을 개벽하
자"고 말입니다. '자각하여 구세하자'고도 고쳐 말할 수 있겠습니다.
나를 갈고 닦아 인물부터 사물까지 만물을 구원하는 것입니다. 그편

● 세계에서 가장 오래되고 규모가 큰, 각 종교의 신앙인들이 가장 많이 모이는 대회. 최초 대회는 1893년 미국 시카고에서 개최되었으며, 20세기의 격동기 동안 개최되지 못하다가, 1993년 시카고에서 재개되어 현재까지 5년마다 열리고 있다. 2018년에는 캐나다 토론토에서 각국의 대표적 종교 지도자와 영성 지도자, 종교학자, NGO 및 평화활동가 등 1만여 명이 참가해 인류 평화 공동체를 주제로 한 발표와 세미나를 진행했다.

이 인류세에 임하는 인류의 태도에 한층 더 부합하지 싶습니다. '다시 개벽'이 19세기의 자각이었다면, 21세기는 '또 다시 개벽'의 유레카를 외칠 만한 것입니다. 고로 개벽파는 코즈모폴리턴,* 세련된 세계시민 마저 돌파합니다. 국경을 가로지르는 글로벌 엘리트들의 허위의식을 넘어섭니다. 개벽인이야말로 진정한 지구인이며, 하늘과 더불어 지구의 운명을 개척하는 '개벽꾼'이야말로 참말로 하늘사람입니다. 국민 (國民)에서 천민(天民)으로, 민국에서 천국으로. 그런 기상과 기개가 있어야 기미년 만세운동 100주년을 맞이하는 기해년의 '선언'(Manifesto) 에 값할 것입니다.

● cosmopolitan. 세계주의 사상을 가진 사람.

　　그래야 개벽파를 한낱 학술 유행의 신종 아이템으로 회수하려는 각종 유혹과 회유를 떨쳐낼 수도 있습니다. 부디 동학을 연구하기보다는 신동학을 합시다. 신동학을 살기로 합시다. 앎의 전환에 그치는 탁상공론이 아니라 삶의 전환을 수반하는 수련과 수행을 수반합시다. 그래야만 민심의 감화를 이루고 천심의 감동을 일으켜 포교와 포덕 또한 가능해질 것입니다. 일파만파 지구에 파동을 일으키고 우주까지 파장이 일어날 것입니다. 그래야 이 탁한 세상에 맑은 하늘을 되돌려 줄 수 있습니다. 21세기에 태어난 후세들에게도 푸른 하늘 은하수를 되물려줄 수 있습니다. 꼬장꼬장, 깨작깨작, 자꾸 논문과 비슷해지려던 문장을 몽땅 지워 버린 까닭입니다. 후련해졌습니다. 속이 다 시원합니다. 20190118

조
성
환

바람이 분다, 다시 개벽의 신바람이

여기저기에서 개벽바람이 불고 있는 것을 피부로 느낄 수 있습니다.…그래서 제 입장에서는 '동학을 연구하는' 것도 일종의 '동학을 하는' 것입니다. 하지만 최근에 …한평생 실천 현장에 몸담고 계셨던 실천가들을 만나 뵙고, 아울러 선생님과의 만남으로 자극을 받고서, 저도…지금까지 25년 동안 문헌연구-사상연구에 치중했다고 한다면, 앞으로의 25년은 실천 현장에 계셨던 분들과의 교류를 통해서 새로운 '학'의 정립과 실천에도 힘을 기울이고 싶습니다.

1. 개벽의 바람

이병한 선생님, 두 번째 편지 잘 받아보았습니다. 먼저, 편지 말미에 속이 후련해졌다는 대목에 이르러 저도 덩달아 기뻤습니다. 뭔가답답한 대한민국의 현실을 뚫을 길을 찾은 것 같아서요.

마침 엊그제 원불교대학원대학교 김경일 총장님도 페이스북에서비슷한 표현을 쓰셨더군요; "서구 근대문명이 들어올 때 위정척사나개화파로는 다 담아낼 수 없는 동학류의 개벽에 대한 자리매김이 늘고민이었는데 (『한국근대의 탄생』을 읽으니) 이것을 풀어낼 단서를 찾아주신 것 같아 저도 가슴이 후련했습니다."

아마도 전통(척사파)과 현대(개화파)라는 양분법으로 단절된 한국사상사에서 '근대'(개벽파)라는 연결고리를 찾으셔서 이런 표현을 쓰신게 아닌가 생각됩니다. 뭔가 막혀 있는 지금의 상황을 뚫을 수 있는사상적 실마리는 역시 '개벽'밖에 없다는 생각이 들었습니다.

실제로 요즘 제 주위를 보면 여기저기에서 개벽바람이 불고 있는것을 피부로 느낄 수 있습니다. 지난주에는 『한국근대의 탄생』을 잘 읽으셨다는 유상용 선생님을 만났습니다. 30년 동안 국내외에서 공동체운동을 하다가 개벽으로 돌아오신 분인데, 그 귀환의 심정을 페이스북에 이렇게 적었습니다; "나는 92년 이래로 정신과 물질이 고루 발달한 풍요로운 이상사회를 지향하는 '야마기시즘'을 현실사회에 실현하기 위한 실천과 활동을 지속해 왔다. 그러나 이것은 고등학교 1학년 때부터 시작된 나의 '뿌리찾기'의 과정에서 시작된 탐구와 실천의 한 과정일 뿐이지 전부는 아니다. 뿌리찾기 과정에서 도착한 곳은 조선 정신의 용출인 개벽사상이었고, 그것을 사회화하기 위해 시도했던 것이 원불교사상에 기반한 새로운 사회 만들기였다. … 작년 말에 나는 다시 돌아왔다, '개벽'으로-. 한국의 상황에서, 지금 여기로, 뿌리에서 올라오는 울림으로, 나의 느낌으로…."

이렇게 '다시 한국'으로, '다시 개벽'으로 귀환하신 분과 익산에서 6시간 동안 얘기를 나누었습니다. 30년 동안의 체험과 실천에서 우러나오는 '말씀'으로부터 개벽학에 관한 많은 통찰을 얻을 수 있었습니다. 가령 동학은 일종의 한국인의 사상적 뿌리 찾기로 해석할 수 있고, 이 시대에 필요한 것은 개벽적 주체의 정립이며, 한살림*은 생산성 중심의 과학농업에서 철학에 기반한 인문농업으로의 전환을 시도한 운동이다 등등….

유상용 선생님도 며칠 뒤에 페이스북에 이런 글을 올리셨더군요; "요즘 동학·증산·원불교 관련 글들을 읽으며 그때 선조들의 바람은 무엇이었는지, 시대적 과제와 자각은 무엇이었는지에 대해 많이 읽고

● 사람과 자연, 도시와 농촌이 함께 사는 생명 세상을 만들기 위해 밥상살림, 농업살림, 생명살림을 모토로 도시-농촌 간 직거래 운동과 지역살림 운동을 펼치는 비영리 생활협동조합. 1986년 12월 박재일에 의해 서울 동대문구 제기동 1192번지에 '한살림농산'이 설립되면서 문을 열었다. 1988년에는 한살림 운동의 정신을 담은 <한살림 선언>을 발표하여 생명에 대한 우주적 각성이며 자연에 대한 생태적 각성이고 사회에 대한 공동체적 각성을 지향하는 운동을 계속하고 있다

떠올려 보았다. 특히 최제우 선생은 조선과 동양의 몰락을 감지하고, 유학이 당면한 과제를 알고, 기독교-서학의 내용이 의미 있다는 것을 이해한 후에, 유학이 현상의 관찰에 머물러 초월을 몰랐고, 서학이 초월을 인간 밖에 두어 외화되었다고 판단하고서, 스스로 기도를 통한 초월적 체험을 시도하여 새로운 길을 열고, 양쪽의 모순을 극복한 '내 안의 하느님을 모시는' 시천주를 선포하기에 이르렀다고 이해하게 되었다. 전에도 비슷하게 생각했었지만, 조선 문명의 절실한 과제의 해결과 맞닿아 있다는 것을 이해하니 더욱 선생과 선조들의 마음이 가깝게 느껴진다."

탁월한 분석이라고 생각합니다. 특히 초월 문제와 관련해서 동학 입장에서 유학과 서학을 비판한 부분은 왜 개벽이 나올 수밖에 없었는지를 사상사적으로 정확히 짚어내고 있습니다. 앞으로 이런 분들의 도움을 받으면 이 시대에 필요한 개벽학을 정립할 수 있지 않을까 하는 막연한 기대감이 들었습니다.

그리고 이날 유상용 선생님의 소개로 마침 익산에 오신 이남곡 선생님도 함께 만나뵈었습니다. 30년 전에 남민전 사건으로 투옥되었다가 감옥에서 나온 뒤에 어느 사찰에 들어가서 「혁명에서 개벽으로」라는 글을 쓰신 적이 있다고 합니다. 그래서 '개벽'을 어떻게 생각하고 계시냐고 여쭤봤더니 '밝음을 창출하는 에너지'라는 말로 명료하게 정의해 주셨습니다. 어둠과의 싸움이나 정치적 투쟁이 아니라 '자기 안의 밝음을 신장시키려는 노력'이 개벽이라는 것입니다.

순간 저는 한국의 전통적인 '신명사상'과 장일순 선생의 '보듬는 혁명론'이 떠올랐습니다. '신명'이 바로 '밝음의 에너지'이고, '신명난다'는 말은 '밝은 기운이 솟아난다'는 뜻이기 때문입니다. 그리고 투쟁이나 저항의 악순환을 선순환으로 전환시키는 길은 밝음의 에너지로 상대를 보듬는 길밖에 없다고 생각했습니다. 이남곡 선생님이 작년에 『논어: 삶에서 실천하는 고전의 지혜』* 개정판을 내셨다고 하는데, 이런 태도로 『논어』를 독해하셨다면 저로서는 일종의 '개벽논어'가 아닐까 짐작해 봅니다.

● 張壹淳, 無爲堂, 1924~1994

● 이남곡, 휴(休), 2017

2. 창조성과 도덕성

선생님 편지에서 두 번째로 인상적이었던 점은 "정신을 개벽하여 물질을 개벽하자!"는 역발상입니다. 저는 오늘날 우리에게 가장 필요한 정신개벽은 '서구 중심주의'로부터의 탈피라고 생각합니다. 과거에 수운 최제우가 '중국 중심주의'로부터의 탈피를 '다시 개벽'이라고 했던 것처럼 말입니다. 그래서 종래의 성학(聖學)을 술(述)하지 않고 동학(東學)을 작(作)했듯이 말입니다. 그래서 저는 이것을 한국 근대의 시작으로 보았습니다. 적어도 사상사적으로는 이렇게 볼 수 있다고 생각합니다.

물론 그렇다고 해서 한국 중심주의나 민족주의로 나가자는 뜻은 결코 아닙니다. 사실 모든 '중심주의'로부터의 탈피가 정신개벽이라고 생각합니다. 뭔가에 사로잡혀 있는 상태에서 벗어나는 것이지요. 천도교나 원불교 경전에서 마음/정신의 최고 상태를 '자유심'이라고 하는 것도 이러한 맥락으로 이해할 수 있습니다. 그리고 이러한 자유로운 마음/정신 상태가 갖추어졌을 때 비로소 새로운 생각, 새로운 학문, 새로운 동학을 할 수 있는 바탕이 마련된다고 봅니다. 뭔가에 얽매여 있는 상태에서는 새로움을 창출할 수 없기 때문입니다.

그리고 이 '새로움'이 바로 이남곡 선생님이 말씀하시는 '밝음'이나 한국사상에서 말하는 '신명' 그리고 선생님이 말씀하신 '유레카'와도 상통하고요. 아울러 이렇게 정신이 개벽되면, 즉 정신이 자유로워지면 창조적인 주체가 될 수 있고, 이렇게 창조성이 발현될 때 새로운 물질개벽의 차원이 열린다고 생각합니다. 바로 이것이 '창조경제'이고, 인문디자인의 관점에서 본 정신개벽과 물질개벽에 대한 제 나름의 해석입니다.

물론 정신개벽에 대한 전통적인 해석은 선생님이 말씀하시는 '자각하여 구세하자'는 자각에 가깝다고 생각합니다. 실제로 지난주에 있었던 세교포럼에서 원광대학교 박맹수 총장님이 '문명전환기에 다시 보는 한국근현대사상'이라는 주제로 강연을 하셨는데, 이에 대해 세교연구소• 고문 백낙청 교수님이 이중과제론적 입장에서 코멘트를 하였습니다. 요약하자면 원불교에서 말하는 "물질이 개벽되니 정신을 개벽하자"는 슬로건의 의의는 이 시대를 물질개벽, 즉 자본주의의 시대로 설정하고 그것에 대한 정신적 대응으로서 정신개벽을 주장했

● 인문학과 사회과학, 문학 연구자, 시민사회운동가들의 학문적 협동 작업을 통해 근현대 한국의 역사와 사회사상, 문학 이론에 관한 연구 활동을 수행하기 위해 2006년 결성된 연구소 현이사장 백영서(연대 사학과)

다는 데에 있고, 그래서 원불교에는 근대적응(물질개벽)과 근대극복(정신개벽)이라는 이중과제가 다 들어 있다는 말씀이었습니다.

이 한마디에 그동안 말로만 듣던 백낙청 교수님의 '이중과제론'의 내용이 명료하게 들어왔습니다. 아울러 원불교 개벽론의 현대적인 의미도요. 물론 개인적으로는 '물질개벽=자본주의'보다는 '물질개벽=과학혁명'이라고 하는 게 더 정확하지 않을까 하는 생각도 듭니다만, 과학혁명과 자본주의가 현실적으로 맞물려서 돌아간다고 생각하면 큰 문제는 없을 것 같습니다.

제가 생각할 때 이런 의미의 정신개벽을 나타내는 말이 개벽파가 주장한 '도덕' 개념입니다. 해월 최시형*이 말하는 '도덕문명'(『해월신사법설』「기타」)이나, 소태산 박중빈*이 말하는 물질문명과 대비되는 '도덕문명'(『대종경』「교의품」 32장)이 그러한 예입니다. 그래서 저는 정신개벽이라는 말에서 도덕성과 창조성이라는 두 가지 의미를 읽어 내고 싶습니다. 도덕성이 원 문맥에 충실한 개념이고, 선생님이나 백낙청 교수님이 말씀하시는 자본주의라는 근대를 극복하는 정신적 태도나 삶의 자세라고 한다면, 창조성은 정신개벽의 현대적 해석이라고 할 수 있는데, "정신을 개벽하여 물질을 개벽하자"는 선생님의 역발상에서의 정신개벽은 이렇게 해석될 수 있다고 생각합니다.

● 崔時亨, 海月, 1827~1898
● 朴重彬, 小太山 1891~1943

3. 한국학과 신동학

마지막 부분에서 "동학을 연구하기보다는 신동학을 하자!"는 선생님의 제언에 전적으로 동감합니다. 다만 제가 '개벽사'라는 사상사 서술에 집착하는 이유는 역사 인식이 인간의 실천을 결정한다고 생각하기 때문입니다. 이 점이 실천이나 현장을 우선시하는 분들과 저 같은 연구자와의 가장 큰 차이가 아닐까 싶습니다.

저는 한국학의 틀을 바꾸고 싶습니다. 척사와 개화, 유학과 서학에 치우친 한국학에서 '척사-개화-개벽'이 천지인(天地人) 삼재처럼 균형 잡힌, '유학-서학-동학'이 삼발이처럼 정립된, 그런 한국학을 그리고 싶습니다. 유학이 동아시아라는 전통적 배경이고, 서학이 세계라는 현대적 환경이라면, 동학은 우리가 발을 딛고 서 있는 현재적 풍토입니다. 그래서 어느 것 하나 소외시키고 무시할 수 없습니다.

그런데 지금까지 이 현재적 풍토─동학은 잊혀지고 무시된 감이 있습니다. 그것이 개벽이라는 근대였습니다. 이 폄하되고 경시된 한국적 근대의 기억을 복원시키는 일이야말로 제가 할 수 있는 가장 큰 실천이라고 생각합니다. 그리고 이런 균형잡힌 한국학이 정립되지 않으면 실천도 운동도 방향을 상실하리라 생각합니다. 개벽의 근대를 제외한 유학 중심의 '전통과 현대'라는 틀이 큰 힘을 발휘하지 못했듯이 말입니다. 그래서 제 입장에서는 '동학을 연구하는' 것도 일종의 '동학을 하는' 것입니다.

하지만 최근에 『한국근대의 탄생: 개화에서 개벽으로』의 출간을 인연으로, 한평생 실천 현장에 몸담고 계셨던 실천가들을 만나 뵙고, 아울러 선생님과의 만남으로 자극을 받고서, 저도 비로소 실천의 필요성에 눈을 뜨기 시작했습니다. 저에게도 새로운 '자각'이 생겨난 셈입니다. 그래서 지금까지 25년 동안 문헌연구-사상연구에 치중했다고 한다면, 앞으로의 25년은 실천 현장에 계셨던 분들과의 교류를 통해서 새로운 '학'의 정립과 실천에도 힘을 기울이고 싶습니다.

4. 언어의 한계

마지막으로 처음에 제기하신 '일본의 개벽'이나 '토착적 근대'의 비판에 관한 제 생각을 말씀드리는 것으로 이번 서신을 마치고자 합니다. 저 또한 지적하신 대로 당연히 '일본의 개벽파'를 상정하는 것은 아닙니다. 일본에는 개벽파라고 할 만한 운동은 미미했다고 생각하기 때문입니다.

이 점은 욧카이치대의 기타지마 기신* 교수님도 동의하는 바입니다. 다만 우리와 같은 개벽파의 흔적이 있는지를 찾고 싶었고, 그것이 안도 쇼에키와 같은 사상가가 아니었을까, 하고 생각한 것입니다. 결코 한국 개벽의 원형이나 시작이 일본에 있었다는 뜻은 아닙니다.

● 北島義信

제가 '일본에서 개벽파의 흔적을 찾아보자'고 생각하게 된 계기는 '동학=개벽'의 가장 큰 사상사적 의의는 중국적 성인 질서로부터의 탈피인데, 이런 주장을 안도 쇼에키가 이미 하고 있었기 때문입니다. 다만 안도 쇼에키는 사회운동 차원으로 나아가지 못했고, 이것이 한국과 일본의 가장 큰 차이라고 봅니다. 그리고 바로 이 점이 제가 '근대=자본주의'라는 등식을 인정할 수 없는 이유이기도 합니다.

저는 '세계'의 관점에서 보기보다는 '한국'의 관점에서 보기 때문입니다. 그래서 근대의 기준이나 내용을 규정할 때에도 저로서는 중국(유학)과의 관계가 중요해지고요. 마치 서양 근대가 중세(신학)와의 관계 속에서 나왔듯이 말입니다. 단지 관점이 달라서 표현이 달라질 뿐이라고 생각합니다.

그리고 '일본의 개벽'이라는 표현은 '한국의 근대'라는 표현과 유사하게 생각하면 어떨까 싶습니다. 즉 modern의 번역어로서의 '근대'라는 말을 한국의 '개벽'을 설명하기 위해서 차용해서, 그리고 그 상대적 특징을 드러내기 위해서 '영성적 근대'니 '자생적 근대'라는 말을 썼듯이, 이번에는 반대로 한국의 '개벽'과 유사한 현상을, 즉 새로운 패러다임의 모색이라는 현상을 일본사상사에서 찾아서 적용해 본 것입니다. 그래서 서양 근대와 한국 근대의 내용이 완전히 일치할 수 없듯이, 한국의 개벽과 일본의 개벽도 일치할 수는 없습니다.

'토착적 근대'니 '비서구적 근대'니 하는 용어도 마찬가지입니다. 모든 것이 네트워크로 연결되는 시기에 굳이 '토착'이니 '비서구'니 하는 용어를 쓸 필요가 있느냐는 문제제기에는 충분히 공감합니다. 다만 이것은 어디까지나 방편적인 용어에 불과합니다. 서구 중심주의를 상대화시키기 위해서요. 가령 김치가 한국의 토착음식이라고 할 때, 김치의 재료나 요소가 한국에만 국한된다는 의미는 아닐 것입니다. 해외에도 김치가 보급되고 있는 상황에서 김치가 한국만의 음식이라는 뜻도 아니고요. 다만 오늘날 세계인이 가장 즐기는 형태와 음식으로서 김치가 처음 나온 나라가 한국이라는 의미라고 생각합니다. 불교적으로 말하면 존재론적으로는 모든 게 연결되어 있지만요. 토착적 근대나 비서구적 근대라는 말도 이 정도 의미로 사용하고 있습니다. 다만 제가 우려하는 것은 보편이니 지구화니 글로벌이니 하는 말을 쓰느라 놓칠 수 있는 한국이라는 로컬이나 지역이나 특수성이었습니다. 이것은 제 전공이 한국사상사이기 때문에 강조되는 점이라고 생각합니다.

저도 오랜만에 개벽에 대해 쓰고 나니 가슴이 후련해졌습니다. 요즘 많은 분들이 개벽 이야기에 호응하고 응원해 주셔서 힘이 납니다. 선생님을 비롯하여 여러분들께 감사할 따름입니다. 20190125

이
병
한
———

민주화를 넘어 '다시 개벽'으로

다시 왜 개벽사를 써야 하는가로 돌아갑니다.…술(述)이 아니라 작(作)이 필요합니다. 선도하는 쪽은 오히려 개화우파 같습니다.…그쪽에서는 '제3의 개항'이라는 말도 즐겨 씁니다. '또 다시 개화'라고 고쳐 말할 수도 있겠습니다.…서둘러 1860년 동학 창건으로부터 시작하는 '개벽기'라는 시대인식을 바로 세워야 하겠습니다. 개벽의 흥망성쇠를 개화의 물결과 견줌으로써 우리의 근대사 또한 한층 풍요롭고 더욱 온전하게 복원될 수 있을 것입니다.

1. 무엇이 근대이고 어째서 개벽인가

꼬장꼬장하지 않을 수 없겠습니다. 꼬치꼬치 따져야 할 대목이 적지 않습니다. 지난 글의 마지막 부분에서 더욱 혼란스러워지고 말았기 때문입니다. 근대론과 개벽론이 서걱서걱 착종되어 있습니다. 근대는 무엇이고, 왜 개벽인가 흐릿하고 희뿌옇습니다.

'New'와 'Modern'은 다릅니다. '새로운'이라는 형용사와 역사적 개념으로서의 근대는 엄격하게 분별해야 한다고 생각합니다. 새 시대가 곧 근대는 아닙니다. 앙시앙 레짐*에서 탈피한다고 하여 아무데나 '근대'를 갖다 붙일 수는 없습니다. 그런 식이라면 '근대'라고 수식할 수 있는 시대가 너무나도 많아집니다. 자칫 '근대 이후'(Post-Modern)조차 '근대'(New)가 됩니다. 사실상 역사적 개념으로서의 기능과 역할을 상실하고 마는 것입니다. 아무리 '작'(作)이 중요하다 한들, 그간의 숱한 '술'(述)을 죄다 기각시켜 버릴 수는 없는 노릇입니다. 그렇게 가볍게 통치기에는 근대에 대한 치열하고 치밀한 논의들이 너무나도 많이 축적되어 있습니다.

● ancien régime. 1789년 프랑스혁명 전의 절대 군주 정체를 가리키며, 옛 체제라고도 부른다. 정부의 구성과 사회가 조직된 방식은 중세의 그것과 별다른 것이 없으며 가장 큰 특징은 군주가 막강한 권력을 가진다는 것이다. 프랑스 혁명으로 탄생한 새로운 체제와 비교해 이전 제도의 낡은 특징을 일컫는 경우에 사용되는 경우도 있다.

저는 근대의 숨은 주어가 자본주의 세계체제라는 백낙청 선생님의 견해에 동의하는 편입니다. 다만 그 주창자 월러스틴*처럼 14-15세기 지중해까지 거슬러 오르는 것에는 회의적입니다. 그때는 여전히 아시아가 주도하는 유라시아형 세계체제가 작동할 무렵이었습니다. 19세기 이후에나 일어나는 동/서 역전을 지나치게 먼 시기까지 소급 적용하고 있습니다. 또 이은선 선생님의 지적처럼 조선을 '조숙한 근대국가'라고 말할 수 있다고 봅니다. 미야지마 히로시*의 '유교적 근대'에도 수긍하는 쪽입니다. 글로벌 히스토리, 세계사 다시 쓰기는 우리가 생각하는 근대성의 많은 특징이 송나라에서 기원함을 밝히고 있기 때문입니다. 송 이후의 원, 즉 몽골 세계제국의 유라시아 네트워크를 통하여 그 근대성의 씨앗들이 동서남북으로 확산되었던 것입니다.

가장 가까운 고려와 조선은 그 영향 또한 일찍 받았음이 자연스럽습니다. 조선이 과거제로 운영되는 고도의 합리적 관료제 국가를 일찍이 이룬 까닭입니다. 그 다기한 복수의 (초기) 근대성이 19세기 이후 서구적 근대성으로 획일화되는 듯 보였다가 목하 서구/비서구를 가르지 않는, 신대륙/구대륙을 나누지 않는 지구적 근대성으로 합류되고 있는 것입니다. 그 지구적 근대(후기 근대?)의 발현에 지난 200년 주눅 들었던 비서구의 다양한 가치들이 재기하고 재활하는 대반전의 형세입니다. 대체로 김상준 선생의 역작 『맹자의 땀, 성왕의 피』*에서 그려내었던 중층근대성 이론에 가까운 축입니다.

역사적 시간은 축적되는 것이지, 물리적 시간처럼 차원 변경이 여

● Immanuel Wallerstein, 1930~

● 宮嶋博史

● 아카넷 2016

의치 않습니다. 하여 '중국적 성인 질서의 탈피'가 곧 근대라는 발상에 동의하기 힘듭니다. 그러하면 동학이 탄생했던 1860년이라는 시점의 유별남과 각별함이 도리어 탈색되고 맙니다. 탈중국은 이미 부차적인 과제가 된 무렵이었습니다. 아편전쟁 이래 중국은 벌써 을로 전락했던 시점입니다. 동학 창도와 베이징 조약 체결이 같은 해(1860)라는 점은 여러 모로 상징적입니다. 당시 중국은 영국과 프랑스에만 굴복한 것이 아닙니다. 오늘날의 연해주, 한반도보다 훨씬 넓은 강역을 러시아에 통째로 넘겨준 해가 바로 1860년입니다. 비단 영토 상실로 그치지만도 않았습니다. 제국의 중심, 자금성이 함락되고 원명원*은 불에 타는 수모마저 겪었습니다. 그로써 조선은 졸지에 낯선 동방정교회* 제국과 국경을 접하게 되는 전례 없는 시대로 휘말려 들어갑니다. 돌아보면 남/북 분단의 먼 기원입니다.

즉 서세동점*의 갑질에 중국조차 대응할 역량이 없음을 확인했던 것입니다. 그래서 조선 또한 스스로 떨쳐 일어서야 했던 것입니다. 탈중국은 어디까지나 방편일 뿐이며, 서구에 대한 대응이야말로 시급한 시대과제였습니다. 그래서 명명 또한 '東學(동학)'이었던 것입니다. 명명백백 서학에 대한 응수였습니다. 서세의 약진에 대한 주체적이고 자각적인 반응의 소산이었습니다. 비단 황해 건너 중국만도 아닙니다. 1853년, 동해 지나 일본에도 시커먼 페리 함대(흑선)가 당도했습니다. 1857년, 저 멀리 남쪽 인도양에서는 세포이항쟁*이 진압되고 무굴제국*이 몰락했습니다. 지중해는 또 어떻습니까. 크림

● 圓明園 청나라 황실정원
● 東方正敎會 세계에서 세 번째로 규모가 큰 기독교 교단. 약 2억 5천만 명 이상의 신자가 있다. 러시아의 '러시아정교회'는 이 동방정교회 계통의 교단이다.
● 西勢東漸 주로 18세기 이후 서구 세계가 원료공급지·상품시장 개척을 위해 동양(동북/동남/서남 아시아)으로 세력을 확장한 일. 서세동점 결과 대부분의 동양 국가는 20세기 초중반까지 식민/반식민지 상태에 놓였다.
● Sepoy Mutiny. 1857~1859년간에 전개된 인도 최초의 민족 항쟁. 영국 동인도회사(東印度會社)의 인도에 대한 식민지 지배에 대해 항쟁을 일으켰다. 결과적으로 실패하고, 인도는 영국의 직접 식민지가 되었다.
● Mughal Empire. 16세기 전반~19세기 중엽 인도 지역을 통치한 이슬람 왕조(1526~1857). 세포이 항쟁의 결과로 역사 속으로 사라졌다.

● 1853~1856년 러시아와 오스만투르크·영국·프랑스·프로이센·사르데냐 연합군이 크림반도·흑해를 둘러싸고 벌인 전쟁 러시아는 이 전쟁에서 패배하였으나, 근대적 개혁을 시작하는 계기가 되었다.

● Satanic Mills 세계적인 경제학자 칼 폴라니(Karl Polanyi)가 '인간이 본래 상품화하여 거래할 수 없는 노동, 토지, 화폐 시장에서 자유로이 자기의 노동이 거래되도록 허용함으로써 인간의 삶을 분쇄해 버리도록 하는 현상'을 두고 붙인 이름. 그의 책 「거대한 변환」(민음사, 1991)에 나온다.

● 福沢諭吉, 1835~1901

전쟁*으로 오스만제국의 핵분열이 시작된 것도 1853년입니다. 대청제국, 무굴제국, 페르시아(사파비드)제국, 오스만제국 등 포스트-몽골시대를 주름잡던 유라시아 제국들이 공히 쇠락해 가던 무렵입니다. 유라시아의 서쪽 모퉁이, 서구 국가들이 집단적으로 굴기하던 대분기(Great Divergence)의 시세입니다. 산업혁명 이래 자본주의(물질개벽)의 힘이 동서남북 도처에서 새로운 시대를 열어젖히고 있던 것입니다. 서구 내부에서조차 '악마의 맷돌'*을 수습하려는 〈공산당선언〉(1848)이 나왔을 만큼 그 기세는 파상적이었습니다. 즉 1860년이면 이미 중화세계보다는 지구적 맥락이 더 중요해졌다고 보아야 합니다. 세계체제로 편입되어 가는 대전환기의 벽두에 '다시 개벽'의 일성(一聲)이 터져 나왔다는 점이야말로 동학의 알파요 오메가입니다.

그 절치부심 속에서 유학은 부채가 아니라 자산이었다고 생각합니다. 침몰하지 않고 튕기어 되오를 수 있는 저력에 유학국가 500년의 경험이 축적되어 있었다고 여깁니다. 이걸 사뿐히 소거시킨 얼치기와 양아치들이 개화파 아니었던가요? '중국적 성인질서의 탈피'를 곧 '근대'라고 규정한다면 개화파들이야말로 그 과제를 철두철미 철저히 수행하려 했던 것 아닐지요?

후쿠자와 유키치*가 표방한 '탈아입구'(脫亞入歐)야말로 탈중화세계를 표방하는 사상의 정수, 캐치프레이즈 아니었습니까? 일본이 그토록 맹렬하게 문명개화=서구화로 질주할 수 있었던 까닭도 유학적 세계관의 중력과 장력이 부족해서라고 여깁니다. 약육강식과 무한경쟁으로 작동하는 무도한 '금수의 세계'에 재빨리 적응할 수 있었던 것도 그들이 유교국가의 경험이 일천해서라고 봅니다. 그 맞은편에서 메이지유신의 그늘을 직시하고 자본주의 근대문명의 심층을 응시했던 다나카 쇼조를 일본의 '개벽파'로 칭하는 데는 조금의 이의도 없습니다. '다시 개벽'은 어디까지나 '서구의 충격' 이후의 외침이고 깨침이기 때문입니다.

반면 유학의 유산이 역력했던 중국과 조선과 월남은 모두 '저항'했습니다. 저항의 결과로 공히 사회주의로의 경로에 친화적이었습니다. 고로 동학과 유학을 신/구(新舊)로 무 자르듯 나눌 수가 없다고 생각합니다. 고-금(古今)으로 끈끈하게 연결되었다고 여깁니다. 유학이 무르익고 농익어서 비상한 시국에 동학으로 터져 나온 것입니다. 묵은 것과 낡은 것은 다릅니다. 곪은 것과 삭은 것 또한 다릅니다. 옛것과 새것의 분단체제야말로 개화파의 몹쓸 획책의 잔재입니다. 제가 유학과 단절된 동학보다는, 유학의 급진적 민주화/민중화로서 동학을 접근하는 까닭입니다. 개화와 개벽이 날카롭게 분기하는 지점도 바로 여기에 있지 않을까요. 개화파가 전통을 내팽개치고 편승과 추수로 시종했다면, 개벽파는 전통을 승화시켜 저항과 극복의 원동력으로 삼았던 것입니다. 전자가 나를 버리고 남을 따랐다면, 후자는 나도 바꾸고 남도 바꾸고자 했던 것입니다. 그래서 자본주의 세계체제 이후에 대한 단서까지도 내장하고 있는 것입니다. 다른 백년을 예비하고 새로운 백년을 대비하는 마르지 않는 영감의 샘이 되어줍니다. 오늘날 우리가 '또 다시 개벽'을 논하는 까닭 또한 민주화 이후의 '타는 목마름'을 해갈할 수 있는 시원한 물줄기를 애타게 찾고 있기 때문입니다.

2. 개화기인가 개벽기인가

'뭔가 답답한 대한민국의 현실'이라 하셨습니다. '뭔가 막혀 있는 지금의 상황'이라고도 하셨습니다. 갑갑하고 답답한 그 무엇인가를 잘 헤아리고 해명하는 것이 선결과제 같습니다. '서구 중심주의 탈피'만으로는 다소 부족해 보입니다. 이미 서구는 지방화, 국지화되고 있습니다. 독일어와 프랑스어의 위상 저하가 괜한 일이 아닐 것입니다. 커녕 거의 모든 인문학과 사회과학에서 주야장천 읊조렸던 상투적 클리셰*야말로 서구 중심주의 비판이라고 할 수 있습니다. 민족문학론, 제3세계론, 종속이론, 탈식민주의론 등등 진부하다 못해 지겨운 감마저 없지 않습니다. 저는 '개벽'이라는 소중한 개념을 고작 서구 중심주의 탈피라는 별반 새로울 것도 없는 화두에 헐값으로 넘겨주고 싶지 않습니다.

개벽은 목하 한국은 물론이요 전 인류에게 '6번째 대멸종'을 몰고 오는 죽음 지향의 현대 문명을 되살리는 생명력을 담지하고 있습니다. 저는 그동안의 근대 논의와는 다른 차원에서 오늘날의 세계는 19세기에 만들어졌다는 점에 수긍합니다. 단지 산업혁명을 통하여 유

● cliché. 영화, 노래, 소설 등 대중 예술 작품에서 흔히 쓰이는 소재나 이야기의 흐름. 진부하거나 틀에 박힌 생각이라는 부정적인 의미로 주로 쓰인다.

럽과 아시아 간 대분기가 일어났다는 차원에 그치지 않습니다. 산업혁명의 심층은 지상(地上)과 지하(地下)를 결합시킨 데 있습니다. 땅 아래 묻혀 있던 석탄과 석유를 마구 퍼다 썼습니다. 지하자원을 본격적으로 활용하면서 지상자원에만 의존하던 기존의 인류문명을 바꾸어 버린 것입니다. 인류는 이제 대기에는 이산화탄소를 배출시키고, 대지에는 질소를 누적시킴으로써 대양의 구성 비율까지 바꾸어 내었습니다. 2019년의 대기와 대지와 대양은 오롯이 인간이 만든 것입니다. 46억년 지구사에서 전례가 없는 일입니다. 고작 200년 사이의 변화입니다. 인간이 하늘과 땅과 바다를 변화시키고 동식물의 진화까지 좌지우지하게 된 것입니다. 1945년 이후 제3세계의 거의 모든 국가들이 근대화(산업화+민주화)로 내달리면서 이 지구적 변화의 속도는 더욱 가팔라졌습니다.

대기와 대지와 대양의 지구적 운동이 천상(天上)의 기후를 형성합니다. 그 기후가 극적으로 변하고 있다는 비상경보등이 울려 퍼진 지도 이미 오래입니다. 제가 보건대 산업화를 추동했던 개화우파는 물론이요, 민주화를 추진했던 개화좌파도 이 임박한 지구적 위기에 대한 근본인식과 근본대책이 없습니다. 시대정신이 결여되어 있는 것입니다. 고작 다음 선거 승리를 위하여 경기부양에 안달할 뿐입니다. 그래서 저는 답답하고 갑갑한 것입니다. 1987년 이후 돌림노래가 30년이 넘도록 반복되고 있는 현실이 안타깝습니다.

즉 민주화 세력 또한 이미 기득권입니다. 정체되고 적체되어 있습니다. 제가 스무 살 새내기 때 집권했던 세력이 마흔 살 대학교수가 되는 해에 재집권한 것이 '진보'라고 할 수는 없을 것입니다. 그러한 성찰이 부재하니 '20년 집권론'이라는 허튼소리를 내뱉는 것입니다. 한 세대도 모자라 반세기를 허비할 수는 없는 노릇입니다. 선생님이 다른 자리에서 적확하게 꼬집으셨던 것처럼 현 정부는 촛불혁명의 수혜자일 뿐입니다. 어부지리였습니다. 그런데도 제 분수를 모릅니다. 도무지 '구시대의 막내'라는 자각이 없습니다. 척사파의 꿋꿋한 심성과 개화파의 식상한 발상이 기묘하게 뒤섞여 있습니다. 하자센터의 어느 발랄한 10대 친구의 말을 빌리자면, '죽 쒀서 개 준 꼴'입니다.

갈수록 아득해지고 있는 촛불혁명의 출로가 '다시 개벽'에 있다고 생각합니다. 제가 '정신을 개벽하여 물질을 개벽하자'고 문장 순서를 바꾼 것은 단순히 정신주의, 백년 전 루쉰*이 그토록 신랄하게 비꼬았던 아Q*식 정신 승리법이 아닙니다. 물질개벽의 진보가 특이점을 돌파했기 때문입니다. 더 이상 정신과 물질을 가를 수 없는 경지에 이르렀습니다. 사물인터넷, 사람과 사물이 불일불이(不一不二)의 수준으로 연결되고 있습니다. '생산'혁명과 '생각'혁명이 결합되어 만물이 활물(活物)되는 제4차 산업혁명이 일어나고 있습니다. 자연으로 돌아가자는 20세기 후반의 생태주의로 족할 수 없는 상황입니다. 자연(Nature)과 문화(Culture) 또한 이미 불가분입니다. 글로벌리스트(개화파 2.0)의 파상공세에 펀더맨털리스트(척사파 2.0)적 대응만으로는 역부족입니다. 앞으로 30년, 귀농의 대세화는커녕 더더욱 많은 인류가 도시에서

● 魯迅 1881~1936

● 아큐(阿Q) 중국 근대 소설가 루쉰의 소설 '아큐정전(阿Q正傳, 1921)의 주인공 이 작품의 전반에 걸쳐 아큐가 보여주는 사고 방식을 '정신승리법(精神勝利法, spiritual victory)'이라고 명명한다 자기의 비참한 처지를 '허망한 논리로 합리화'하는 것으로 일관하는 태도를 일컫는다.

살아가게 될 것입니다.

21세기 중반 인류의 7할이 도시에 살게 됩니다. 물질과 정신이 고도로 연결된 스마트시티가 살림살이의 주요한 기반이자 양식이 될 것입니다. 그럴수록 마음가짐과 마음다짐이 실시간으로 전 지구적으로 온 생명적으로 파동을 일으키고 파장을 미치게 됩니다. 시시각각 마음을 잘 써야 지구와 우주가 잘 돌아갑니다. 고작 4, 5년마다 투표를 통하여 겨우 한 나라의 일반의지를 확인하는 19세기형 민주주의로는 어림도 없는 신시대가 도래하는 것입니다. 기왕의 (개화적) 정치, 경제, 사회, 문화 모두가 이미 수명을 다했습니다. 정권교체에나 연연할 뿐 문명 전환에는 깜깜하고 캄캄합니다. 개벽정치의 창조, 개벽경제의 창안, 개벽문화의 창달이 시급합니다.

3. 개벽사를 새로 써야 한다

다시 왜 개벽사를 써야 하는가로 돌아갑니다. 다른 미래는 다른 서사의 창출에서 비롯하기 때문입니다. 술(述)이 아니라 작(作)이 필요합니다. 선도하는 쪽은 오히려 개화우파 같습니다. 지난해에 실학론의 허상을 통렬하게 비판하는 기획특집을 선보인 곳이 《중앙일보》였습니다. '리셋 코리아' 프로젝트의 일환이었다고 봅니다. 그쪽에서는 '제3의 개항'이라는 말도 즐겨 씁니다. '또 다시 개화'라고 고쳐 말할 수도 있겠습니다. '더더욱 개화'는 남을 넘어 북까지 아우릅니다. 북조선을

'친미적 개화국가'로 전변시키려 듭니다. 일본으로 미국으로 기울었던 20세기를 21세기에도 반복하고 복제하고자 합니다.

실제로 현재 '근대문화유산'은 대체로 일제의 흔적이 남아 있는 곳인 경우가 많습니다. 개화사로 근대사를 썼기에 부지불식간 일본의 영향이 두드러집니다. 요사이 떠들썩했던 목포 근대문화거리 얘기 또한 마찬가지입니다. 비단 목포뿐이겠습니까. 군산도 부산도 인천도 개항과 개화의 유산만 부각되어 있습니다. 1876년 강화도조약,● 개항을 시발로 삼는 '개화기'라는 시대구분 탓입니다.

서둘러 1860년 동학 창건으로부터 시작하는 '개벽기'라는 시대인식을 바로 세워야 하겠습니다. 개벽의 흥망성쇠를 개화의 물결과 견줌으로써 우리의 근대사 또한 한층 풍요롭고 더욱 온전하게 복원될 수 있을 것입니다.

자각적인 개벽보다 외래적인 개화를 더 중시하는 도착은 비단 문화유산 기념에 한정되지 않습니다. 개화우파의 고질병만도 아닙니다. 삼일운동 100주년을 맞이하는 개화좌파의 역사인식에도 깊숙이 투영되어 있습니다. 지난 몇 달 대통령 직속 정책기획위원회에서 주도하는 대한민국 임시정부 100주년 기념 상하이 국제학술회의 조직을 거들었습니다. VIP가 '민주공화국'에 대한 애정과 애착이 남다르셔서 '3·1운동'(과 5.4운동)을 전후한 동아시아의 민주와 공화 담론을 복기해 보자는 얘기가 오고갔습니다. 제가 우선으로 추천한 분이 원광대 정혜정 교수와 〈모시는사람들〉의 박길수 대표입니다. 동학의 후

● 공식명칭은 조일수호조규. 1876년 2월 강화도에서 조선과 일본이 체결한 조약. 일본의 강압에 의해 체결된 불평등 조약 병자수호조약이라고도 한다. 이 조약을 시발로, 미국 영국을 비롯한 유럽 각국과 통상 조약을 맺기 시작하면서 조선의 '개화기'가 본격적으로 개시되었다고 본다.

신인 천도교의 독창적인 정치사상이 어떻게 한국의 독자적인 공화담
론으로 진화해 갔는지를 중국에서 발표할 수 있는 기회를 드리고 싶
었습니다. 그러나 별반 논의도 못한 채 묻혀 버렸습니다. 기획회의에
모였던 다른 선생님들이 영 뜨악하고 뚱한 눈치였습니다. 삼일운동이
'제2의 동학운동', '다시 개벽 운동'이라는 감이 좀체 없습니다. 결국
다른 분이 섭외되었습니다. 그분의 책은 진즉에 읽어보았습니다. 서
구의 공화담론이 일본의 번역을 통하여 유통되는 과정과 신해혁명이
한국에 미친 영향에 더 주의를 기울이고 있습니다. 전형적인 개화(左)
파의 발상인 것입니다. 안보다는 밖을 살피는 데 더 능합니다. 이래서
는 "2019년을 개벽과 재건의 원년으로 삼자."는 제안이 무색해질 지
경입니다. 더욱 배포를 다지고 치고 나가야 하겠습니다. 흩어진 개벽
파를 세력화하고, 투박한 개벽론을 세련화하고, 소심한 개벽학을 세
계화해야 하겠습니다.

　그래서 우리가 먼저 삼일운동 100년의 의미를 되짚는 담론을 선도
적으로 개진했으면 좋겠습니다. '개벽기'의 실상 복원에 누구보다 앞
장서서 연구해 오신 분이 조성환 선생님이라고 생각합니다. 득의와
발군의 삼일혁명론이 기대됩니다. 선창을 요청 드립니다. 제가 후창
을 잇겠습니다. 그리하여 기어이 3월이면 삼천리금수강산, '또 다시
개벽'의 떼창이 방방곳곳 울려 퍼지면 좋겠습니다. 20190201

조
성
환

지금은 '개벽학'이 필요한 때

개벽이 이처럼 하나의 사회 운동이 되기 위해서는 '개벽학'이라는 체계적인 '학'이 필요하다고 생각합니다. 「선언문」으로는 아무래도 지속가능성이 부족하고 단발성으로 끝나기 쉽습니다. 주자학이 동아시아를 700년 이상 이끌어 갔듯이, 그에 상응할 만한 개벽학이 요청되는 시대입니다. 이것이 선생님께서 제기하신 '민주화의 다음 단계'로 나아가는 첫걸음이라고 생각합니다. 굳이 이름을 붙인다면 '개벽화'라고 할 수 있지 않을까요?

1. '근대'라는 용어에 대하여

설 연휴 잘 보내셨는지요. 지난번 편지에서도 많은 문제제기를 해 주셨습니다. 덕분에 쓸 내용이 많아졌습니다. 하지만 논의의 범위가 방대해서 제 생각을 다 쓸 수 있을지 걱정이 되기도 합니다.

먼저 저는 '한국사상사'라는 제한된 문맥에서 '근대'라는 용어를 사용합니다. 더 구체적으로는 '개벽'이라는 자생어를 설명하기 위해서 '근대'라는 번역어를 빌려왔습니다. 그래서 『한국근대의 탄생: 개화에서 개벽으로』의 제목도 '세계 근대'나 '동아시아 근대'가 아닌 '한국 근대'라고 한 것이고요. 부제를 '개화에서 개벽으로'라고 했던 것은 종래에 개화 중심으로 근대를 생각했던 관점에서 개벽 중심으로 근대를 생각해 보자는 취지였습니다. 바로 이 점이 다른 분들과의 차이라고 생각합니다.

대부분의 학자들은 '중국'이나 '세계'와 같은 거시적인 관점에서 '근대' 개념을 사용합니다. 근대의 대상도 사상이나 철학보다는 '체제'(관료제)나 '시스템'(자본주의)과 같은 제도적 측면에 주목하고요. 반면에 저는 19세기 말~20세기 초의 한국사상사를 서술하는 범주로서 '근대'라는 개념을 빌려왔을 뿐입니다. 그래서 종래의 실학담론을 비판적으로 검토하고, 동학이라는 새로운 '학'에 주목하는 것입니다.

실학담론 자체의 옳고 그름에 대한 논의는 차치하고라도, 적어도 실학담론을 주창한 1930년대의 조선학운동가들은 전통으로부터 '근대'(=지금과 '가까운' 새로운 시대)를 열고자 한 사상가들이었다고 생각합니다. 그런 점에서 개벽파와 문제의식이 비슷하다고 할 수 있고요. 다만 양자의 차이는 조선학운동가들이 유학이라는 틀을 유지한 채로, 즉 유학 안에서 새로운 시대를 찾고자 했다면, 개벽파는 말 그대로 유학을 개벽해서, 유학과는 다른 '학'을 창조해서 새로운 시대를 열고자 했다는 점입니다. 똑같이 유학을 사상 자원으로 활용하지만 개벽파의 경우에는 '학' 자체가 달라진 것입니다. 그래서 이 시기를 조선유학 500년이 끝나는 하나의 사상사적 전환점으로 볼 수 있고, 그것을 저는 '근대'라는 말로 나타내는 것입니다.

이렇게 제한된 범위에서 '근대'라는 개념을 쓰기 때문에 선생님처럼 동아시아사나 세계사와 같은 거시적 시각에서 '근대'를 논하는 분들에게는 혼란스럽고 납득이 가지 않을 것입니다. 그럼 왜 굳이 그런 혼란스런 '근대' 개념을 고집하는가? 두 가지 이유가 있습니다.

첫째는 '개벽'의 사상적 획기성을 설명하기 위해서입니다. 제일 좋은 방법은 '근대'라는 용어의 도움을 받지 않고 곧바로 '개벽'으로 들어가는 것인데, 우리에게 '개벽'은 낯설고 '근대'는 익숙합니다. 그래서 익숙한 용어로 낯선 용어를 설명하는 것입니다. 일종의 방편이라고 할 수 있습니다.

그런데 개벽에 담긴 사상적 획기성으로 말하면 사실 '근대'라는 말로도 부족하다고 생각합니다. 왜냐하면 '근대'는 고대나 중세에 이어지는 단계적 시대구분론에서 나온 개념인데 반해, 개벽은 '개벽 전'과 '개벽 후'로 양분될 뿐이기 때문입니다. 마치 그리스도교에서 예수 이전과 이후로 나누듯이 말입니다. 그래서 저는 한국사상사는 크게 동학 이전과 동학 이후로 양분된다고 생각합니다. 그리고 그 기준이 사상의 '작'입니다. 개화파는 중국으로부터의 탈피는 했을지언정 여전히 서구를 답습하는 '술'의 관행을 반복하고 있었습니다.

선생님께서 "1876년 강화도조약, 개항을 시발로 삼는 '개화기'라는 시대구분"을 탓하시면서 "1860년 동학 창건으로부터 시작하는 '개벽기'라는 시대인식을 바로 세워야겠다"고 설파하신 것도 비슷한 맥락이라고 생각합니다. 제가 말하는 동학에서 시작되는 한국사상의 '근대기'는 선생님이 말씀하시는 '개벽기'와 상응합니다.

이와 같이 '한국' 근대의 기점을 동학으로 잡는 것은 저의 개인적인 한국사상사 서술 방식에 지나지 않습니다. 결코 이 구분이 다른 나라나 인류 문명 전체에 적용될 수 있는 것은 아닙니다. 그리고 이것과는 다른 한국사상사 서술 방식도 얼마든지 있을 수 있고요.

예를 들어 최제우뿐만 아니라 동시대의 최한기*도 근대를 준비한 사상가라고 생각합니다. 전통적인 '기' 개념을 중심으로 서양의 천문

● 崔漢綺, 1803~1877

학과 정치체제 등을 수용하여 '기학'이라는 새로운 학문을 만들었으

● 洪大容, 1731~1783. 『의 산문답』의 저자

니까요. 그리고 최한기 기학의 선구에 해당한다고 할 수 있는 홍대용•

도, 서양의 천문학을 받아들이면서 전통적인 유불도 삼교와 성인의

권위에 회의적인 시선을 보냅니다. 최한기처럼 새로운 학문체계를 수

립한 것은 아니지만, 그런 시도를 한 흔적이 뚜렷합니다. 이 두 사람

만 보아도 확실히 조선 후기에는 뭔가 새로운 사상의 바람이 불었던

것은 분명합니다.

　다만 아직 저의 역량이 부족해서 이런 사상가들을 본격적으로 논

의에 포함시키지 못하고 있을 뿐입니다. 기학과 동학이 동시대에 나

왔다는 사실은 결코 우연이 아닙니다. 공공철학자 김태창 선생님은

"앞으로 한국철학의 과제는 기학과 동학을 융합·접목시켜 새로운

'학'을 만드는 일이다."라고 하셨다는데, 탁견이라고 생각합니다. 이

작업이야말로 21세기 한국에 필요한 새로운 '개벽학'일 것입니다.

　제가 '근대'라는 용어를 고집하는 두 번째 이유는 실천적인 관심 때

문입니다. 제가 생각하기에 한국인들은 '근대화 실패'라는 정신적 트

라우마를 안고 있습니다. 그 이유는, 첫 번째 편지에서 소개한 중국인

학자의 표현을 빌리면, '서구 근대의 독을 가장 많이 먹은 나라 중의

하나'이기 때문입니다. 여기에는 '근대화'하지 못해서 '식민지' 지배를

당했다는 역사적 사실도 크게 작용하였습니다. 그래서 전통을 부정하

면서 서구를 추종하고, 한편으로는 일본을 도덕적으로 미워하면서도

다른 한편으로는 일본의 근대화를 높이 평가하는 상반된 태도를 취하

고 있습니다.

중국철학 연구자들 사이에서 "노자는 노자로 해석해야 한다."는 말이 있는데, 저는 "근대는 근대로 치유해야 한다."고 생각합니다. 즉 근대로 상처받은 영혼을 근대로 치유하는 것입니다. 이것이 제가 동학을 비롯한 개벽파를 '자생적 근대'나 '토착적 근대'로 규정하는 이유입니다. 식민지 시기를 거치느라 비어 있는 '전통'과 '현대'의 사이를 '개벽'으로 채우고 싶기 때문입니다.

그래서 '전통(유학중심)-근대(개벽중심)-현대(서학중심)'의 구도로 한국 사상사를 나름대로 균형 있게 서술하고 싶습니다. 최근에 이러한 저의 문제의식('치유로서의 개벽근대')에 공감해 준 서평이 하나 나왔는데, 원광대학교 원불교학과 박사과정에 재학중인 박지영(인전) 교무가 쓴 「근대의 재발견으로 개벽종교를 치유하다」(『개벽종교』 80호)입니다. 저보다도 제 마음을 더 잘 알고 계신 것 같았습니다.

마지막으로 저는 '개벽사상'과 종래의 '탈식민주의론'은 근본적으로 다르다고 생각합니다. 종래의 탈식민주의론은 또 하나의 '술(述)'에 지나지 않습니다. 다른 사상을 빌려다가 거기에 기대어서 자신이 처한 사상적 곤경을 해결하려 하기 때문입니다. 선생님이 마르크시즘 역시 개화좌파에 불과했다고 비판하는 것과 같은 맥락입니다. 그런 식으로는 서구 중심주의에서 벗어날 수 없습니다. 또 다른 중심주의에 사로잡히거나 그냥 공부로 끝날 뿐입니다.

반면에 개벽은 자기 눈으로 세상을 보고자 했습니다. 최근에 유상용 선생님이 '개벽은 나로부터 세계를 보는 눈을 여는 것'이라고 했는데, 탁월한 정의라고 생각합니다. 그렇다고 해서 편협한 국수주의나 민족주의에 빠진 것도 아닙니다. 물론 개벽이 사상적으로 완벽하다는 뜻은 아닙니다. 그러나 유학과 서학을 시야에 넣으면서 '한울'이라고 하는 세계주의를 지향한 이런 사상은 개벽 이전에도, 그리고 해방 이후에도, 한국 사상계에서 찾아보기 어렵습니다(홍대용이나 최한기는 예외라고 하고).

2. 유학과 동학의 관계

유학과 동학의 관계는 저로서는 언제나 논란의 중심에 있는 문제입니다. 지금까지 동학은 거의 대부분 유학의 연장선상에서 이해되어 왔습니다. 확실히 동학을 창시한 최제우는 유학자였고, 이 점은 증산교의 교조로 알려져 있는 강증산이나 대종교를 창시한 홍암 나철,• 그리고 원불교를 이론화한 정산 송규•도 마찬가지였습니다. 뿐만 아니라 강증산은 동학을 평가하면서 '유학을 버리지 못해서 실패했다'고 하였고, 실제로 동학 통문(通文)에는 '도유(道儒)'라는 표현도 보입니다. 아마 전봉준•과 같이 서당 훈장 출신의 동학접주들이 있기 때문일 것입니다. 정부의 탄압을 피하려는 목적도 있었겠지요.

그런 점에서는 분명 선생님이 지적하신 대로, 동학과 개벽파는 유학이나 불교와 같은 전통사상의 자산 위에 서 있습니다. 그러나 이들

● 羅喆, 弘巖, 1863~1916

● 宋奎, 鼎山, 1900~1962

● 全琫準, 1855~1895

이 만든 '학'을 '개신유학'이나 '급진유학' 또는 '민중불교'라고 하지 않고, '동학'이나 '증산교' 또는 '원불교'라고 새로운 이름을 붙였던 이유는 '학'의 내용이 달라졌기 때문입니다. 즉 전통을 자산으로 삼고는 있지만, 그 전통에 정면으로 도전하는 '학'을 만든 것입니다. 최제우가 '다시 개벽'을 주창하거나 강증산*이 '묵은 하늘을 뜯어고치자'고 한 것은 이런 측면을 말하고 있습니다. 이렇게 새로운 '학'이 나오게 된 이유는 종래의 유학적 세계관으로는 더 이상 시대적 전환기에 대처할 수 없다는 위기감과 절박감이 있었기 때문이라고 생각합니다. 이런 점들이 제가 동학을 말할 때 유학과의 연속성보다는 단절성을 강조하는 이유입니다.

● 甑山 姜一淳, 1871~ 1909

　무엇보다도 유학 경전을 버리고 독자적인 경전을 만든 이상 이미 유학이라고 부를 수는 없습니다. 유학을 유학이게 하는 가장 결정적인 조건은 '시서(詩書)'라는 경전을 신봉하는 것인데—마치 그리스도교 신자들이 『성경』을 신봉하듯이요—동학교도들은 '시서'나 '논맹'이 아닌 『동경대전』과 『용담유사』를 경전으로 받들었습니다. 물론 교양으로는 유교 경전도 공부했을 수 있습니다만, 농민들이 사서삼경이나 성리학 문헌을 공부한 경우는 드물었다고 생각됩니다. 전봉준과 같이 유학자의 신분에서 동학에 입도한 경우라면 당연히 유교 경전은 기본소양이었겠지만요-.

● 『詩經』과 『書經(尙書)』
● 『論語』와 『孟子』

　그래서 이들에게 '유학'이라는 아이덴티티를 부여하기는 어렵습니다. 천도교인인 모시는사람들의 박길수 대표님에게 "당신은 유학자입니까?"라고 물어보면 아마 "아닙니다"라고 대답할 겁니다. 그냥 "천도교인입니다"고 대답할 것입니다. 원불교 성직자도 마찬가지고요(물론 그렇다고 해서 유학을 배척하거나 부정하는 것도 아닙니다만). 그런데 '개신유학'이나 '급진유학'이라고 규정해 버리면 여전히 유학자라는 타이틀을 붙여 주는 느낌이 듭니다. 마치 주자학이나 양명학을 신유학이라고 하듯이요. 그래서 제가 이 표현에 위화감을 느끼는 것입니다.

그런데 증산교가 선도(仙道)를 개벽하고, 원불교가 불교를 개벽한 것처럼, 동학이 유학을 개벽한 것은 부정할 수 없는 사실입니다. 대표적인 것이 향벽설위(向壁設位)에서 향아설위(向我設位)로의 전환입니다. 여기서도 얼핏 보면 동학은 유학의 연장선상에 있는 것처럼 보입니다. 유교에서 중시하는 제사를 인정하니까요. 그런데 문제는 어떤 의미에서는 제사를 거부하는 것보다 더 큰 불경죄를 범하고 있다는 점입니다. '벽'으로 상징되는 성인이나 조상보다 '나'를 더 존귀한 존재로 설정하고 있으니까요. 동학이 당시 유학자들에게 '사교'로 지목당하고 최제우나 최시형이 혹세무민 죄로 처형당한 것도 이러한 이유에서였습니다. 유학에서 가장 중시하는 명분(名分), 즉 예적(禮的) 질서를 무너뜨렸으니까요.

그래서 제 생각에는 동학과 유학의 상관성을 살려서 호명한다면 '개신유학'이라고 하기보다는 '개벽유학'이라고 하면 어떨까 싶습니다. 원불교를 '개벽불교'라고 부를 수 있듯이요. 요즘에 저는 원불교를 '동학불교'라고 소개하기도 합니다. '개벽/동학'과 '불교'를 다 알아야 이해될 수 있는 사상체계라는 뜻입니다. 마찬가지로 동학도 개벽과 유학을 다 알아야 이해할 수 있는 사상체계라는 뜻에서 '개벽유학'이라고 부를 수 있지 않을까 싶습니다.

 '개신'이나 '급진'은 하나의 독립된 사상체계를 뜻하는 말은 아닙니다. '새롭거나 과격하다'는 수식어에 불과합니다. 반면에 '개벽'은 역사적으로 실재하는 하나의 사상조류를 가리킵니다. 그래서 '개벽유학'은 '개벽'이라는 사상과 '유학'이라는 사상의 합성어를 의미합니다. 마치 원불교를 창시한 박중빈이 한편으로는 최제우를 개벽의 선지자로 존경하면서도, 다른 한편으로는 불법을 주체로 한다고 말하였듯이 말입니다. 아일랜드의 젊은 한국학자인 케빈 콜리*가 정약용*의 사상체계를 '개신유학'이라고 하지 않고 '기독유학'(그리스도교+유교)이라고 규정하였는데, 이것도 비슷한 예라고 생각합니다.

 '개신유학'이라고 하면 사상적 아이덴티티가 '유학' 하나로 한정되지만, '개벽유학' 또는 '기독유학'이라고 하면 사상적 아이덴티티가 두 개로 늘어납니다. 이 중에서 '유학'을 강조하면 유학과의 연속성이 강조되고, '개벽'이나 '기독(교)'을 강조하면 유학과의 단절성이 강조됩니다(물론 정약용의 사상은 유학적 요소가 그리스도교적 요소보다는 훨씬 크다고 생각합니다만). 저는 동학에는 두 측면이 다 있다고 생각합니다. 다만 강조점이 다를 뿐입니다. 지금까지 동학이 유학과의 연속선상에서 논의된 측면이 강했다면, 저는 단절성을 강조해서 균형을 잡으려는 것이고요.

● Kevin N. Cawley
● 丁若鏞, 茶山, 1762~1836

아울러 A라는 사상을 만들기 위해서 B라는 사상자원을 활용했다고 해서, 새로 만들어진 A라는 사상을 반드시 B라는 사상계열로 분류해야 하는 필연성은 없다고 생각합니다. 사상자원으로만 활용할 뿐, 내용 자체는 전혀 다른 사상체계를 만들 수 있으니까요.

3. 동학과 서학의 문제

제 생각에 동학은 단지 서학의 도전에 대한 응전일 뿐만 아니라 전통적 세계관의 붕괴에 대한 대응이기도 하였습니다. 최제우는 『동경대전』에서 "인의예지는 옛 성인의 가르침이지만 수심정기는 내가 새롭게 정했다."고 말합니다. 서학뿐만 아니라 분명히 유학도 의식하고 있습니다. 동학이 유학도 아니고 서학도 아닌 제3의 길을 갔다고 평가받는 이유도 여기에 있습니다.

그래서 동학의 '동'에는 '서'에 대한 '동'뿐만 아니라 '중국'에 대한 '동'의 의미도 담겨 있습니다. 이러한 용례는 일찍이 신라시대의 최치원*에게서도 보입니다. 유학 연구자인 최영성 교수님의 연구에 의하면, 최치원은 신라는 '동국(東國)'이고 중국은 '서국(西國)'이라고 하면서, 신라인을 '동인(東人)'이라고 하고, 한반도를 '동방(東方)'이라고 불렀다고 합니다. 이후에 고려시대든 조선시대든, 한반도에 사는 지식인들이 자신들을 지칭할 때에는 '동방'이라는 말을 썼습니다. 동인, 동국, 동방은 모두 서세동점이 시작되기 이전의 개념들입니다. 그래서 저는

● 崔致遠, 孤雲, 857~?

'동학'은 '동양학'이 아니라 '한국학'의 다른 말이라고 생각합니다.

한 가지 덧붙이면, 어떤 분들은 동학은 서학, 즉 천주교의 영향으로 탄생했다고들 말합니다. 『동경대전』에 나오는 '천주'나 '상제' 개념을 예로 들면서요. 주로 그리스도교신학을 하시는 분들의 주장이라고 생각되는데, 제가 생각하기에는 동학은 서학의 '자극'을 받아서 탄생했다고 할 수는 있어도, 사상적 '영향'을 받았다고 하기에는 무리가 있습니다. 왜냐하면 한자로는 '상제'나 '천주'라고 쓰지만 한글로는 '하늘님'이라고 표기하는데, 이 '하늘님'은 전통적인 한국인의 하늘신앙을 대변하는 말이라고 생각되기 때문입니다. 상제나 천주는 그것을 한자로 표현하기 위해서 빌린 말이고요. 그래서 오히려 천주교의 신관이 이런 토착적인 하늘신앙의 영향을 받았다고 보아야 하고, 동학도 마찬가지로 그런 토착적 신관 위에서 성립한 신종교라고 생각됩니다. 물론 이 과정에서 서학의 자극을 받았을 수는 있는데, 이것을 '사상적 영향을 받았다'고 표현하는 것은 적절하지 않습니다. 오히려 다산 정약용이 서학의 영향을 받아 서학적 신관을 수용한 사상가라고 생각합니다.

이것으로 부족하지만 '근대'와 '유학'의 문제에 대해 제 나름의 답변을 정리해 보았습니다. 제기하신 문제의 취지에 얼마나 부합되었는지 잘 모르겠습니다.

4. 개벽학의 모색

마지막 부분에 제시해 주신 '술(述)이 아닌 작(作)의 필요성' '개벽기에 대한 시대인식' '밖보다는 안을 살펴야 한다'는 주장에는 전적으로 공감합니다. 저는 이것이 바로 '개벽문화'라고 생각합니다. 그리고 '작'은 이 시대가 필요로 하는 개벽문화와 개벽학을 만드는 일이라고 보고요. 지난주부터 페이스북에 '개벽일지'를 쓰기 시작했습니다. 개벽에 대해서 남에게 들은 이야기나 내가 생각한 단상 등을 글로 남겨 두는데, 이것이 죽을 때까지 쌓이면 개벽학의 얼개가 대충 짜여질지 모르겠습니다.

'개벽기에 대한 시대인식'은 삼일운동의 사상적 성격을 이해하는 데 있어서도 대단히 중요한 문제라고 생각합니다. 흔히 '삼일운동' 하면 윌슨의 민족자결주의를 떠올리기 십상인데, 이것 역시 개화의 시선으로만 사태를 바라보는 데 익숙해져 있기 때문입니다. 실제로 「삼일독립선언서」의 사상적 내용을 분석해 보면, 개척정신('자가의 신운명 개척'), 도덕주의와 시대전환 의식('위력의 시대가 가고 도의의 시대가 온다') 등이 두드러지는데, 이러한 요소야말로 개벽사상의 특징입니다. 개화파들은 결코 쓸 수 없는 문장입니다. 이 개벽정신이 바로 삼일운동의 내적인 원동력이었다고 생각합니다(윌슨의 민족자결주의는 외적인 요인이었다고 할 수 있겠지요).

그러나 제가 생각하기에 삼일운동이 오늘날 우리에게 주는 가장 큰 메시지는 '독립정신'이라고 생각합니다. 정치적 독립은 물론이고 사상적 독립까지 아우르는 '독립' 말입니다. 지금은 정치적으로 독립한 상황이지만 사상적 독립은 여전히 과제로 남아 있습니다. 여기서 사상적 독립은 자기 눈으로 세상을 보는 태도를 말합니다. 이것이 개벽의 자세입니다. 삼일운동에서 만개했는데, 아쉽게도 해방 이후로 상실되고 말았습니다. 우리 세대는 이런 전철을 밟지 않기를 바랍니다. 그러기 위해서 젊은이들이 깨어 있어야 하겠지요.

선생님과 하자센터의 김현아 선생님이 기획해 주신 '개벽학당'이 벌써부터 기대됩니다. 저로서는 10대 후반의 젊은이들과 함께 한국사상과 개벽정신을 얘기할 수 있는 첫 번째 자리이자 시험 무대입니다. 아울러 원광대학교에서도 박맹수 총장님이 중심이 되어 개벽의 일꾼들이 많이 나왔으면 좋겠습니다. 신라시대에 화랑들이 사회를 이끌어 갔듯이, 한국사회도 개벽의 일꾼들이 진취적이고 창조적으로 바꾸어 나갔으면 좋겠습니다.

개벽이 이처럼 하나의 사회 운동이 되기 위해서는 '개벽학'이라는 체계적인 '학'이 필요하다고 생각합니다. 「선언문」으로는 아무래도 지속가능성이 부족하고 단발성으로 끝나기 쉽습니다. 주자학이 동아시아를 700년 이상 이끌어 갔듯이, 그에 상응할 만한 개벽학이 요청되는 시대입니다. 이것이 선생님께서 제기하신 '민주화의 다음 단계'로 나아가는 첫 걸음이라고 생각합니다. 군이 이름을 붙인다면 '개벽화'라고 할 수 있지 않을까요? 20190208

이
병
한

개벽학은 미래학이요 지구학이라

'새로운 역사는 이제부터', 목하 21세기 동아시아의 변화를 추동하는
진원지는 한반도입니다.…지난 40년 중국의 개혁개방이 세계체제를
격변시켰다면, 앞으로 40년은 북조선의 개혁개방이 그 못지않은 파
장을 일으킬 것입니다.…문명개화에서 신문명개벽으로의 대반전을
우리가 앞장서야 합니다. 개화학에서 개벽학으로의 대전환을 우리부
터 솔선수범해야 합니다. 생명(生命)을 곧 혁명(革命)이자 천명(天命)
으로 삼는 신문명을 창조하고 개창합시다.

1. 인류세*와 개벽세

옳거니! 무릎을 쳤습니다. 가히 '개벽에 담긴 사상적 획기성으로 말하면 '근대'라는 말로도 부족'합니다. 턱없이 모자랄 뿐만 아니라 공연한 오해를 사고 시비에 휩싸이기 쉽습니다. 동네북으로 전락한 '근대'에 견주자면 '개벽'은 싱싱하고 생생하며 팔팔하고 푸르른 개념입니다. 번뜩번뜩한 영감을 제기하고 팔딱팔딱한 활력을 제공합니다. 고로 한국사상사가 '개벽 전과 개벽 후로 양분된다.'는 말씀에 전적으로 공감합니다. 부디 그렇게 정공법으로 밀고 나아가시면 좋겠습니다.

서구에서 고안된 고대-중세-근대의 작위적 시대구분에 연연할 것 없이, 개벽을 기준으로 사상사의 혁명적 변화의 획을 긋는 편이 한층 그 실상에도 부합한다고 봅니다. '코끼리는 생각하지 마!'나 미국의 언어학자 레이코프*의 프레임 이론*을 참조해도 좋겠습니다. '근대'는 슬쩍 지워 버리고 '개벽'을 슬그머니 전면에 띄우는 편이 전략적으로도 이롭습니다. 게다가 '유학과 서학을 시야에 넣으면서 세계주의 지향'을 보인 '독자적인 경전'을 산출했음은 이미 동학 창도가 한국사를

● 人類世, Anthropocene. 약 1만 년 전 시작된 홀로세(Holo-cene, 현세) 중 인류가 지구 환경에 큰 영향을 미치기 시점부터 새로운 '세'로 자리매김하는 비공식적인 지질 시대 개념. 몇 가지 지표가 있지만, 대기의 변화(기후 온난화)를 기준으로 할 경우 산업혁명이 그 기준이다.

● George Lakoff, 1941~
● frame theory. 전략적으로 짠 프레임을 제시하여 대중의 사고 프레임을 먼저 규정하는 쪽이 정치적으로 승리하며, 이를 반박하려는 노력은 오히려 프레임을 강화하는 딜레마에 빠지게 된다는 이론.

넘어선 세계사적 사건임을 말해주고 있습니다. 동서문명의 회통과 신문명 창조라는 21세기 과제가 이미 '다시 개벽'의 외침과 깨침에 내장되어 있던 것입니다. '근대'와 씨름하며 진을 빼기보다는 사뿐하고 산뜻하게 개벽으로 쾌속 질주할 것을 권장합니다.

옳다구나! 맞장구를 쳤습니다. '주자학이 동아시아를 700년 이상 이끌어 갔듯이, 그에 상응할 만한 개벽학이 요청되는 시대'라는 발상을 전폭적으로 지지합니다. 민주화 다음 단계로 '개벽화'를 제시한 것 또한 탁견이 아닐 수 없습니다. 비로소 촛불 이후의 희뿌연 안개가 걷히고 1987년 이후의 출로가 희미하게 보이는 듯합니다. 산업화는 개화의 전반전이요, 민주화는 개화의 후반전일 따름이었습니다. 게임오버, 구시대의 막이 진즉에 내린 것입니다. 박근혜 정권은 산업화 세력의 앵콜재탕이요, 문재인 정권은 민주화 세대의 커튼콜이었습니다. 하기에 저로서는 개발파와 개혁파의 저 아웅다웅이 신물이 나도록 지겹습니다. 개화우파와 개화좌파의 '적대적 공존'이 진물이 날 만큼 지긋지긋합니다. 서둘러 패러다임을 전환하고 프레임을 바꾸어야 하겠습니다.

단 주자학은 비단 동아시아 세계만 천년 가까이 주도한 것이 아니라고 생각합니다. '송학의 서천',* 성리학이 서아시아부터 서유럽까지 계몽주의의 충격을 주었습니다. 일파만파 유라시아와 아메리카의 근대 형성에 중추적인 역할을 했습니다. 그래서 혹자는 중국과 조선과 월남을 일컬어 '잃어버린 근대성들'이라고 표현했을 것입니다. 근대

● 宋學 송나라 때 집대성된 유학의 한 유파. 성리학 또는 주자학이라고도 한다. '송학(宋學)의 서천(西遷)'은 이가와 요시지(井川義次)가 저술한 책으로서, 서구의 근대적인 요소(자유시장, 관료제, 신분제 해체)가 중국 송나라로부터 서구로 전파된 문화의 영향이라고 보았다.

로 치자면 동아시아가 원조이고 서유럽이 후발주자였습니다. 서세동점에 앞서 동세서진이 자리하는 것입니다. 다만 19세기 동서간의 대역전, 대분기가 일어난 것은 어디까지나 물질개벽의 소산입니다. 이시점부터 지상 위에 살아가는 인간의 역사에 지하자원을 포함한 지질학의 역사가 포개지기 때문입니다. 동서를 망라하는 인류세의 개창이라 하겠습니다. 하여 개벽파선언과 개벽학 수립은 인류세를 개벽세로 반전시키는 지구적인 대업이자 우주적인 과제가 됩니다. 동서양은 물론이요 동반구와 서반구의 만인과 만물이 천심과 일심으로 합작하지 아니하면 일을 그르칩니다.

지난 백년처럼 개화세가 지속되어서는 한 세기 후를 장담키도 어렵습니다. 개벽세가 만세를 누리기 위해서는 백년대계부터 곧추세워야 합니다. 근간은 역시 학문이고 교육입니다. 'SKY 캐슬' 입시 교육만 병폐이고 적폐인 것이 아닙니다. 공교육도 사교육도 개화학이 독점하고 있습니다. 학교도 학원도 개화학이 득세합니다. 그래서 근대의 캐슬 안에 갇혀 있는 것입니다. SKY 대학이라 해서 별반 다를 것도 없습니다. 커녕 그 대학들이야말로 개화학의 아성이고 보루라고 하겠습니다. '大學'다움을 잃어버린 지 이미 오래입니다. 『대학』의 첫 구절 '수신제가치국평천하'가 무색한 공간입니다. 수신도 단련하지 않고, 평천하도 연마하지 않습니다. 우리가 학교와 학원 사이 '개벽학당'이라는 새 길을 내기로 작당한 까닭입니다. 몸과 마음을 다스리는 수양학부터 태평천하의 노하우까지 전수받는 경세학까지 장착한 군자와 보살을 대거 양성해야 하겠습니다. '나라사람' 국민(國民=개화우파)과 '도시사람' 시민(市民=개화좌파)을 지나 '하늘사람' 천민(天民=개벽파)으로, 자신을 구원하고 지구를 구제하는 개벽세의 주체들을 키워 나갑시다. 그 정도는 되어야 2019년을 '개벽화'의 원년으로 기억하고 기록할 수 있을 것입니다.

2. 개벽학의 권장

일본에 다녀왔습니다. '개벽대학'을 표방하는 '개벽총장' 박맹수 선생님과 제가 속한 동북아연구소의 염승준 소장 등과 동행했습니다. 리츠메이칸(立命館大學)과 도시샤(同志社大學) 등 교토에 자리한 여러 대학 관계자들을 두루 만났습니다. 불교대학의 다나카 노리히코* 총장과는 구면입니다. 작년 여름 처음 뵙고 서로 호감을 품었습니다. '인도의 개벽파' 타고르*가 세운 국제대학 비슈바바라티에서 공부한 분입니다. 산스크리트어와 벵갈어에 능합니다. 유라시아의 북방과 남방에서 유장하게 펼쳐졌던 불교 네트워크에도 해밝습니다. 자연스레 저의 천일여행에도 깊은 관심을 표하셨습니다. 동아시아는 물론이요 남아시아와 북아시아도 익숙하시니 척 하면 척, 말이 잘 통한 것입니다. '방랑자'(放浪者)의 일본어 발음이 '호로샤'이지요. 그분은 저를 '호로샤'라고 부릅니다. 어느새 집에서도 쓰이는 별명이 되었습니다.

이번 만남의 화두는 단연 AI(인공지능)와 로봇이었습니다. 이미 인

● 團紀彥

● Robindronath Thakur, 1861~1941

구 감소 국면에 진입한 일본에서는 로봇의 상용화가 가파르게 진행되고 있습니다. 육체노동과 정신노동에서 점점 인공(人工)이 인간(人間)을 대체해 갑니다. 시급하게 새로운 세계관과 인간관 및 가치관이 필요한 때라고 역설하셨습니다. 불교를 포함한 기성의 세계종교가 어떠한 역할을 수행해야 할지를 숙고하고 계셨습니다. 저 또한 깊이 공감하는 주제입니다. 올해 제가 구입한 책 목록을 보노라면 자연과학 분야가 월등히 많습니다.

따지고 보면 최근의 관심사도 아닙니다. 견문을 시작했던 첫 해, 2015년 여름부터 싹을 틔웠습니다. 선생님도 흥미롭게 읽으셨다는 두아라와의 인터뷰가 이루어진 곳이 그해 8월 싱가포르였습니다. '탈세속화와 재영성화'라는 화두를 얻은 소중한 시간이었습니다. 바로 그 인터뷰를 마친 날 구글(Google)과 마이크로소프트(MS)에서 근무하는 분들과 저녁식사를 했습니다. 당시의 주된 화제가 바로 AI였습니다. 인공지능과 가상현실(VR)이 펼쳐갈 미래에 대해 뜨거운 토론을 이어갔습니다. 문외한인 저로서는 긴가민가 솔깃하면서도 갸웃했던 기억이 납니다. 실감하기까지는 그리 긴 시간이 필요하지 않았습니다. 이듬해 3월, 델리의 네루대학에 머물 무렵이었습니다. 알파고*가 이세돌을 연파하는 기사가 인도의 TV와 신문 톱뉴스를 장식했습니다. 근대적 인간, '이성적 인간'의 근간이 허물어지는 세기적 사건이었습니다. 개화세의 티핑포인트요, 개벽세의 터닝포인트라 할 만합니다. 하기에 요즘 저는 '인간이란 무엇인가'라는 고전적 화두에 응답하기

● AlphaGo. 구글 딥마인드(DeepMind)가 개발한 인공지능 바둑 프로그램. 딥러닝(Deep Learning) 방식으로 바둑을 익힌 알파고가 2016년 3월 세계 최강으로 군림하던 한국의 이세돌 9단을 4승 1패로 꺾은 일은, 인공지능 시대 개막을 알리는 상징적인 사건으로 자리매김했다.

위해서라도 철학이나 인문학 책을 읽기보다는 과학책에서 훨씬 더 많은 영감을 얻는 편입니다.

　그 변화의 최첨단에 서 있는 대학은 역시나 일본의 최고명문이자 세계적인 연구중심대학인 교토대학이었습니다. 현 총장의 전공이 흥미롭습니다. '자연인류학'이더군요. 인간과 자연을 분리하지 않습니다. 인간이라는 종의 특성을 자연적 지평에서, 지구적 수준에서 탐구합니다. '지구인간권과학'(地球人間圈科學)이라는 독특한 학술 영역도 등장했습니다. 20세기 신학자 테야르 드 샤르댕*이 『인간현상』(한길사, 1997)에서 직관적으로 설파했던 내용을 21세기에는 과학자들이 데이터와 테크놀로지로 연구하는 것입니다. 우주의 빅뱅부터 그 빅뱅을 연구하는 '생각하는 생명'의 탄생에 이르기까지 장구한 지구사의 지평에서 인간을 탐구합니다. 신학과 과학이 아름답게 합류하고 있는 것입니다. 이 '지구적 인간' 앞에서 '역사적 인간'은 가뭇없이 초라합니다. 제가 사회학에서 역사학으로 전향했던 이유가 200년 남짓한 '근대'라는 허약한 토대 위에 서 있는 사회과학이 마땅치 않았기 때문입니다. 그런데 이제는 고작 일천년, 겨우 이천년의 역사학 자체도 안목이 짧고 시야가 좁다는 느낌을 지울 수가 없습니다. 인간의 역사를 지구라는 혹성에 살아가는 생명의 역사로 간주하는 빅히스토리(Big History) 정도는 되어야 읽어볼 의욕이 솟습니다.

　지구사의 시야에서 인간을 숙고하기에 현재의 민주주의 또한 형편없는 제도라는 생각을 지울 수가 없습니다. 7년 만에 귀국해서 보

● Pierre Teilhard de Chardin, 1881~1955

니 혹자가 저를 '반(反)민주주의의 선지자'라고 비판하는 학술논문을 썼더군요. 절반은 맞고 절반은 틀린 진단이라고 생각합니다. 정확하게 표현하자면 '반(半)민주주의자'이겠죠. 현재를 점유하고 있는 일국의 인간들만 대변하는 민주주의가 지구를 망치고 있다고 생각하기 때문입니다. 인간 이외의 다른 생명체의 '주권'을 전혀 반영하지 않는 근대적인 정치제도가 생물 대멸종을 앞당기고 있다고 우려하기 때문입니다. 이처럼 인간의 조건과 운명을 생명 차원에서 지질학적 범주에서 숙고하는 것이야말로 '정신개벽'이라고 생각합니다. 하여 정신개벽 이후의 제도가 기성의 시장이나 국가에 안주할 수는 없다 하겠습니다. 시장과 국가의 기저에 있는 심층적 현실까지 가 닿아야 하기 때문입니다.

이 심층적 현실은 자본주의니 사회주의니 하는 체제나 이념으로 접근할 수 있는 영역이 아닙니다. 자유민주주의나 사회민주주의의 지평을 넘어서는, 그야말로 '개벽적 개안'이 필요한 대목입니다. 그래서 저는 종종 '심층 민주주의'(Deep Democracy)라는 표현도 사용합니다. 그 심층 민주주의에서 '공공영역'은 인간과 인간 사이만 가리키지 않습니다. 사람과 사물, 만물 사이의 공공영역을 창출해야 하는 것입니다. '포스트휴먼적 공공공간'이라고 세련되게 표현할 수도 있겠습니다. 이 세계에는 이미 생물과 미생물과 무생물뿐 아니라 인간이 만든 인공물까지 공존하기 때문입니다. 게다가 생물과 미생물과 무생물과 인공물까지 만물이 활물(活物)로 연결되는 울트라 하이퍼 네트워크 시대가 개막하고 있습니다. 이들을 함께 '행위자'로서 모시고 '주권자'로서 섬기는 새로운 민주주의가 절실하고 절박한 것입니다. 천도교 식으로 말하면 경물-경인-경천에 바탕하여 사물을 대의하는 의원과 인간을 대변하는 의원과 하늘을 대리하는 의원으로, 삼원제 민주주의가 필요한 셈입니다.

이처럼 만물의 공공영역을 창출하고 만물의 주권을 대의하는 민주주의를 일구어 가는 배움이 '개벽학'이라고 생각합니다. 응당 일국학일 수 없으며 인문학에 그쳐서도 아니 됩니다. 개벽학은 필히 지구학이자 미래학이어야 합니다. 원불교 식으로 말하자면 '과학과 도학이 병진'해야 합니다. 올 들어 익산에는 '개벽학연구회'가 출범했습니다. 서울에서는《개벽+》라는 신생 매체 창간을 도모하는 준비위원회도 꾸려졌습니다. 저 또한 선생님과 함께 양쪽 모두에 한 발씩 걸치고는 있지만, 내심으로는 썩 만족스럽지 못합니다. 아니 불만족스럽고 부족하다고 여깁니다. 대개 철학자, 사학자, 신학자 등 인문학 전공자에 한정되어 있기 때문입니다. 그래서는 '인문병신체'*라는 냉소를 극복하기 쉽지 않을 것이라 전망합니다.

정신개벽은 물질개벽의 반대말이 아닐 것입니다. 물질개벽과 정신개벽은 상호진화해야 합니다. 물질개벽의 최첨단을 연구하는 분들과의 협업과 합작이 없다면 '개벽학'의 앞날 또한 그리 밝지 않다고 생각합니다. 제가 3월부터 시작하는 개벽학당에서 『동경대전』과 「한살림선언」은 물론이요 인류세와 AI 관련 문헌까지 함께 읽으려고 작심

● 실제로 어렵지 않게 말할 수 있는데도 불구하고 괜히 어렵게 말하는 것 논문 말투라고도 함 패션 잡지에서 외래어를 남발하여 쓴 문장 같음을 비꼬는 '보그병신체' 등 'ㅇㅇ병신체'가 여럿 있다.

한 까닭입니다. 기왕 원불교사상연구원이 '개벽학연구회'를 발심했다면, 카이스트 문술미래전략연구원 같은 곳과의 공동연구 등의 파격적 실험을 감행해 보면 좋겠습니다. 사물인터넷*과 경물사상(敬物思想)을 함께 공부하고, 정신개벽(精神開闢)과 포스트휴먼(Post-Human)을 동시에 토론합시다. 개벽과 개화가 공진화해야만 비로소 또 다시 개벽, 개벽 2.0도 완수될 수 있을 것이기 때문입니다.

● Internet of Things. IoT. 스마트폰과 PC를 넘어 자동차, 냉장고, 세탁기를 비롯한 가전제품이나 모든 사물과 건물 등까지 인터넷으로 연결되는 것. 원격 제어라는 단순한 개념을 넘어 '사물과 인간, 사물과 사물이 서로 소통한다'는 것으로, 인간의 의식이나 삶의 영역이 확장되는 효과를 낳는다.

3. 문명개화에서 신문명개벽으로

선생님과도 연분이 깊은 오구라 기조 선생님도 뵈었습니다. 촛불혁명 이후 부상하고 있는 한국의 '다시 개벽'의 흐름을 전달했습니다. 저는 일본에서도 그러한 움직임이 있을까 궁금했습니다. 메이지유신 150주년을 기하여 일본의 방향 전환을 모색하는 사상과 세력이 없을까 쫑긋했습니다. 반응은 무척 회의적이고 부정적이더군요. 중국의 부상과 결부되어 미국 의존도가 더욱 심해지고 있다고 합니다. 반면으로 일본의 전성기를 구가했던 19세기 말과 20세기 초에 대한 동경이 점차 짙어지는 모양입니다. 비유컨대 '다시 개화'의 향수병에 젖어들고 있는 것입니다. 다시금 일본이 재빨리 서세동점의 물결에 올라타 동아시아의 천하대란을 야기했던 지난 150년의 역사가 끝물에 이르렀음을 확인합니다. 실제로 제가 2-30대 때 즐겨 읽었던《아사히신문》(朝日新聞)도《세카이》(世界)도 언젠가부터는 전혀 찾지를 않게 되었습니다. 후쿠자와 유키치의『문명론의 개략』이나『학문의 권장』이 래 문명개화 노선에서 그리 달라진 바 없기 때문입니다. 그가 선창했 던 학문이 바로 서학이요 개화학이었습니다. 개화학은 이제 한국에서 도 일본에서도 공히 식상하고 진부합니다.

'새로운 역사는 이제부터', 목하 21세기 동아시아의 변화를 추동하 는 진원지는 한반도입니다. 천하대란을 태평천하로 반전시키는 이행 의 허브 또한 우리가 터한 바로 이곳입니다. 지난 40년 중국의 개혁개 방이 세계체제를 격변시켰다면, 앞으로 40년은 북조선의 개혁개방이 그 못지않은 파장을 일으킬 것입니다. 한반도의 북쪽과 동북3성과 동 몽골과 동시베리아가 물질개벽의 최전선이 될 것입니다. 그러나 일본 과 한국과 중국의 20세기형 '근대화' 노선을 복제해서는 천만만만 아 니될 것입니다. 한국의 역할이 바로 여기에 있다고 생각합니다. 문명 개화에서 신문명개벽으로의 대반전을 우리가 앞장서야 합니다. 개화 학에서 개벽학으로의 대전환을 우리부터 솔선수범해야 합니다. 생명 (生命)을 곧 혁명(革命)이자 천명(天命)으로 삼는 신문명을 창조하고 개 창합시다.

21세기의 개벽학은 19세기 동학의 환생이자 부활일 것입니다. 19 세기 서학의 독주에 동학은 좌초했습니다. 20세기 식민지의 궁여지 책으로 동학은 신종교의 모습으로 변장했습니다. 천도교, 원불교, 대 종교, 증산교 등 개벽종교의 형태로 식민기를 근근이 버텨낸 것입 니다. 마침내 포스트-웨스트, 포스트-아메리카, 포스트-모던, 포스트-트루스, 포스트-휴먼 시대가 열리면서 동학의 가치가 만개할 수 있는 신시대, 뉴노멀의 국면에 진입했습니다. 19세기의 동학과 21세기의 개벽학을 잇는 연결고리에 자리한 사건이 바로 1919년의 삼일혁명이라고 생각합니다. 동학의 후생이 삼일혁명이요, 개벽학의 전생이 또 삼일혁명입니다. 하기에 말씀하신 것처럼 기미독립선언서는 결코 '개화파는 쓸 수 없는 문장'이었던 것입니다. 개벽사상의 특징과 특장이 기미년 만세운동의 구석구석마다 뚝뚝 묻어납니다. 진정 개벽의 눈으로 다시 읽어야 삼일운동의 진수를 맛볼 수 있고 진면목을 파악할 수 있습니다.

마침 저의 다음 서신이 3월 1일에 발신될 예정입니다. 한참 글을 쓰게 될 2월 25일부터 28일까지는 하노이에 있을 예정입니다. 곧 북미정상회담이 열린다고 합니다. 바야흐로 동학혁명 좌초 이래 '장기 20세기'가 저물어간다는 예감으로 저릿합니다. 마침내 '역사적 21세기'가 개막하는 실감으로 짜릿합니다. 새로운 역사, '다른 백년, 다시 개벽'도 이제부터입니다. 하노이에서 '삼일혁명'을 깊이 묵상하고 재음미하는 글로 인사드리겠습니다. 20190215

조
성
환

근대의 성찰과 개벽의 귀환

중요한 것은 어느 분야에 있든 개벽의 정신과 태도를 잃지 않는 것이
라고 생각합니다. 즉 '무엇'을 개벽하느냐보다는 개벽을 '한다'는 의식
이 중요한 거죠. 그리고 이렇게 '하는' 사람들은 쉽게 좌절하지도 않
고 자만하지도 않습니다. 반면에 '무엇'에 초점을 맞추면, 그 '무엇'을
얻는 순간 개벽은 멈추게 됩니다. 반대로 얻지 못하면 지쳐서 개벽을
포기하게 되고요.…"개벽에 일정한 대상을 두지 않는다"[開闢無常]고
도 할 수 있겠습니다.

1. 개벽론과 근대론

〈개벽론〉과 〈근대론〉을 구분해야 한다는 선생님의 말씀에 고개가 끄덕여졌습니다. 자칫 잘못하면 본말이 전도되고 '달'이 아닌 '손가락'에 집착할 수 있으니까요. 박맹수 교수님도 『한국근대의 탄생』이 나올 때 '개화에서 개벽으로'를 제목으로 잡아야 한다고 충고해 주셨습니다. '근대'는 진부한 주제라고 하면서요. 아마 같은 역사학자라서 비슷한 생각을 하신 게 아닌가 생각합니다. 다만 막상 책이 나오고 난 뒤에 일부 독자들이 '근대의 개념을 다시 생각하는 계기가 되었다'는 후기를 써 주셔서, 학계와는 달리 일반 시민들 사이에서는 '근대'가 반드시 진부한 주제만은 아닌 것 같다는 생각도 듭니다.

'근대' 개념의 재인식과 더불어 '개벽'이라는 말도 사회적으로 서서히 확산되는 것 같습니다. 비록 더디기는 하지만 신비적인 이미지도 조금씩 걷히는 것 같고요. 그래서 지적하신 대로 꼭 '근대'라는 번역어에 기대지 않고 곧바로 '개벽'으로 들어갈 수 있는 분위기도 형성되고 있다고 생각합니다. 아마 이렇게 된 데에는 선생님의 '다른 백년, 다시 개벽'이라는 캐치프레이즈가 많은 공헌을 하지 않았나 생각합니다. 『유라시아 견문』이라는 '실증'을 통해서 나온 결론이 '개벽'이어서 종래와 같은 거부감 없이 쉽게 받아들여질 수 있었겠지요.

2. 미래학으로서의 개벽학

'개벽학은 미래학이요 지구학이고 동서학의 회통과 신문명의 창조'라는 말씀에 개벽학의 핵심이 담겨 있다고 생각합니다. 지금까지의 한국학은 '미래학'이라기보다는 '해석학'이라고 하는 편이 더 정확할 겁니다. 기존의 것들을 소개하고 해설하는 데 주력해 왔으니까요. 그것도 바깥에서 빌려오는 것들이 대부분이었습니다. 그래서 우리의 '미래'는, 적어도 학문적으로는, 항상 바깥으로부터 주어지는 것이었습니다. 한국 문제의 해결책이나 처방을 외국의 유명한 학자에게 구하려는 태도도 이러한 학문 풍토의 일환이라고 생각합니다. 아마 지난 이천년 가까운 세월 동안 우리의 DNA에 각인되어 온 관습이 아닌가 생각합니다.

이에 반해 19세기의 '개벽'은 우리 스스로가 미래를 개척하겠다는 일종의 태도 전환이었습니다. 그래서 역사상 처음으로 독자적인 경전도 만들어 본 것이고요. 그리고 이러한 개척정신은 「삼일독립선언서」의 첫머리에 '자가의 신운명을 개척한다'는 말로 이어졌습니다. 그래서 제가 생각하는 개벽학의 첫걸음은 100여 년 전의 미래지향적이고 주체적인 태도를 '다시 회복'하는 것이라고 생각합니다. 달리 말하면, 우리가 우리 미래의 주인이라고 하는 '주인의식'이라고도 할 수 있습니다. 바로 이런 마음가짐, 이런 의식이 개벽학의 출발이라고 생각합니다.

3. 지구학으로서의 개벽학

'지구학'은 전통적 개념으로 말하면 '천지학'이라고도 할 수 있는데, 그런 의미에서는 우리가 2천 년 동안 가지고 있었던 우주론을 지난 2백여 년 동안 상실했던 것이기도 합니다. 한문고전을 보면 거의 모든 우주론이 원기(元氣)에서 시작해서 천지가 형성되고, 거기에서 음양과 오행이 분화되고, 여기에서 다시 인간과 만물이 생성되는 순서로 서술되고 있습니다. 절대로 인간이 먼저 나오는 법은 없습니다. 그런 의미에서 전통시대 학문은 기본적으로 '지구학'이었다고 할 수 있습니다.

천지학에서는 '만물이 하나'라고 하는 네트워크적 세계관을 견지하고 있습니다. 모든 존재가 따로 떨어져 있는 것이 아니라 유기적으로 이어져 있다고 보는 세계관입니다. 그래서 요즘과 같이 인터넷이나 디지털로 만물이 연결되는 시대의 세계관과 더 잘 부합됩니다. '한울'이나 '한살림'이라는 말에는 이러한 의미가 담겨 있습니다. 개벽학은 이런 천지학적인 우주론, '한울학'적인 세계관을 회복하는 데서 시작합니다. '근대인', '개화인'에서 '지구인', '개벽인'으로의 전환이라고도 할 수 있습니다.

4. 동학의 세계사상사적 의미

"'동서문명의 회통과 신문명 창조'라는 21세기의 과제가 이미 (동학의) '다시 개벽'의 외침과 깨침에 내장되어 있다"는 선생님의 지적은, 윤노빈 식으로 말하면 '동학의 세계사상적 의미'를 정확히 짚어냈다고 생각합니다. 하지만 요즘 사람들은 아무도 동학을 이렇게 평가하지 않습니다. '실패한 혁명'이나 '일제에 대한 저항' 정도로 생각하는 사람이 대부분이니까요.

몇 년 전에 어느 학술대회에서 동학에 대해 발표하는 선배 학자의 토론을 맡은 적이 있었습니다. 그때의 발표에 대한 저의 생각을 말씀 드렸더니, "선생님은 동학을 너무 과대평가하는 것은 아닌가요?"라고 물으셨습니다. 그래서 저는 반대로 "선생님은 동학을 너무 과소평가 하시는 것은 아닌지요?"라고 반문했습니다. 지금 생각해 보면, 저 역시 여전히 동학을 과소평가하고 있을지 모릅니다.

우리는 우리 자신을 지나치게 비하하는 경우가 많습니다. 그래서 자기 안에 있는 소중한 것을 보지 못하고 외국 사례 찾기에 급급합니다. 눈이 바깥으로만 향해 있으니까요. 물론 지나친 국수주의나 민족주의도 경계해야 한다고 생각합니다. 타자가 배제되기 쉬우니까요. 모두가 양극단입니다. 동학은 우리 것이라서 수준이 떨어지는 것도 아니고, 우리 것이라서 좋은 것도 아닙니다. 선생님이 말씀하신 대로 동서학을 회통시켜 새로운 문명을 창조하려고 했기 때문에 세계사적인 사건이었습니다. 아마 『신생철학』(1974)의 저자인 윤노빈* 선생님도 이 점을 지적하고 싶어서 「동학의 세계사상적 의미」를 썼을 것입니다.

● 尹老彬, 1941~?

5. 회통과 창조의 정신

동학의 특징이라고 하신 '회통'과 '창조'는 개벽학의 기본 태도라고 생각합니다. 회통은 중화주의와 같은 중심주의나 제국주의와 같은 패권주의에서는 나오기 어려운 발상입니다. 거기서는 항상 자기가 중심이 되고 타자는 주변으로 취급되기 마련이니까요. 일종의 '본말' 관계입니다.

반면에 회통은 본말을 설정하지 않은 상태에서 모든 것을 아우르려 하는 '포함'의 태도입니다. 최치원이 '포함삼교'*(包含三敎)라고 했던 것처럼 말입니다. 이것은 타자를 맹목적으로 쫓아가는 '축물'(逐物)과는 다릅니다. 장자*나 율곡* 식으로 말하면 자기를 비우고 타자를 받아들이는 '허심응물'(虛心應物)에 가깝습니다.

창조는 이러한 비움과 회통의 태도에서 가능합니다. 어느 하나의 틀에 사로잡혀 있는 축물 상태에서는 모방과 추종밖에 나오지 않습니다. 바로 여기에 '근대의 캐슬'과 '개화의 아성'으로부터의 탈출이 요

● 包含三敎. 최치원은 "나라에 현묘(玄妙)한 도가 있으니 풍류라고 한다. 이는 유, 불, 선 삼교를 포함하며(包含三敎) 모든 생명을 이화(理化)하고 감화(感化)한다.(接化群生)"라고 한 데서 유래한다. 서로 다른 것을 배제/배타하지 않고 포용하는 것이 우리 민족의 심성이다.
● 莊周, B.C. 369~B.C. 289?
● 栗谷 李珥, 1536~1584

구되는 이유가 있습니다. '근대'라는 정신적 식민지 상태, 영혼의 중독 상태에서 벗어나지 않고서는 한 발자국도 앞으로 나아갈 수 없습니다. 개벽은 이러한 영혼의 해방을 도와주는 일종의 '역사적 도우미'라고 생각합니다. 오랜 중화주의에서 벗어나는 과정에서 개벽이 탄생했듯이, 지금의 근대주의로부터 탈출하기 위해서는 개벽의 경험을 참고해야 합니다.

6. 개벽교육과 교육개벽

선생님이 〈개벽학당〉을 구상하신 것도 이러한 작업의 일환이라고 생각합니다. 잊혀진 개벽사를 복원시켜 다가올 개벽사를 개척할 '개벽의 일꾼'을 양성하기 위한 교육 프로그램입니다. 그런 의미에서 일종의 '개벽교육'이자 '교육개벽'이라고 할 수 있습니다. 비슷한 취지로 저희 원불교사상연구원에서도 오는 3월부터 은덕문화원에서 매달 〈개벽포럼〉*을 개최할 예정입니다. 한 달에 한 명씩 각 분야에서 한국사회를 개벽하기 위해 실천하신 분들을 모셔서 말씀을 듣고 대화를 나누는 자리입니다.

도법스님의 〈생명평화와 개벽〉을 비롯해서, 원불교대학원대학교 김경일 총장님의 〈원불교와 개벽〉, 다른백년* 이래경 이사장님의 〈경제와 개벽〉, 연찬문화연구소 이남곡 소장님의 〈『논어』와 개벽〉, 『역주 용비어천가』의 저자 박창희 선생님의 〈세종과 개벽〉, 한살림운동을

● 원광대학교 원불교사상연구원과 원불교 은덕문화원 주최로 2018년부터 시작한 포럼. 월 1회, 사회적 활동가를 초빙해 본인의 활동을 '개벽운동'의 관점에서 소개하고 토의하는 형식으로 진행된다.
●The Tomorrow. "한 사람이 꾸는 꿈은 몽상에 불과하지만 모두가 함께 꾸는 희망은 거대한 변화의 힘이 됩니다."라는 이념아래 다가올 미래를 새로운 경로와 과정을 통해 준비하는 '담론기획법인' thetomorrow.kr

하신 이병철 선생님의 〈살림과 개벽〉, 인도에서 오신 원현장 교무님의 〈동서화합과 개벽〉, 하자센터와 로드스꼴라 김현아 · 황지은 선생님의 〈교육과 개벽〉, '토착적 근대론'을 제창하신 기타지마 기신 교수님의 〈종교와 개벽〉, 그리고 선생님의 〈유라시아와 개벽〉으로 진행될 예정입니다.

제가 '개벽학'을 구상해 보겠다고 마음먹으면서 부딪힌 가장 큰 벽이 '실천' 경험의 부족입니다. 개벽학은 화이트헤드*의 『과정과 실재』와 같이 엄밀한 형이상학 체계이기보다는, 실학과 같이 현실에 밀착된 일종의 실천학인데, 그러기 위해서는 현장 경험이 중요하다고 생각했기 때문입니다. 그래서 실제로 현장에서 실천하면서 이론적인 고민까지 해 오신 분들의 말씀을 듣고 배우는 자리가 필요하다고 생각합니다. 과거의 개벽사를 복원하는 것은 문헌 연구나 현장답사만으로도 충분하지만, 미래의 개벽학은 실천 경험이 뒷받침되지 않으면 자칫 공허해질 수 있으니까요. 그런 의미에서 이번 〈개벽포럼〉은 저의 부족한 부분을 보완하기에 더할 나위 없이 좋은 기회라고 생각합니다.

● Alfred North Whitehead, 1861~1947, 영국의 철학자 수학자

7. 개벽이라는 역사적 경험

제가 생각하기에 일본과 한국의 가장 큰 차이는 근대기에 '개벽' 경험의 유무에 있습니다. 여기에서 '개벽'은 아래로부터 자발적으로 그

리고 자생적으로 새로운 사상을 만들고, 그것을 바탕으로 전국적인 사회운동을 전개한 역사적 경험을 말합니다. 한국은 동학개벽에서 삼일개벽을 거쳐 최근의 촛불개벽에 이르기까지 역사의 중요한 분수령에서 개벽을 경험해 왔습니다. 반면에 일본은 이런 경험이 부재합니다. 아마도 이것이 오늘날 일본이 처한 사상적 곤경이 아닐까 생각합니다. 개화가 저물어 가는 시기에 새로운 돌파구가 안 보이는 것이지요.

개화를 못해 식민지가 되었지만 개벽이 일어났던 한국과, 개화가 빨라서 산업화에는 앞섰지만 개벽의 경험이 없었던 일본. 이것이 두 나라의 근대기의 명암입니다. 오구라 기조• 교수님은 『한국은 하나의 철학이다』•에서 "일본에서 도덕은 진부하고 한국에서 도덕은 풋풋하다."고 하셨는데, 이 말을 빌리면 "일본의 개화는 진부하고 한국의 개벽은 풋풋하다."고 할 수 있습니다.

● 小倉紀藏 1959~

● 모시는사람들, 2017

8. 일본인이 본 동학

2018년 8월 22일자 《아사히신문》에 '메이지유신 150주년' 특집으로 〈근대 일본의 빛과 그림자〉라는 기사가 실렸습니다. 여기에서 '그림자'는 일본 근대화의 어두움을 말합니다. 150년이 지나서야 비로소 일본 근대를 성찰하기 시작한 것입니다. 이 기사에서는 '동학은 문명적'이라고 절찬한 일본 최초의 환경운동가 다나카 쇼조(1841~1913)를 '또 하나의 근대'를 지향한 사상가로 평가했습니다. 일본이 선택한 제국적 근대, 침략적 근대가 아닌 생명적 근대, 평화적 근대를 추구했다는 것이지요.

이 기사를 쓴 죠마루 요이치(上丸洋一) 기자는 작년 10월에 〈한일시민동학기행〉에 참가하기 위해 한국에 왔습니다. 이 기행은 나카츠카 아키라* 교수님과 박맹수 교수님이 10년 넘게 진행해 온 한일 시민이 함께하는 동학 답사입니다. 이때 죠마루 기자는 다른 참가자들과 함께 태안, 공주, 천안 등지의 동학 전적지를 둘러보았습니다. 나카츠카 교수님은 90이 가까운 연세임에도 불구하고 언제나처럼 한국인들에게 정식으로 '사죄'하는 것을 잊지 않으셨습니다. 그 후 일본에 돌아간 죠마루 기자는 기행의 경험을 기사화해서 올해 1월에 5회에 걸쳐 《아사히신문》에 연재했습니다.

● 中塚明

이 연재에서 동학을 '독자적 근대'를 추구했다고 소개했습니다. 다나카 쇼조를 (서구 근대와는 다른) '또 하나의 근대'를 추구한 사상가라고 평가한 것과 일맥상통합니다. 그런데 동학에 비하면 다나카 쇼조는 너무나 외롭습니다. 조직이나 공동체가 있었던 것이 아니니까요. 마을 주민들과 함께 정부의 산업화 정책에 맞서 싸우다가 쓸쓸하게 돌아가셨습니다. 이것이 바로 한국과 일본의 개벽의 차이입니다. 다나카 쇼조도 동학적으로 말하면 분명 개벽을 추구한 사상가이자 운동가임에 틀림없지만 그를 도와줄 개벽의 동지들이 없었습니다.

9. 개벽학 센터의 꿈

마지막 부분에서 한국학과 관련해서 중요한 지적을 해주셨습니다. '도학과 과학의 병진'이라는 문제제기입니다. 이것이야말로 21세기 한국학으로서의 개벽학의 최대 과제일 것입니다. 동학과 원불교의 개벽학이 도학에 초점을 맞추었다면, 홍대용과 최한기의 기학은 과학을 중시합니다. 이 양자를 회통시키고 융합시키는 철학적 작업이 필요합니다. 실학과 개벽학이 만나야 합니다. '개벽실학'이라고 해도 좋을지 모릅니다.

그리고 이 개벽실학을 모델로 삼아 21세기 개벽학을 만들어야 합니다. 과학은 최신과학의 성과를 반영하고, 도학도 최근의 수양 프로그램을 반영해서 말입니다. 저는 이런 실험적 작업을 하는 '개벽학 센터'가 하나 있었으면 좋겠습니다. 도학과 철학과 과학이 어우러진 개벽학을 디자인하는 작업실 같은 곳 말입니다. 이곳에서 개벽사상을 담은 새로운 민주주의 이론도 구상할 수 있겠지요. 해원(解冤)의 수양과 경물(敬物)의 윤리와 신명(神明)의 도덕을 겸비한 '개벽민주주의'-.

10. 개벽의 역할 분담

마지막으로 유상용 선생님의 '제도개벽론'을 소개하고자 합니다. 지난 수요일 아침에 공동체운동을 하시는 유상용 선생님이 원광대학교에 오셨습니다. 수덕호에 한가운데에 자리잡은 봉황각 커피숍에서 종교문제연구소의 김재익 연구원, 원불교사상연구원의 황명희 연구원, 송지용 연구원과 함께 2시간 가까이 개벽에 관한 대화를 나누었습니다. 특히 인상적이었던 내용은 유상용 선생님의 제도개벽론이었는데, 골자는 물질개벽과 정신개벽뿐만 아니라 양자를 잇는 제도개벽이 필요하다는 것이었습니다.

들고 보니 우리는 모두 제도나 시스템의 영향 하에 살고 있습니다. 교육 커리큘럼에 따라 정신이 개벽되기도 하고 세뇌되기도 합니다. 개벽학당이 필요한 이유도 여기에 있고요. 개벽파가 주로 도덕개벽과 정신개벽에 치중했다면, 개화파는 제도개벽과 물질개벽에 중점을 두었습니다. 산업화가 물질개벽을 강조했다면 민주화는 제도개벽을 강조했습니다. 1987년에 민주화투쟁으로 얻은 직선제가 그러한 예입니다.

정치나 시민운동을 하는 분들은 제도개벽에, 종교나 철학을 하는 분들은 정신개벽에, 과학이나 상업을 하는 분들은 물질개벽에 종사하고 있습니다. 각각 자기 역할이 있고 서로 상호보완해 줍니다. 중요한 것은 어느 분야에 있든 개벽의 정신과 태도를 잃지 않는 것이라고 생각합니다. 즉 '무엇'을 개벽하느냐보다는 개벽을 '한다'는 의식이 중요한 거죠. 그리고 이렇게 '하는' 사람들은 쉽게 좌절하지도 않고 자만하지도 않습니다. 반면에 '무엇'에 초점을 맞추면, 그 '무엇'을 얻는 순간 개벽은 멈추게 됩니다. 반대로 얻지 못하면 지쳐서 개벽을 포기하

게 되고요. 공자는 "배우는 데 일정한 스승을 두지 않았다."[學無常師]
고 했는데, 이것을 원용하면 "개벽에 일정한 대상을 두지 않는다"[開闢
無常]고도 할 수 있겠습니다.

그럼 하노이에서 보내시는 「삼일개벽선언」 기다리고 있겠습니다. 20190222

이
병
한

삼일절은 개벽절이다

도전(道戰), 언전(言戰), 재전(財戰)을 대비한 손병희의 「준비시대」부
터 이미 동학 2.0, 다시 개벽과 '도의의 시대'를 예고하고 있었습니
다.…삼일혁명이 이 땅에서 펼쳐지는 동서종교 화해운동, 동서문명
회통운동으로서 세계사적 장관을 연출할 수 있었던 기저입니다. 기
미독립선언서가 일제에 맞선 일국의 민족주의 선언이 아니라, 신문
명 건설을 촉구하는 온누리와 만천하의 헌장으로서도 손색이 없을
만큼 완미하고 완숙한 까닭입니다.

1. 포스트-웨스트(Post-West)

복병이 있었습니다. 하노이에 들르기 전 싱가포르에 다녀왔습니다. 제가 무척 좋아하는 곳입니다. '미래도시'에 가장 근접한 장소라고 생각합니다. 다운타운을 걷노라면 수많은 언어가 동시에 들려옵니다. 영어와 중국어, 힌디어와 아랍어, 독일어와 일본어, 말레이어에 한국어도 곧잘 들립니다. 그만큼 다인종, 다민족, 다종교, 다문명 도시입니다. 지구촌을 축약시킨 듯한 이 글로벌 시티를 산책하노라면 뇌가 말랑말랑 활성화되고 풀가동되는 느낌을 받습니다. 참새 방앗간, 단골 서점 또한 빠뜨릴 수 없었습니다. 오차드(Orchard) 거리에 있는 키노쿠니야* 서점입니다. 일본의 대형서점 체인이 동남아 곳곳에 자리하고 있습니다. 방콕에도 자카르타에도 쿠알라룸푸르에도 키노쿠니야가 있지요. 하지만 단연 싱가포르가 빼어납니다. 구미는 물론이요 중화권과 일본까지 아울러 최신의 서적들이 망라되어 있습니다. 전 세계의 정보와 지식이 실시간으로 유통되고 세상 변화에 가장 기민하게 반응하는 곳이 싱가포르이기 때문입니다. 베스트셀러를 진열

● 紀尹国屋 1927년 창업하여 현재 일본 내 60여 지점, 해외에 200여 지점이 있는 일본의 국민서점.

해 둔 곳부터 단박에 시선을 끌었습니다. 『The Future is Asian』, 『The New Silk Roads』, 『Belt and Road: A Chinese World Order』. 세 권 모두 딱 제 취향입니다. 거시적이고 종합적이며 전망적입니다. 토막토막 일국학도 아니며, 꼬장꼬장 인문학도 아닙니다. 시원시원한 지구학이자 호쾌장쾌한 미래학입니다. 빅픽처를 그려가며 메가트렌드를 추적합니다. 공항에서도 비행기에서도, 심지어 하노이에 도착해서도 틈나는 대로 탐독했습니다. 간만에 상하이와 뭄바이와 두바이에 이스탄불과 카불과 모스크바를 아우르는 저작들을 읽어 가니 시야가 뻥뻥 뚫리는 쾌감이 입니다.

싱가포르 오기 직전에는 조호바루(Johor Baharu)에도 다녀왔습니다. 말레이시아와 싱가포르의 국경에 자리한 접경 도시입니다. CJ그룹의 아시아태평양 사업본부에서 열린 전략회의에 초청받았습니다. 미얀마부터 파키스탄까지 16개국 주재원들이 한자리에 모였습니다. 그간 여러 자리에서 강연을 해 왔지만 단연 생산적이고 즐거운 시간이었습니다. 질문과 응답, 토론으로만 1시간 반을 훌쩍 넘겼습니다. 역시나 현장감을 익힌 기업인들이기에 생동감 넘치는 대화가 오갈 수 있었습니다. 몇 차례는 도리어 제가 질문을 던지기도 했습니다. 일정을 다 마치고도 에너지를 소진했다기보다는 기운을 얻어간다고 느낀 적은 이번이 두 번째입니다. 처음이 바로 작년 초여름 하자센터에서의 강연이었죠. 푸릇푸릇한 청년들과의 대화와 펄떡펄떡한 기업인들과의 소통 속에서 저 또한 신이 나고 흥이 돋습니다. 그에 견주자면 상아탑의 학술회의는 어쩐지 영 맥이 빠집니다. 형식적인 발표와 의례적인 토론에 핸드폰을 만지작거리기 일쑤입니다. 저는 〈개벽파선언〉 연재를 준비하면서부터 출간 이후의 북콘서트를 줄곧 궁리해 오고 있습니다. 미래세대와 소통하고 현장에서 실천하고 있는 분들과의 결합으로 책 잔치와 말잔치 또한 풍성하게 이끌어보고 싶습니다.

19세기 수운과 해월은 전국 방방곡곡에 접(接)을 만들어 동학을 전파했다 했습니다. 우리는 지구촌 구석구석에 개벽학을 소개하고 '글로벌 개벽파'와 연대하는 거점(hub)을 만들어가야 할 것입니다. "지구적으로 생각하고 지역적으로 행동하라."(Think Global, Act Local)는 개벽파에 더욱 요청되는 태도라고 생각합니다. 천지만물과 천하를 숙고하면서, 가정과 마을에서부터 성심성의를 발휘해야 하겠습니다.

2. 다시 천하

공교롭게도 세 권의 책이 공히 포스트-웨스트를 논하고 있었습니다. 어떤 이는 '아시아의 세기'라고도 하고 다른 이는 '유라시아의 세기'라고도 하지만, 서방세계 즉 유럽과 미국이 주도한 세계질서가 끝나가고 있다는 전망만은 일치합니다. 아니 '끝나 가고 있다'도 아닙니다. '유라시아의 세기는 이미 시작되었다, 아시아의 세기의 초입에 진입했다'가 공통된 서술입니다. 하긴 21세기도 벌써 19년차, 1/5을 지나고 있습니다. 20세기는 과거완료형, 21세기는 현재진행형이 더욱 어울리는 시점입니다.

다만 포스트-웨스트가 전혀 새로운 현상만은 아니라고 하겠습니다. 기시감이 없지 않습니다. 기해년, 지금으로부터 꼬박 일백년 전, 1919년 기미년도 그러했습니다. 1914년 제1차 세계대전이 대반전의 분수령이 됩니다. 근대문명의 원조이자 총아라고 간주된 유럽에서 발발한 전대미문의 세계전쟁이 비서구의 맹목적 서구화에 급제동을 걸었습니다. 슈펭글러*의 『서구의 몰락』 1권이 출간된 해가 바로 1918년입니다. 비유컨대 '개화의 몰락'을 목도한 것입니다.

● Oswald Spengler, 1880~1936, 독일의 역사가 문화철학자

그 세계사적 전환의 기운을 가장 예리하게 흡입하여 사상적 회심을 단행한 이로 량치차오(梁啓超, 1873~1929)를 꼽을 수 있습니다. 파란만장한 인생 역정을 경험한 인물입니다. 중국 근대 계몽주의의 기수이자 개화파의 선봉이었습니다. 양무운동*에서 변법자강운동*으로 진화할 때 그가 있었습니다. 변법으로도 모자라 다시 신해혁명을 추진할 때도 그가 자리했습니다. 양무에서 변법으로, 변법에서 혁명으로 반세기를 거쳐 서구화 노선이 더더욱 강화된 것입니다. 그랬던 그가 1919년을 기점으로 '탈서방화, 재동방화'의 사상적 회향을 감행합니다. 1918년부터 두 발로 직접 유럽을 방문하여 두 눈으로 몸소 유럽을 관찰했기 때문입니다. 그 체험과 체득을 기록으로 남긴 문헌이 『구유심영록』(歐遊心影錄)입니다. 전쟁으로 폐허가 된 유럽에서 '동방문화 구세론'이 부상하는 지적 풍경을 날카롭게 포착하고 있습니다. 유교와 불교, 도교가 선풍적인 인기를 끌고 있었습니다. 니체의 『짜라

● 陽武運動. 아편전쟁과 태평천국운동으로 쇠약해진 청 왕조의 부흥을 위해 서양문물을 수용해서 부국강병을 꾀하고자 한 운동. 강병에 주력한 1단계 운동, 근대 기업 설립운동에 주력한 2단계로 나뉘어 1860년대 중분부터 30년간 지속되었다. 청일전쟁에서 일본에 패하면서, 파탄에 직면했다.

● 變法自彊運動. 양무운동 실패 이후, 1898년부터 서구의 정치제도 도입, 즉 제도상의 개혁을 하자는 운동. 캉유웨이(康有爲)와 양치차우(梁啓超) 등이 중심인물이다. 서태후의 정변으로 실패로 돌아갔다.

투스트라는 이렇게 말했다』를 읽던 대학생들이 『도덕경』을 들고 다니며 '유럽의 중국인'을 자처하는 '신청년'으로 변모한 모습이 인상적입니다. 량치차오 또한 더 이상 중국의 서방 학습이 아니라 중국의 세계 구제를 골똘하게 궁리하게 됩니다. '과학만능의 꿈'(물질개벽)이 초래한 폐허를 직시하고 중국은 '신문명 재건의 길'(정신개벽)로 나아가야 한다고 역설합니다.

그가 보건대 세계대전을 촉발시킨 근원은 둘이었습니다. 첫째가 자본주의요, 둘째가 국민국가입니다. 자본주의에 대한 처방전으로 사회주의가 흥기하고 있음을 면밀하게 학습했습니다. 국민국가의 대안으로 등장한 국제연맹에 대해서도 지대한 관심을 표하고 논평을 가합니다. 특히 후자에서 중국의 사상과 역사적 경험이 일조할 수 있다고 확신합니다. 전후 신문명을 건설하기 위해서는 반드시 민족주의 국가가 아니라 '세계주의 국가'(Cosmopolitan nation)를 건설해야 했기 때문입니다. 세계주의 국가를 만들어야만 일국의 발전을 넘어서 전 인류의 행복을 위한 문명의 기초가 될 수 있습니다. 개개인이 인생 최대 목적을 인류 전체를 위해 공헌하는 일에서 찾는 인생관도 공유해야 했습니다. 낯설지가 않았습니다. 아니, 익숙했습니다. 수신제가치국평천하! 『대학』의 현대적 의의를 확인한 것입니다. 중국은 일찍이 천하위공(天下爲公)을 지고의 이념으로 삼는 역사적 실천 경험을 확보하고 있었습니다. 즉 국제연맹을 성공적으로 건설하기 위한 사상적 자원으로 '천하'를 재발견했던 것입니다. 량치차오가 누굽니까. 앞장서서 '신민'(新民)을 만들자고 목청껏 외쳤던 사상가였습니다. 신민이란 곧 국민(國民)이었습니다. 중국인의 희박한 국가의식을 타박하며 국민 만들기에 노심초사했던 인물이었습니다. 그랬던 그가 새파란 국민 너머의 지긋한 천하인의 가치를 재발견하게 된 것입니다.

이로써 신문화운동 또한 극적으로 방향을 전환합니다. 신해혁명의 좌절 속에서 신세대들은 1915년 『신청년』(청년잡지)를 창간했습니다. 좌와 우의 차이는 있으되 대저 전반서화, 전면적 서구화를 표방했습니다. 그러나 아뿔싸, 창간 1년 전에 이미 세계대전이 발발하고 말았습니다. 그들의 스승이자 선배였던 량치차오마저 탈서방화와 재동방화를 피력하게 되었습니다. 하여 신/구 간에 동/서 간에 일대 논전이 벌어집니다. 1920년대의 대사상 논쟁, 동서문화논전이 격발된 것입니다. 허나 량치차오는 더 이상 전위가 될 수 없었습니다. 1873년생, 1929년에 숨을 거둡니다. 그의 말년 사상을 창조적으로 계승하여 동방문명의 가치를 사수하는 신성(新星)으로 부상한 인물이 바로 량수밍(梁漱冥, 1893~1988)입니다. 제가 '중국의 개벽파'로서 아껴 부르는 바로 그분입니다. 1893년생, 『동서 문화와 그 철학』을 탈고한 1922년만 해도 여전히 파릇파릇할 시절입니다. 하기에 그를 '최후의 유학자'라고 일컫는 수사가 마땅치 않습니다. 20세기의 감각이 부여한 어긋난 별칭입니다. '개신유학의 원조'이자 '생태문명의 태두'라고 기려야 모자람이 없습니다. 다른 백년을 앞서 사셨던 분입니다. 선구자이자 선지자였습니다. 두어 달 후면 5.4운동 100주년이기도 합니다. '중국의 개벽파' 량수밍 이야기는 그 무렵에 더 보태 볼까 싶습니다.

3. 다시 개벽

5·4와 3·1은 긴밀합니다. 구태여 선후를 따질 것은 없습니다. 1차 세계대전의 후폭풍, 전 지구적인 동시대 운동이라고 보아야 마땅할 것입니다. 헌데 삼일혁명 전후로 불거진 공화정 논의가 신해혁명*의 영향이라는 설이 없지 않습니다. 이웃나라의 대혁명이었으니 어찌 영향이 없었겠습니까. 하지만 피상적입니다. 지나치게 과장하거나 과대평가하고 있습니다. 중국에서 공화춘,* 공화의 봄은 짧디 짧았습니다. 곧바로 왕정복고, 반동의 시절로 접어듭니다. 그래서 신청년들이 신문화운동을 일으키지 않을 수 없었던 것입니다. 오히려 중국의 신해혁명은 반면교사에 더 가까웠을 법합니다. 무엇보다 선생님이 거듭 강조하시는 것처럼 조선은 이미 1860년 동학 창도 이래 중국으로부터 사상 독립 선언을 완수한 터였습니다. 독립문이 그 물질적 기표라면, '동학'이라는 말은 그 사상적 기호였던 것입니다. 따라서 기미년 삼일혁명 또한 포스트-동학의 장기 지속적 지평에서 이해하는 편이 적절하다 하겠습니다. 동학혁명의 환생이 삼일혁명이었던 것입니다. 다시 개벽의 부활절이 바로 삼일절이었습니다. 고로 '개벽절'이라고쳐 부른다고 해도 하등 이상할 것이 없습니다. 오히려 정명(正名)에 더 가깝다고 생각합니다. 개화파(일본)와 척사파(조선왕조)의 협공에 처

● 辛亥革命. 1899~1900년 사이 반제국주의 농민투쟁인 의화단 운동 이후 청조의 몰락이 가속화되는 가운데 쑨원을 비롯한 지식인들이 중국동맹회를 결성하여 1911년 청나라를 무너뜨리고 중화민국을 성립시킨 중국의 혁명이다. 이 혁명의 결과 중국사에서 처음으로 공화국이 수립되어 '공화혁명'이라고도 불린다.
● 共和春. 신해혁명으로 들어선 중화민국이 공화주의정제를 채택해 개혁을 추진한 것. 한때 임시대총통 위안스카이(袁世凱)가 스스로를 '황제'라고 선포하는 등의 반동에 직면해 위기에 직면하였다.

절하게/철저하게 패배했던 동학몽(개벽파)이 다시금 그 거대한 뿌리를 역사의 전면에 드러냈던 것입니다.

와신상담 반세기를 거치며 동학은 더더욱 단련되고 진화했습니다. 도전(道戰), 언전(言戰), 재전(財戰)을 대비한 손병희의 「준비시대」부터 이미 동학 2.0, 다시 개벽과 '도의의 시대'를 예고하고 있었습니다. 철저한 비폭력운동으로 대안 문명으로서의 합법성을 쟁취합니다. 서학을 거부하고 유학에 도전하며 동학만을 고수하는 배타성도 떨쳐냈습니다. 서학과의 합작에도 앞장섰습니다. 개화를 배타하지 않고 개벽과 개화의 공진화를 꾀합니다. 천도교가 선봉에 서되 기독교도 더불어 가는 득의의 지혜를 발휘합니다. 불교와 유교도 폭넓게 아우르고자 품을 넓혔습니다. 삼일혁명이 이 땅에서 펼쳐지는 동서종교 화해 운동, 동서문명 회통운동으로서 세계사적 장관을 연출할 수 있었던 기저입니다. 기미독립선언서가 일제에 맞선 일국의 민족주의 선언이 아니라, 신문명 건설을 촉구하는 온누리와 만천하의 헌장으로서도 손색이 없을 만큼 완미하고 완숙한 까닭입니다.

무엇보다 천도교 진영의 공화국 담론이 탁월합니다. 얼마 전 오상준●이 지은 『초등교서』(1907)를 탄복하며 읽어 갔습니다. 세속적 정치문명과 영성적 종교문명을 무 자르듯 가르지 않습니다. 성과 속의 공진화를 통한 도덕문명을 궁리합니다. 종교란 religion의 번역어가 아닙니다. 일신교의 배타성이라고는 한 움큼도 없습니다. 종교(宗敎)는 문자 그대로 '종지가 되는 가르침'일 뿐입니다. 개인과 국가의 근간을

● 吳尙俊, 玉泉子, 1882~1947

떠받치는 정신적 힘이자 사상을 말합니다. 『초등교서』에서 모색하는 공화국은 천인(天人) 정신에 입각한 합의체입니다. 천인의 마음을 통한 사회의 영성화를 지향합니다. 천인은 요즘말로 '호모 데우스'라 고쳐 말할 수 있을 것입니다. 호모 데우스(Homo Deus, 신이 된 인간)의 집합의지와 집합행동으로 만들어 가는 공화국, 지상의 천국을 염원한 것입니다. 따라서 인권이 아니라 '천권'(天權)이라 명명했음이 눈을 찌릅니다. 응당 천부인권*과도 발상이 다릅니다. 인권은 그저 신으로부터 주어진 것이 아닙니다. 오로지 하늘과 하나로 합일된 사람, 그 천격(天格)을 이룬 천인으로서 천권을 부여받는 것입니다. 부단한 인성도야로 천성(天性)을 발현할 것을 당부하고 권고하는 것입니다. 그것이 공화국 인민의 의무라고 하겠습니다. 응당 인격을 천격에 부합하도록 부단하게 수양하고 수행하고 수련해야 합니다. 인격을 끊임없이 고양하는 근본적인 정치운동이자 근원적인 영성운동이었던 것입니다. 고로 천직(天職)이라 함은 곧 천성을 따르는 삶이라고도 하겠습니다. 그래야 이 세계는 천계(天界)가 될 것이요, 온누리 만인은 천인(天人)이요, 온천하 만물은 천물(天物)이 됩니다. 그래야만 개별 나라들 또한 국격을 드높여 천국(天國)으로 환골탈태합니다. 그래야만이 비로소 태평천국의 인류운명공동체, 태평천하도 완수될 수 있습니다.

하나님/한울님/하느님/하는님의 뜻이 하늘에서 이루어진 것같이 이 땅에서도 이루어지소서. 다시 개벽과 다시 천하의 상호진화가 영구혁명과 영구평화의 첩경이 되는 것입니다. 저는 이 천인공화국의

● 天賦人權 인간이 태어날 때부터 하늘로부터 부여받아 가지고 있다고 하는 자연권 이 천부인권은 국가나 법률(헌법)으로부터도 불가침인 권리라고 본다.

발상에 앞으로 우리가 모색해야 할 다종다양한 '제도개벽'의 단서 또한 무궁무진 담겨 있지 않나 생각합니다.

4. 개조: 다시 개화

그러나 일백년 전 개벽천하 운동은 좌초되었습니다. 개화의 새 바람이 불어 닥칩니다. 이번에는 북풍이었습니다. 1917년 러시아혁명*이 성공한 것입니다. 1922년에는 소련(소비에트 사회주의 연방공화국)도 출범합니다. 자본주의와 민족주의에 대한 참신한 대안이 등장한 것으로 보였습니다. '개화신파'가 부상한 것입니다. 개화좌파라고도 하겠습니다. 개화구파, 개화우파의 세속주의, 이성주의를 더욱 극단으로 밀어부칩니다. 일체의 영성을 허용하지 않는 과학적 무신론 국가를 완성합니다. 때를 맞춤하여 서유럽의 몰락으로 수세에 몰렸던 신청년들이 대거 개화좌파로 갈아탑니다. 신상(品)을 좋아하고 유행을 쫓는 그 얄팍한 면모를 탈피하지 못했던 것입니다. 동유럽에서 새로운 가능성을 발견하고 홀려 버리고 말았습니다. 이제는 좌파의 언어로 동아시아의 전통을 타박합니다. 중국공산당이 창당한 것이 1921년이었습니다. 이때부터 논쟁의 방향도 일변합니다. 동서문명 논쟁은 흐릿해지고 동서이념 논쟁, 동서체제 대결이 뾰족해집니다. 량수밍이 북경대 교수직을 내던지고 향촌건설운동에 투신한 것에도 공산주의에 대한 대응이 한몫 했음은 의미심장한 대목입니다.

● Russian Revolution. 1917년 러시아에서 발생한 프롤레타리아(사회주의) 혁명. 1905년-1907의 1차 혁명부터 1917년의 3월(2월)부터 11월혁명(10월)까지를 포함한다.

개화좌파의 약진은 개화우파의 소생에도 일조했습니다. 좌우 투쟁이 격화될수록 동아시아 전통을 일신하여 신문명을 건설하자는 세력들은 '문화보수주의'로 기각되고 소외되어 갔습니다. 1945년 이후 동서냉전의 먼 기원이라 하겠습니다. 동아시아에서는 특히나 치명적입니다. 북조선과 남한, 대륙과 대만, 북베트남과 남베트남 분단의 씨앗이 바로 1920년대에 뿌려지기 때문입니다. 동서문명 회통에서 좌우 이념 대결로의 퇴행, 돌아보면 볼수록 뼈가 아프고 피눈물이 나는 지점이 아닐 수 없습니다. 그 사상적 분화로 말미암아 동아시아는 중국전쟁(국공내전),* 한국전쟁, 베트남전쟁으로 이어지는 '제3차 세계대전'의 화약고로 전락하고 말았기 때문입니다. 개화우파와 개화좌파의 아웅다웅에 신물이 나다 못해 진물이 흐른다고 표현하는 것도 그래서입니다. 비단 한국만이 아니라 동북아 전체의 수렁이고 구렁이라 하겠습니다.

● 國共內戰 일본 패망 이후 장제스(蔣介石)가 이끄는 국민당 군대와 마오쩌둥(毛澤東)이 이끄는 공산당 군대가 1946년부터 전면전에 돌입하여 1949년 국민당 세력을 타이완으로 몰아내고, 1949년 10월 1일 중화인민공화국을 수립하게 된 내전.

5. 삼일절과 개벽절

그 동서냉전의 잔상이 마침내 종언을 구하는 줄 알았습니다. 나흘째 온종일 하노이 거리를 활보하고 다녔던 까닭입니다. 그 역사적 획기를 개화세에서 개벽세로 이행하는 터닝포인트로 기념하고파서 굳이 이곳까지 찾았던 것입니다. 이곳에서 기미독립선언서를 깊이 음미해 보겠노라는 약속은 지키지 못합니다. 김정은과 트럼프의 회담에 온신경이 쏠려서 백년 전 문자가 영 눈에 들지 않았습니다. 호안끼엠 호수를 에둘러 멜리아 호텔과 메트로폴 호텔과 오페라하우스를 걷고 또 서성거렸습니다. 지금 이 글 전체가 하노이 시내를 오가며 짬짬이 떠오르는 대로 핸드폰 메모장에 휘갈긴 것입니다. 그러나 끝내 뜻밖의 협상 결렬 소식에 망연자실, 무릎이 꺾입니다. 너무 안이하게 생각했다는 책망이 파도처럼 밀려옵니다. 기차를 타고 삼일 동안이나 대륙을 주파했던 '정은'과 '여정'에게 토닥토닥 소주라도 한 잔 사주고 싶은 마음입니다.

돌연 삼일혁명 백돌에 친일잔재 청산만 운운해서는 한가로운 일이라는 냉철한 판단마저 일어납니다. 일백년 전에도 일본의 뒷배는 미국이었습니다. 제2의 동학운동, 다시 개벽 운동이 좌초한 데에도 그 심저에는 전후 세계의 리더로 부상한 미국이 자리했었습니다. 1945년 해방 이후는 더 말할 것도 없겠습니다. 1860년 중국으로부터 사상적 독립을 감행한 것처럼, 1919년 일본으로부터 정치적 독립을 선언했던 것처럼, 2019년에는 필히 '개화의 지존' 미국으로부터의 자립과 자주를 요청하지 않을 수 없는 것 같습니다. 딴청을 피우는 미국에 연연하여 남북관계를 북미관계에 연동시킬 것이 아니라, 남북이 선도하고 중국과 러시아가 협조함으로써 미국과 일본을 견인하는 '새로운 길'을 탐색하지 않을 수 없습니다. 아시아 퍼스트, 아메리카 라스트, 그편이 목하 개창되는 포스트-웨스트, 포스트-아메리카, 유라시아의 세기와도 정합적이라고 하겠습니다. 싱가포르의 그 베스트셀러 제목

(The Future is Asian)을 빌려 말하자면, 미래는 아시아입니다.

다소 거칠고 산만한 글을 정리되지 않은 채로 보냅니다. 그래도 되지 않을까 뻔뻔해진 것은 요사이 강호와 재야의 '샤이 개벽파*'들이 속속 커밍아웃하여 개진하는 언설들이 워낙 빼어나서입니다. 이남곡 선생님, 박길수 선생님, 유상용 선생님, 강주영 선생님, 이은선 선생님 등등이 토해내는 절창들이 휘황합니다. 더할 것도 없고 덜어낼 것도 없는 훌륭한 문장들로 빼곡합니다. 굳이 저 같은 풋내기가 설익은 말을 섞지 않아도 삼일절이 곧 '다시 개벽절'이라는 진의는 충분히 전달되고 있는 것 같습니다. 저는 서울로 돌아가서 연구자의 자세로 올해 '범개벽파*'의 집합지성이 쏟아낸 각종 삼일혁명론을 요령껏 갈무리하는 편이 나을 것 같습니다. 이제 삼일혁명 백돌, 개벽절 100주년을 맞이하러 광화문으로 이동합니다. 인천행 비행기의 탑승을 알리는 안내방송이 막 시작되었습니다. 응답하라 1919, 기해년에서 기미년으로 이륙합니다. 20190301

● 샤이(shy) 개벽파. '샤이 트럼프'에서 유래한 말로 우리나라에서는 '샤이 보수'가 주로 쓰였다. 드러내 놓고 지지하기에 부담이 되는 인물이나 성향을 속으로만 지지하는 사람들을 일컫는다. '개벽'이라는 말이 특정 종단과 관련되어 오해와 의구심을 자아내는 사회 분위기에서 본래 개벽의 큰 뜻을 좋아하고 지지한다고 말하지 못하는 성향을 '샤이 개벽파'라고 명명했다.

● 범개벽파 개벽파라는 말은 최근에 만들어진 것이지만, 동학 창도 이래 개벽의 세계관과 전망을 가지고 사회운동이나 철학, 사상적 지향을 계속해온 사람들이 다수 있다. 이들을 모두 아울러 '범개벽파'라고 명명했다.

조
성
환

삼일절 200주년을 준비하며

천도교의 근대를 '번역의 근대'가 아닌 '해석의 근대'라고 하였습니다. 서양 근대사상을 동학·천도교의 틀로 재해석하여 받아들였다는 뜻입니다.···천도교 이론가인 이돈화도 『신인철학』(1930)에서 서양의 '과학주의 진화론'과 대비되는 '수운주의 진화론'을 설파하였습니다. 인간은 동물과 달리 약육강식의 원리만으로는 설명될 수 없는 존재라는 것을 동학사상에 의탁해서 주장하고 있습니다. 이 역시···'해석의 근대'라고 볼 수 있겠지요.

1. The Future is Gaebyeok!

싱가포르에서 접하셨다는 'The Future is Asian'이라는 책 제목
이 대단히 인상적이었습니다. 우리 식대로 바꾸면 'The Future is
Gaebyeok!'이 되지 않을까 싶습니다. 개벽파를 자처했다는 것은 우
리의 미래를 개화학이 아닌 개벽학에서 찾겠다는 선언에 다름 아니니
까요. 그리고 이런 관점에서 학술대회를 디자인하고 문제의식을 공유
하는 대화마당을 만들어 간다면 지금처럼 생기 없고 늘어지는 일회성
행사로 끝나지는 않을 것입니다.

그래서 오는 8월 15일-16일에 열릴 한일공동학술대회 「지구적 근
대와 개벽운동」은 오랫동안 실천 현장에 계셨던 분들도 모실 예정입
니다. 협동조합운동의 이남곡 선생님, 공동체운동의 유상용 선생님,
한살림운동의 김용우 선생님 등이 참여하시기로 했습니다. 이번 학
술행사는 2017년 가을부터 원광대에서 시작된 '자생적 근대와 개벽사
상' 학술대회의 시리즈로, 벌써 4회째에 접어들고 있습니다. 횟수를
거듭할수록 대중의 관심과 논의의 수준도 높아지고 있고요.

이번에는 지난 2년간의 적공을 바탕으로 익산을 벗어나서 서울에서 판을 벌일 수 있기를 기대하고 있습니다. 일본에서는 기타지마 기신, 오구라 기조, 가타오카 류 교수를 비롯하여 총 다섯 분의 발표자를 모실 예정인데, 모두 한국사상과 개벽사상에 조예가 깊은 '지한파' 학자들입니다. 그리고 한국에서는 경희대 김상준 교수님의 「동학농민혁명과 두 '근대'의 충돌」을 비롯하여, 『소태산평전』의 저자 김형수 작가님의 「신동엽이 노래한 자생적 근대」, 『정지용의 시와 주체의식』의 저자 김영미 선생님의 「정지용의 자생적 근대문학」, 그리고 선생님의 「중국의 '개벽파', 량수밍의 향촌건설운동」 등의 발표가 예정되어 있습니다.

이번 기획은 작년 학술대회가 끝난 직후부터 6개월 동안 준비했는데, 발표자들이 하나같이 '개벽'에 공감하는 분들이라 한층 더 심화된 학술마당이 되리라 기대됩니다. 제 개인적인 바람인데, 내년 학술대회 때에는 개벽포럼에 연사로 오시는 은빛순례단*의 도법스님이나 '다른백년'의 이래경 이사장님, 하자센터의 공공하는 청년들도 발표자로 모시고 싶습니다. 이런 식으로 이론과 실천, 대학과 현장의 소통과 연대를 쌓아 나가면 개벽학의 얼개가 조금씩 잡혀지겠지요.

그래서 하노이의 북미회담 결과에는 크게 실망할 필요가 없다고 생각합니다. 『노자』가 "총애를 받으나 욕됨을 당하나 놀란듯이 하라" [寵辱若驚]고 했듯이, 우리는 우리 길을 묵묵히 가면 되니까요. 그런 의미에서 선생님이 서신의 마지막 부분에 밝히신 앞으로의 계획에 크게

● 2017년 11월 60세 이상은 금빛회원(정회원), 60세 미만은 명예회원으로 하는 '실버세대 중심 모임'으로 시작. 평화를 위한 명상과 기도, 반전반핵의 생명평화, 갈등과 분열 해소 등을 지향한다. 2018~2019년간에 한반도 평화만들기 은빛 순례단은 전국 일주의 순례를 하며 지역적 연대를 강화하고 평화 서약을 확산해 나갔다.

공감하고 한껏 고무되었습니다. "연구자의 자세로 올해 '범개벽파'의 집합지성이 쏟아낸 각종 삼일혁명론을 요령껏 갈무리"하는 일이야말로 누군가는 반드시 해야 하는 작업이고, 선생님이야말로 가장 적임자라고 생각하기 때문입니다.

2. 개벽으로 다시 보는 한국 근대

"삼일절은 개벽절이다!"라는 선언은 대단히 통쾌합니다. '개벽'으로 한국 근대를 다시 보아야 한다는 제 생각과 맞아 떨어지기 때문입니다. 사실 삼일만세운동은 '동학농민개벽'의 경험이 있었기 때문에 가능했을 것입니다. 마치 80년대에 전대협이 전국의 대학생 조직을 규합하고 대규모 시위를 기획하는 경험을 해 보았듯이, 1894년에 한국인들은 이미 전국적으로 판을 짜 본 것입니다. 그래서 25년 뒤에 재현하기가 수월했을 것입니다. 이 양자에 걸쳐 있는 인물이 손병희 선생입니다. 손병희 선생은 동학을 재건한 최시형 선생의 제자이자 천도교 개창자였습니다.

그런데 이런 시각은 아직까지는 일반적이지 않은 것 같습니다. 삼일운동 100주년을 맞아서 각 종교계는 물론이고 학계와 정치계에서 다양한 학술대회를 개최하고 있는데, 아직까지 동학농민운동과 삼일만세운동의 연관성에 대해서 '사상사적' 맥락에서 접근한 연구는 못 본 것 같습니다. 삼일운동은 천도교가 주도했고, 천도교는 동학의 후신이며, 동학농민혁명과 삼일만세운동은 모두 비폭력평화운동을 지향했다는 정도의 연관성만 지적되는 정도입니다.

사실 '자생적 근대'라는 관점에서 보면 삼일만세운동뿐만 아니라 한국 근현대사 도처에서 개벽의 흔적을 찾을 수 있습니다. 가령 프롤레타리아 작가로 분류되는 포석 조명희*의 시어(詩語)는 생명에 대한 ● 趙明熙, 1894~1938 예찬으로 가득 차 있는데, 저는 이것이 동시대의 일본이나 인도의 생명주의의 영향이라기보다는 동학 · 천도교의 영향으로 생각됩니다. 실제로 「생명의 수레」라는 시에서는 '우주생명'이라는 동학 · 천도교 개념을 사용하고, 1925년에는 《개벽》지에 소설을 발표하기도 했으니까요. 그래서 조명희는 단순한 '프로작가'라기보다는 동학 · 천도교의 생명적 세계관에 바탕을 둔 '개벽적 프로작가' 정도로 분류하는 게 좋겠다는 생각입니다.

더 쉬운 예로는 신동엽*의 「누가 하늘을 보았다 하는가」나 「금강」 ● 申東曄, 1930~1969 을 들 수 있는데, 이 작품들은 두말할 나위 없이 동학사상을 담은 개벽문학으로 분류되어야 마땅할 것입니다. 또한 '개벽'과는 직접적인 연관이 없지만, 흔히 '모더니즘' 계열로 분류되는 시인 정지용*도, 김 ● 鄭芝溶, 1920~1950? 영미 선생님의 해석을 참조하면, 「향수」 같은 작품에서 천지인(天地人)을 노래하고 있는데, 이 점으로 보면 '코리안 모더니즘'이나 '자생적 근대문학'으로 불려야 마땅하다고 봅니다. 전통적인 천지인의 세계관을 서양의 모더니즘 양식에 담아냈다고 볼 수 있으니까요.

이와 같이 그동안 잊혀지고 무시되어 왔던 개벽사상이나 자생적 근대의 흔적들을 드러내는 작업이야말로 개벽학의 기본과제가 아닌가 생각합니다.

3. 3월 1일은 개벽날

저는 이번 삼일절에 엉뚱한 생각을 해 보았습니다. 서양식 신정도 아니고 중국식 구정도 아닌 한국식 삼일절을 실질적인 새해의 첫날로 생각하면 어떨까 하는-. 아마 100주년이라는 특별한 시점이어서 이런 생각이 들었던 것 같은데, 뭔가 한 해를 여는 출발점으로 삼기에는 안성맞춤이라는 생각이 듭니다. 100년 전에 만세운동에 동참했던 한국인들도 이런 심정이 아니었을까요? 3월 1일을 새로운 나라를 세우고 새로운 역사의 출발점으로 삼자는-. 그래서 3월 1일은 한 해를 시작하는 '개벽날'로 삼기에 충분합니다.

● 2019년 3월 1일 광화문에서 진행된 민간 주도의 삼일절 100주년 기념 행사. 전국에서 수천 명의 풍물패와 수만 명의 시민이 참여한 행사로, 역사적으로 북을 치는 행위가 무언가를 알리는 의미로 사용되어 왔고, 이 행사의 만북은 고난, 저항, 투쟁 시대가 가고 바른 뜻과 바른 사람이 세워지는 시대가 왔음을 알리는 뜻을 담고 있다.

실제로 지난 3월 1일에 광화문광장에서 열린 만북울림 행사*에서 낭독된 〈만북으로 열어가는 새로운 100년 선언문〉에는 '개벽'이라는 말이 아홉 번이나 사용되었습니다. 이 정도면 가히 '개벽선언문'이라고 해도 과언이 아닙니다. 삼일운동을 개벽운동의 일환으로 보겠다는 관점과, 개벽정신을 이어서 한국을 개벽하자는 의지가 담겨 있으니까요. 불교계에서도 비슷한 관점이 나왔습니다. 법륜스님은 삼일절을 앞둔 인터뷰에서 삼일운동을 '민(民)이 나라의 주인이 되는 개벽운동의 일환'으로 해석하셨습니다. 동학의 연장선상에서 삼일운동을 보고 계신 거죠.

반면에 20여 년 전인 1999년에 한국종교지도자협의회 주최로 열린 삼일운동 80주년 행사에서 낭독된 〈삼일정신현창선언문〉에는 '개벽'이라는 말은 나오지 않습니다. 하지만 '개벽'에 상응하는 '새 하늘 새 땅', '신천지(新天地)', '새 세상 새 문명', '생명과 영성'이라는 말은 나오고 있습니다. 해월 최시형 선생이 『해월신사법설』의 「개벽운수」에서 '새하늘[新乎天], 새땅[新乎地]'을 말하고 있는 것과 상통합니다. 아마 다양한 종교단체들의 모임이라서 '개벽'이라는 용어를 피한 것이 아닌가 생각됩니다.

저는 이 20년간의 차이가 중요하다고 생각합니다. 선생님의 '자각적 근대'라는 표현을 빌리면, 이번 〈만북100년선언문〉은 일종의 '자각적 개벽'이라고 할 수 있습니다. 이제야 '개벽'이 자각되기 시작한 것이지요. 무의식에서 의식의 영역으로 떠오르기 시작한 셈입니다. 그래서 삼일만세운동도 개벽운동의 일환으로 보이고, 그 연장선상에서 지난 촛불시민혁명도 이해되기 시작한 것입니다. 마치 남아프리카공화국의 흑인운동가 스티브 비코*가 '흑인자각론'과 '흑인의식운동'을 전개했던 것처럼, 지금의 개벽 바람은 우리 역사에서 잊혀졌던 '개벽의식운동'이라고 할 수 있습니다.

● Stephen Bantu Biko, 1946~1977

4. 해석의 근대

동학·천도교 연구자인 정혜정 교수님은 천도교의 근대를 '번역의 근대'가 아닌 '해석의 근대'라고 하였습니다. 서양 근대사상을 동학·천도교의 틀로 재해석하여 받아들였다는 뜻입니다. 그 대표적인 예로 선생님이 언급하신 오상준의 『초등교서』를 들었습니다. 정혜정 교수님은 오상준이 "서구문명을 수용하여 위생, 경제, 자유, 평등, 공화, 법률, 국가유기체 등의 개념을 동학의 맥락에서 재 개념화해 나갔"다고 규정하였습니다. 이러한 해석을 통해 동학.천도교는 개성(개인, 인격)을 근간으로 하는 서구적 근대와 달리 영성을 근간으로 하는 주체적 근대문명을 기획할 수 있었다는 거지요. 저는 '해석의 근대'라는 표현에 무릎을 쳤습니다. 천도교의 사상사적 의의를 정확하게 짚었다고 생각했기 때문입니다.

또한 오문환 교수님이 주목한 오상준의 '공개인(公個人)' 개념은 동학적 공인(公人)과 서학적 개인(個人)을 절묘하게 조합한 개념이라고 볼 수 있습니다. 동학·천도교에서는 개개인 모두가 전체의 하늘(한울)로 이어지고 있다는 점에서는 '공인'이지만, 한 사람 한 사람이 하늘을 모시고(侍天主) 있다는 점에서는 독립된 '개인'이라고 할 수 있으니까요. 일종의 '따로 또 같이'와 같은 인간관입니다. 이 중에서 '따로' 부분을 서양적인 '개인' 개념으로 표현되고, 그 의미를 동학·천도교의 관점에서 재해석하고 강화한 것이지요. 그래서 '공개인'은 동학의 천인(天人)적 인간관으로 서학의 근대적 인간관을 해석한 개벽적 인간관이라고 할 수 있습니다.

비슷한 예로 일제강점기의 한국인의 진화사상을 들 수 있습니다. 지난 2월 21일에 대한민국역사박물관에서 「3·1혁명과 대한민국의 탄생」이란 주제로 학술대회가 열렸는데, 이날 발표자인 한림대 신주백 교수님은 안중근*의 동양평화론(1910년)을 '사회진화론을 극복한 평화론'이라고 평가하였습니다. 그리고 이 탈(脫)진화론적 동양평화론이 양육강식에 입각한 이토 히로부미* 식 동양평화관과 충돌하였다고 분석했습니다. 저는 이날 토론자로 참가했는데 대단히 중요한 지적이라고 평가했습니다. 왜냐하면 당시 서양 진화론은 약육강식 세계관을 정당화하는 논리에 다름 아니었는데, 이러한 세계관에 거부감이 있는 한국인들은 평화사상에 바탕을 둔 '상생적 진화론'을 전개했기 때문입니다.

● 安重根, 1879~1910

● 伊藤博文, 1841~1909

대표적으로 1916년에 원불교를 창시한 박중빈은 '강자·약자 진화상(進化上)의 요법'을 설파하여 강자와 약자가 함께 살 수 있는 상생의 진화론을 전개합니다. 강자는 자리이타(自利利他) 정신으로 약자를 보호해 주고 진화시켜야 영원한 강자가 될 수 있고, 약자는 강자를 선도자로 삼아 배우고 힘을 길러야 강자로 진화하게 된다는 사상입니다. 맹자가 "큰 나라가 작은 나라를 섬기는 것은 하늘을 즐기는 것이고[樂 天], 작은 나라가 큰 나라를 섬기는 것은 하늘을 두려워하는 것이다[畏 天]."라고 한 것과 유사합니다.

● 李敦化. 夜雷. 1884~
1950?

마찬가지로 천도교 이론가인 이돈화°도『신인철학』(1930)에서 서
양의 '과학주의 진화론'과 대비되는 '수운주의 진화론'을 설파하였
습니다. 인간은 동물과 달리 약육강식의 원리만으로는 설명될 수
없는 존재라는 것을 동학사상에 의탁해서 주장하고 있습니다. 서양
의 진화론이라는 기본 발상은 수용하되, 한울로부터 '자율적 창조'
의 과정을 거쳐 한울 스스로 진화해 가는 과정으로 보는 것입니다.
이 역시 서구 근대사상을 나름대로 해석한 '해석의 근대'라고 볼 수
있겠지요.

5. 유학의 개벽

이런 개벽파의 '해석' 정신이 요즘에 '다시 개벽'으로 귀환하고 있다
고 생각합니다. 선생님이 개벽의 관점에서 삼일운동이나 량수밍을 이
해하고, 인류세나 포스트 휴먼을 내다보는 것도 그 일환이라고 생각
됩니다. 특히 량수밍의 존재는 제가 중국유학을 부러워하는 이유 중
의 하나입니다. 조선이나 한국에서는 향촌교육을 했다는 유학자는 들
어 봤어도 향촌운동을 했다는 유학자는 들어 본 적이 없기 때문입니
다. 그런 점에서 량수밍은 이론실학자가 아닌 실천실학자라고 할 수
있습니다. 한국으로 보면 간척사업과 협동조합으로 시작한 원불교 창
시자 박중빈과 비슷합니다. 지적하신 대로 진정한 생명유학, 생태유
학의 개척자입니다.

량수밍은 대학원 과정에서 잠깐 배운 적은 있지만 '개벽'의 눈으로 다시 보니 완전히 새로운 사상가로 보이기 시작했습니다. 그런 점에서는 펑유란*이나 머우쭝싼*과는 전혀 차원이 다른 현대 신유학자입니다. 19세기 말의 량수밍에서 오늘날의 원톄쥔에 이르는 계보는, 한국으로 말하면 19세기 말의 최시형을 연원으로 해서 20세기의 장일순*-윤노빈-김지하*로 이어지는 원주의 생명학파에 비견될 만하다고 생각합니다.

● 馮友蘭, 1895~1990, 중국 현대 철학자로 송명 이학(理學)을 현대 철학의 관점에서 부활을 시도했다. 대표작으로 『중국철학사』(1934)가 있다.
● 牟宗三, 1909~1995, 대만·홍콩의 신유학자
● 張壹淳, 1928~1994
● 金芝河, 1941~

오늘날 한국유학이 진정으로 개벽되려면, 또는 '해석의 근대'처럼 '해석의 유학'으로 거듭나려면, 『대학』의 '수신-제가-치국-평천하'에다 '공공(公共)'을 넣어 보면 어떨까 하는 생각이 들었습니다. '수신-제가-'공공'-치국-평천하'' 이런 식으로요-. '공공'은 당연히 시민사회나 공공영역에서의 실천윤리를 가리킵니다. 달리 말하면 가족과 국가 사이에 시민(사회)이라는 공공집단을 넣어서 양자를 매개하는 거죠. 제 생각에는 전통에서 현대로 넘어오면서 아직 이 영역이 철학적으로 확립되지 않은 것 같습니다. 그리고 이 부분을 채워 보려고 노력한 것이 천도교나 원불교라고 생각되고요. 천도교의 '공개인' 개념이나 원불교의 '공공' 개념이 그러한 증거입니다. 개화파는 처음부터 수신(修身)에서 시작하지는 않을 테니까요.

생각해 보면 교토포럼의 공공철학은 실로 수신제가(修身齊家)와 치국평천하(治國平天下) 사이에서 공공(公共)의 영역을 확보하려는 노력이었습니다. 최근에 접한 이남곡 선생님의 『논어: 삶에서 실천하는 고전의 지혜』도 시민사회의 관점에서 해석한 『논어』라는 생각이 들었습니다. 그런 점에서 '공공유학'이나 '개벽유학'이라고 할 수 있고요. 이런 식으로 유학이 개벽되지 않는 한 오늘날에 뿌리내리기는 어렵습니다. 그런 점에서 유학자가 향촌으로 뛰어드는 중국은 역시 유학의 본고장답다 할 수 있겠지요.

6. 100년 후의 삼일절

마지막으로 삼일절 200주년을 공공(公共)하며 이번 답신을 마칠까 합니다. 선생님이 이사로 계신 '다른백년'의 문제의식은, 그 이름에서 단적으로 나타나 있듯이, 100년 후의 삼일절을 준비하는 데 있다고 생각됩니다. '다른백년'이 표방하는 '한국사회의 새로운 전환을 위한 담론'이란 바로 그것을 의미할 테지요. 그런 의미에서 미래학이라고 할 수 있고요. 지난주에 '다른백년'의 이래경 이사장님을 만나 뵐 기회가 있었는데, 제가 흔히 대학에서 만나는 교수님이나 미디어에서 접하는 경영인과는 전혀 다른 느낌이었습니다. 일종의 '영성적 경영인'이라고나 할까요?

이래경 이사장님은 동학의 '유무상자'*를 이상적인 경제 원리로 생각하셨는데, 동학적으로 말하면 일종의 '도상'(道商)이라고 할 수 있습니다. 20세기와는 전혀 다른 패러다임을 고민하고 계셨습니다. '백년의 연장'이 아닌 '백년의 개벽'을 준비하고 있는 느낌이었습니다. 이런

● 有無相資. 동학교단에서 (돈, 권력, 지식이) 있는 사람과 없는 사람이 '서로' 도움으로써 서로를 완성시켜 나가자는 뜻으로 제시한 경제이념. 최제우 당시는 물론 최시형 당시 동학교단의 대내외적 경제 운용 원칙, 운동 원리이다.

분들이 많아지면 많아질수록 한국사회가 조금씩 개벽되지 않을까 하는 기대와 희망이 들었습니다.

개벽학은 삼일절 200주년을 준비하는 '학'이 되어야 한다고 생각합니다. 우리는 사라지지만 다음 세대, 그다음 다음 세대를 위한 '공공학'입니다. 이것이 '공공'의 차원이자 '세대 간의 공공성'이라고 생각합니다. 이번 달부터 〈개벽학당〉과 〈개벽포럼〉이 시작됩니다. 이것만으로도 2019년은 '개벽학 원년의 해'라고 하기에 충분합니다. 이렇게 100년이 쌓이면 삼일절 200주년이 되겠지요. 20190308

이
병
한

———

세대개벽이 필요하다,
개벽세대를 양성하자

본디 저는 백년 전 《개벽》을 창조적으로 계승하는 '개벽 2.1' 미디어
를 먼저 선보이고 싶었습니다.…학당을 열어 보고 싶었습니다. 그 매
체와 학당을 통하여 배출되는 미래인=개벽인들이 주역이 되는 창당
도 멀리 내다보았습니다. 그리고 그 21세기 새 정치의 주체들이 재
건하는 신문명국가신문명 국가, 동학국가동학국가의 탄생을 염원했
었습니다.…간절히 바라면 온 우주가 돕는 것일까요? 겹겹의 인연과
우연이 포개져 조기에 개벽학당의 문을 열었습니다.

1. K-Studies의 삼전론

슬쩍 심통이 날 뻔했습니다. "북미회담의 결과에 크게 실망할 것 없이, 우리는 우리 길을 묵묵히 가면 된다."라는 말이 짐짓 태연하다 못해 한가해 보입니다. 느닷없는 협상 결렬 소식에 낙심천만 서울로 돌아오는 비행기에서 한숨도 자지 못해 감기까지 도진 저로서는 억울한 마음마저 일어납니다. 하노이에서 인천까지 뜬눈으로 하늘길을 건너왔습니다. 그 아래 땅 길을 지나 평양까지 빈손으로 평양으로 돌아와야 할 북조선의 30대 지도자를 생각하니 내내 마음이 편치 못했습니다. 더군다나 귀국 시점이 삼일혁명 100주년 아침이었다는 점에서 심사는 더욱 뒤틀립니다. '도의가 펼쳐지는 신천지', '인도적 새 문명'의 역사적 봄을 맞이하려던 회심의 계획 또한 수포로 돌아가고 말았습니다. 일타쌍피, 남에도 북에도 찬물을 끼얹고 개화의 대륙으로 잽싸게 돌아가 버린 자의 갑질이 생각하면 할수록 괘씸하고 얄밉습니다. 물론 선생님의 말씀은 선의였다고 생각합니다. 심심한 위로의 표현이셨을 것입니다. 하지만 곱씹어보게 됩니다. 과연 그러한 것인가, 우리는 우리 길을 묵묵히 가기만 하면 개벽세가 열리는 것인가 정색하고 숙고해 봅니다. 곰곰 궁리를 해 볼수록 정도(正道)는 꽃길보다는 가시밭길이었습니다.

'우리의 길'이라 함은 '개벽하러 가는 길'일 것입니다. 그 개벽로(開闢路)가 개화기의 신작로마냥 활짝 트이지 못한 사정은 시발부터 세계정세와 긴밀히 연결됩니다. 1894년 동학운동이 결정적으로 좌초한 것도 국제정세 탓입니다. 자생적이든 자각적이든 조선의 내적 변화의 태동이 끊어지고 만 것도 대청제국과 대일본제국의 경합 때문이었습니다. 제2의 동학운동, 삼일혁명이 미완으로 귀결된 것 또한 크게 다르지 않습니다. 중화민국 우산 아래 곁방살이를 시작한 임시정부는 처음부터 위태위태한 것이었으니, 제1차 세계대전 이후 부상한 양대제국 미국과 소련의 입김은 해방 이후 더욱 드세져 분단체제로 귀착되고 말았던 것입니다.

즉 해방 이후 한국에서 개화학이 독점에 가까울 만큼의 비중으로 득세하게 된 것에도 국제정치는 지대한 영향을 미쳤다고 보아야 온당할 것입니다. 하여 이번 북미회담 또한 단순히 남북관계, 국제관계 차원의 사태가 아니었던 것입니다. 역사적이었습니다. 사상적이었습니다. 그 역사 또한 1986년 도이모이*로 상징되는 미국과의 화해와 경제성장이라는 베트남의 개혁, 개방 30년 수준의 호흡에 머물지 않았습니다. 베트남전쟁과 한국전쟁은 한쌍으로 작동했습니다. 청일전쟁과 청불전쟁* 또한 한몸으로 연동했습니다. 150년 동아시아의 천하대

● doimoi 베트남어로 '새롭게 바꾼다'는 뜻. 1986년 베트남 공산당 6차 대회에서 개혁, 개방 정책을 채택하면서 내건 슬로건이다. 공산당 1당 지배체제하에 시장자본주의 체제를 도입하는 것을 근간으로 한다. 미국과의 최근까지 성공적으로 추진하여 연간 7% 내외의 높은 성장률을 유지하고 있다. 1992년 중국과, 1995년 미국과의 국교 수립으로 결정적인 동력을 마련했다.
● 淸佛戰爭. 1884~1885. 프랑스가 베트남 북부 통킹을 차지하기 위해 종주권을 주장하던 청국과 벌인 전쟁. 1894년 청일전쟁이 한반도(조선)의 종주권을 주장하던 청국에 대해 일본이 벌인 전쟁인 것과 대비된다.

란을 마감하는 세기적 이벤트가 될 수 있었습니다. 그리하여 평양에서 하노이까지의 기차 대장정은 너무나도 풍부한 상징성으로 넘쳐흘렀던 것입니다. 제 눈에는 서세동점 이래 '고난의 행군'의 마침표를 찍고자 북조선의 젊은 지도자가 '호치민의 나라'를 찾는 것으로 보였습니다. 서세에 편승했던 나라보다는 꼿꼿하고 떳떳하게 제 길을 찾아나섰던 나라들이 주도하는 신세기가 열리는구나 만감에 젖어들었습니다. 비로소, 마침내, 개벽학도 만개할 수 있는 조건이 무르익는구나 고양되었던 것입니다. 얼씨구나 신이 났습니다. 절씨구나 흥이 났습니다. 수백만의 오토바이 매연으로 미세먼지 자욱한, 서울보다 더 탁한 하노이 거리를 며칠째 활보하고 다닌 것도 그만큼의 기대가 부풀어 올랐기 때문입니다.

무릎이 꺾이는 실망감을 억누를 수 없었던 것은 미국의 정치 일정과 워싱턴의 권력 지형을 보건대 조만간 다시는 이런 기회가 생기지 않을지도 모른다는 염려 탓입니다. 고쳐 말하면 2019년을 개화세에서 개벽세로 일대 반전시키는 원년으로 삼고자 했던 일련의 기획들도 차질을 빚을 수 있습니다. 이렇게 문장으로 또박또박 옮기고 있노라니 또 다시 열불이 나고 원통한 마음이 일어납니다. 아무리 마음을 잘 쓰고자 애를 쓰나 여태 한 수양과 수련이 모자라 쉬이 마음이 다 잡히지 않습니다.

일백년 전, 동학운동에서 삼일운동으로의 진화에 천도교가 자리했습니다. 천도교의 수장으로서 의암 손병희 선생은 「삼전론」을 주창했습니다. 도전(道戰)과 언전(言戰)과 재전(財戰)을 모두 감당해야 한다고 일렀습니다. 도전은 사상전입니다. 19세기 동학의 환생, 21세기 개벽학의 신생도 사상전에 해당할 것입니다. 그러나 사상만으로는 판이 바뀌지 않습니다. 뜻만 높아서는 기성의 힘이 꿈쩍도 하지 않습니다. 언전도 필요합니다. 정보전이고 외교전이라 할 수 있습니다. 손병희 선생은 누구보다 국제정세의 변화를 주시하고 또 살폈습니다. '도의의 시대'를 펼치기 위해서라도 강권으로 작동하는 구시대의 논리를 학습하고 연마하여 능수능란해져야 했습니다. 1914년 1차 세계대전이 발발하자 기민하게 '천도교구국단'을 조직하여 국제정세를 분석하고 비평하고 종합했던 까닭입니다. 아울러 도전과 언전을 지속하기 위한 재전에도 만반의 준비를 해 나갔습니다. 충실한 재정을 확보하고 경제경영 능력을 키워 갔습니다. 삼전론이 균형 있게 갖추어져야 비로소 든든하고 튼튼한 실력양성운동이라 하겠습니다.

북미정상이 도착하기 전 일요일 오후 호안끼엠 호수를 가득 메운 하노이 청년들은 K-pop에 맞추어 춤을 추었습니다. 한국의 대중문화를 이미 세계인이 향유합니다. 우리가 정립하고자 하는 개벽학 또한 K-studies가 될 수 있다면 더없이 기쁠 것입니다. 만국의 만인과 만물이 교감하고 공감할 수 있는 복음을 전파하고 싶습니다. 그러기 위해서라도 더더욱 언전과 재전에도 만전을 기해야 합니다. 감기몸살로 삼일운동 100주년을 끝내 광화문에서 지켜보지 못했습니다. 골방에서 골골했던 그날의 억한 심정이 되살아나 심통을 조금 부려 보았습니다.

2. 백년의 급진

 현장에 부재했던 까닭에 더더욱 담론을 추적했습니다. 본디 잡지를 좋아합니다. 잡지 읽기를 사랑합니다. 저를 키운 지적 자양분의 8할이 잡지라고 생각합니다. 지금도 한 주에 한 번은 꼭 교보문고 잡지 코너를 순례합니다. 여러 나라의 여러 언어의 잡지 특집을 살피는 게 취미 생활입니다. 주간지, 월간지, 계간지는 물론이고 과학지, 종교지, 패션지, 예술잡지에도 눈길을 줍니다. 단행본과는 사뭇 다른 매력이 철철 흐릅니다. 생동하고 약동합니다. 물리적 시간 흐름에 인간적 호흡을 부여합니다. 시간을 시대로 형질 변화시키는 작업이 잡지 만들기라고 생각합니다. 시간의 리듬을 만들어내고 시대의 무늬를 넣음으로써 역사의 나무 테를 먼저 그려 가는 작업이기도 합니다. 최근 영국의 시사지《이코노미스트》는 'Slowbalisation'이라는 신조어를 고안했습니다. 지구화(Globalisation)를 재치 있게 비튼 말입니다. 1990년 이후 질주하던 세계화가 둔화되고 있는 형세를 예민하게 포착해 낸 것입니다. 일본의 지성지《현대사상》은 '포스트 - 인문학'(Post-Humanities)이라는 화두를 2019년 1월호 신년 특집으로 선보였습니다. 이런 신조어들이 눈에 띌 때마다 꼬박꼬박 메모장에 기록해 둡니다. '트렌드 컬렉터'로서의 기질이 다분한 것입니다. 그리고는 이런 동향들이 죄다 '다시 개벽'의 징후가 아니겠는가, 제 논에 물을 듬뿍 부어댑니다.
 뜻밖에도 삼일운동 100주년을 기념하는 잡지는 드물었습니다. 대학생 시절부터 즐겨 읽었던《역사비평》도《황해문화》도 다른 주제를 특집으로 삼았습니다. 여전히 애정하는《녹색평론》도 다르지 않았습니다. 인류세를 특집으로 삼은《문화과학》은 딱 제 취향이었으나 시의성에서는 후한 점수를 주기 어렵습니다. 예외적으로《창작과비평》만이 삼일운동 백년에 맞춤한 기획을 선보였습니다. 6.10 세대보다는 4.19 세대가 역사의식에 더 투철한 모양입니다. 허나 반가움이 오래 가지는 못했습니다. 필자의 면면부터 참신함은 부족합니다. 아니 식상합니다. 특집에 참여한 필진이 주로, 창비 내부인일뿐더러 70대와 60대와 50대, 원로와 중진입니다. 실제로 별다른 호응과 반향을 낳지 못했을 것입니다. 동어반복, 돌림노래의 혐의가 없지 않습니다. 필자 중 한 분은 동아시아학을 공부했던 석박사 시절부터 무척 좋아했습니다. 그분이 쓰신 거의 모든 저작을 탐독했습니다. 제가 배운 한문학의 8할이 그분의 지적 작업에 의탁해 있습니다. 그러함에도 이번 글은 그다지 인상적이지 못했습니다. 조소앙*을 호명하고 삼균주의*를 거론하면서 남북합작, 좌우합작을 논하는 것만으로는 굳이 100주년이 아니더라도 가능한 일이 아닌가 싶습니다. '3·1의 최종목적지가 신천지의 개벽'이라고 회고했던 임시정부 관계자의 술회를 인용하고 있음에도, 정작 그 말이 뜻하는 바의 심층 의미에는 거의 가 닿지 못하고 있습니다.

상하이 임시정부의 헌장을 기초한 인물이 바로 조소앙이었습니다. 그리고 그 첫 문장은 "신인일치(神人一致)로 중외협응하야 한성에 기의

● 趙素昂, 1887~1958
● 三均主義 조소앙이 독립운동의 기본방략 및 조국 건설의 지침으로 삼기 위해 체계화한 정치사상으로 개인과 개인, 민족과 민족, 국가와 국가의 균등을 추구하였다. 개인의 균등은 정치적, 경제적, 교육적 균등을 통해 민족의 균등은 민족자결을 통해, 국가간 균등은 상호불가침의 평화 구축을 통해 가능하다고 주장하였다.

한 지 삼십유일…"이라고 시작됩니다. 서울에서 기의한 삼일운동을 '신인일치'의 소산으로 표현한 것입니다. 첫 문장의 첫 단어가 '신인', 호모 데우스(Home Deus)였습니다. 독립선언서에 이어 임시정부 헌장 또한 영성적 메타포로 그득하고 그윽했던 것입니다. 그러함에도 좀처럼 개화좌파 지식인들은 저 단어가 의미하는 바를 추적할 의욕이 솟지 않는 모양입니다. 그저 해방 이후의 분단체제를 소급 적용하여 좌우통합을 위한 사상운동의 단서를 삼일운동에서 추출해 내는 것이 고작입니다.

이러한 세속주의 일방의 역사인식은 학창 시절부터 창비를 통하여 의식화 작업을 거쳤을 민주화 세대들이 주축이 된 현 정부의 삼일절 기념사에도 고스란히 투영되어 있습니다. 하루 전 하노이 발 악재에 기념사를 급히 수정했을지도 모릅니다만, 그렇다손치더라도 별다른 감흥을 일으키지 못하는 범박한 문장으로 점철됩니다. '빨갱이'라는 말이 '일제의 잔재'라는, 근거가 희박하고 논쟁의 소지가 큰 낭설을 발화하고 말았습니다. 무엇보다 대통령이 직접 유관순을 거론한 것은 실로 안타까운 일이 아닐 수 없습니다. 등급을 높여 건국훈장까지 수여한 것은 한심하기 짝이 없는 헛발질입니다. 미투 시대, 그간의 삼일운동사에서 조명을 덜 받은 여성을 드높이는 것이라고 우기기에도 겸연쩍은 패착입니다. 항일 민족주의라는 남성 서사에 민족 소녀의 아이콘으로 소비해 버리고 마는 것이기 때문입니다. '역사 덕후'●라는 대통령이 집권하고 있음에도 쌍팔년도 NL 식의 그 후진 감성에서 벗

● 한 분야에 마니아 이상으로 심취한 사람을 이르는 말인 일본어 오타쿠(御宅)를 한국식으로 발음한 '오덕후'의 준말이다. 어떤 분야에 몰두해 열정과 흥미를 가지고 있는 사람이라는 긍정적인 의미로도 쓰인다.

어나지 못한 것입니다. 여태 친일과 항일, 좌와 우, 20세기의 논리를 반복하고 복제하고 있을 뿐입니다. 세속 정치인의 언설도 기성 지식인의 담론도 좀처럼 만족스럽지 못한 삼일혁명 백돌이었습니다. 진보/보수를 망라하여 세속화를 향해 질주했던 백년의 급진에서 전혀 탈피하지 못한 형국입니다.

3. 백년의 유산

역시 관보다는 민입니다. 관변보다는 민간이 돋보입니다. 과연 동학은 국학보다는 민중사상에 친화적입니다. 두 권의 책과 두 편의 문건이 발군이었습니다. 으뜸은 『손병희의 철학 - 인내천과 이신환성』*이 출간된 것입니다. 삼일혁명 일백주년에 맞춤한 시의적절한 저작이 아닐 수 없습니다. 인도의 '개벽촌' 오로빌에서 생활하고 계신 김용휘 선생님의 정성이 빛을 발합니다. 언감생심, 저는 대통령 기념사에 '개벽'이라는 단어가 등장하는 것까지는 바라지도 않았습니다. 다만 삼일운동의 총 연출가이자 지도자였던 손병희 선생만큼은 호명하는 것이 바람직했을 것이라고 생각합니다. 다시 백년 후, 삼일혁명 200돌에는 그렇게 될지도 모르겠습니다. 그러나 그렇게 느긋하고 진득하기는 힘듭니다. 너무 늦습니다. 중국의 '두 개의 100년' 논의를 참조해 보면 좋겠습니다. 중국공산당 창당 백주년이 2021년입니다. 중화인민공화국 수립 일백 돌은 2049년입니다. 창당에서 건국까지 28년이

● 김용휘, 이화여자대학
교출판문화원, 2019

소요되었습니다. 1919년 삼일운동부터 1948년 (분단)건국까지는 29년이 걸렸습니다. 얼추 비슷한 시간입니다. 우리도 '두 개의 백년'을 쌍으로 사유할 필요가 있습니다. 그리하여 2048년 삼일절에는 '개벽절'의 위상이 확립되면 좋겠습니다. 미래의 국가수반이 직접 손병희를 기념하는 수준으로 역사인식이 심화되었으면 좋겠습니다.

　실제로 백범 김구* 선생이 환국했을 때 가장 먼저 찾은 곳이 의암 손병희 선생의 묘소였다고 합니다. 백범과 의암도 동학으로 연결됩니다. 수운처럼 해월처럼 49일 기도를 통하여 제2의 동학운동으로서 삼일운동을 기획한 이가 의암이었습니다. 서로 소 닭 보듯 서먹하고 멀찍했던 서학과 동학의 연대, 천주와 천도의 연합을 꾀한 이가 의암이었습니다. 각자위심의 세속을 동귀일체의 영성으로 형질전환시키고자 한 이 또한 의암이었습니다. 그래서 도심과 신심과 불심이 조화를 이루어 삼위일체 삼일운동에 이를 수 있었습니다. 정치인이자 종교인이었으니 '정치적 영성'으로 성성했던 인물이 바로 의암입니다. 1894년 동학혁명의 북접* 통령으로 활약하고, 1904년 갑진개화운동과 1905년 천도교 개편을 주도했으며, 1919년 삼일운동의 배후로 지목되어 모진 고문 끝에 돌아가셨으니 '순교'이자 '순국'이기도 했던 것입니다. 19세기와 20세기를 잇는 '개벽사'의 적통일 뿐만 아니라, 21세기 개벽파의 롤 모델로서도 적임자입니다. 수기치인으로 내성외양을 실현한 성속 겸전의 영성적 정치인이었습니다. 부디 『손병희의 철학』이 널리 읽혀서 그에 대한 세간의 오해를 털고 개벽사의 등뼈가 곧

● 金九 白凡 1876~1949

● 北接 1880~1890년경의 동학(東學)교단 세력 분포에서 해월 최시형이 직접 관할하는 호서(충청) 지역 기반의 동학을 일컫는 말 이에 대해 호남(전라도) 지역 기반의 동학 세력을 남접(南接)이라고 하였으나, 실제로는 지역 구분이 명확하지 않았다.

추세워지면 좋겠습니다.

● 변선환아키브 엮음, 모시는사람들, 2019

또 한 권 돋보이는 저서는 『3·1 정신과 이후 기독교』*입니다. 천도교만 돌출했던 것이 아닙니다. 기독교의 협동과 합작이 아니었더라면 삼일운동이 대혁명의 수준으로까지 확산되고 심화되지 못했을 것입니다. 3·1로 말미암아 외래 종교였던 기독교는 비로소 토착화되고 민족화되고 민중화되었습니다. 일국의 독립운동이 아니라 만국의 살림운동으로 도약하는 데도 기독교의 참여는 혁혁한 공헌을 했습니다. 나라의 안과 밖으로 촘촘한 교회 조직과 선교사들의 협력으로 '언전'(言戰)에서도 성공할 수 있었기 때문입니다. 하여 삼일운동은 만주와 연해주는 물론이요 미주와 구주에도 일파만파 파동을 일으키며 1919년 세계사의 대장관을 연출했습니다. 가히 하나님과 한울님이 함께 보우하사, 우리나라 만세 만만세였습니다. 이로써 조선은 동양의 일원에서 세계의 일국으로 도약할 수 있었습니다. 동양문명의 일부에서 동서양문명을 회통하는 세계문명의 일원으로 비약한 것입니다. 다종교연합, 다문명융합의 삼일정신은 21세기 개벽학의 정립에도 무궁하고 무진한 영감을 제공합니다.

이 선언서가 있기까지 기미년 삼일운동의 정신을 오롯이 재현하여 천도교·기독교·불교와 천주교, 유교까지 작금의 주요 종교인들이

● 박병기 외, 모시는사람들, 2019

연찬하고 연성한 과정은 『3·1운동 백주년과 한국 종교개혁』*이라는 또 하나의 걸작으로 완성되었습니다. 삼일정신으로 조화하였던 기미년의 종교인의 그 빛에 비추어 오늘 퇴행한 종교인과 종교계를 일으

켜세우는 영롱한 글들이 차려진 성만찬과도 같은 책입니다.

그 삼일정신을 계승한 문헌도 제출되었으니 바로 종교개혁연대에서 발표한 〈한반도독립선언서〉입니다. 주문이자 기도문이기도 했던 독립선언서의 진가를 제대로 재연해 주고 있습니다. 5대 종단의 통렬한 성찰과 자성이 아름답습니다. 특히 이 선언에는 성직자만 참여한 것이 아니라 평신도도 동참하여 33인을 구성했음이 돋보입니다. 천도교와 불교, 기독교를 대표하여 선언서를 낭독한 이들이 모두 여성이었다는 점도 빼어납니다. 기미년에서 기해년 100년의 시간 흐름에 값하는 성숙입니다. 저로서는 특히 선언의 출발과 끝맺음이 뇌리에 남습니다. "만물이 새롭게 움트는 2019년의 봄, 오늘 우리는 지금부터 백 년 전 우리 집 지구의 한반도에 울려 퍼졌던 3·1독립선언의 포효를 기억합니다."라는 첫 문장은 우아합니다. "지금 온 인류 문명이 새롭게 찾고 있는 포스트휴먼의 길을 위해서 고난과 인내와 상생의 한반도 역사에서 배우면서 자신을 변화시켜 나가겠습니다."라는 마지막 문장은 수려합니다. 만물과 지구와 포스트휴먼의 앙상블, 자신부터 변화해 가는 개벽의 외침과 깨침이 듬직합니다.

삼일절 100주년을 개벽절로 삼아도 모자람이 없다고 판단한 것은 단연 〈만북으로 열어가는 새로운 100년 선언문〉의 감격 때문입니다. 초고를 보았을 때부터 감탄을 쏟았습니다. 완성된 문장을 읽고서도 탄복이 그치지 않았습니다. 신들린 문장이 황홀한 춤을 춥니다. 혼이 담긴 문장이 살아서 숨을 쉽니다. 개벽이라는 단어가 도합 아홉 차례나 사용되었습니다. '개벽선언문'이라 고쳐 말해도 어색하지 않을 정도입니다. 〈개벽파선언〉 연재를 그만두어도 되지 않을까 싶을 정도로 완미하고 완숙한 사상을 내장하고 있습니다. 영성혁명과 영구혁명을 촉구하는 세기의 명문입니다. 찬찬히 음미하면 할수록 백년은 족히 기릴 명문장이라는 판단이 굳어집니다. 지난 백년의 농축된 유산이자, 다음 백년의 청신한 지침이라 하겠습니다. 도저히 일부만 떼어서 인용하기가 아깝습니다. 통으로 가져다 옵니다.

<만북으로 열어 가는 새로운 100년 선언문>

둥! 둥! 둥!

만개의 북이 울린다. 새로운 백년. 다시 개벽을 알리는 북소리. 생명 - 평화 - 홍익 - 밝음이 동터 오는 한민족의 땅. 그 꿈의 땅으로 가는 8,000만의 심장이 만 개의 북으로 울린다.

3·1대혁명 100주년을 맞이하는 오늘 하늘과 만천하에 우리의 뜻을 전한다.

우리는 우리가 사는 이곳이 하늘이 임한 밝은 땅이며, 우리 모두 하늘의 이치대로 태어나 하늘을 품고 있는 생명임을 분명히 하노라. 모든 사람 및 뭇 생명이 평등하고 존귀하다는 큰 뜻을 똑똑히 밝히며, 자손만대(子孫萬代)에 모든 생명이 독자적 생존의 정당한 권리를 영원히 누리도록 하리라.

때가 왔다. 다시 못 올 때가 왔다. 고난과 투쟁의 시대는 가고, 바른 뜻과 바른 사람이 서는 바로 그 때가 왔다.

지난 100년 한민족의 수난은, 다가오는 세상에서 우리 민족이 새롭게 쓰이기 위해 필연적으로 넘어서야 할 관문이었다. 지금 이곳에 개벽을 꽃 피우기 위해 수천만의 생령(生靈)이 기꺼이 거름이 되었다. 가시밭길을 이겨내면서 힘을 길렀고, 다양한 사조를 융합하는 용광로를 통과하여 드디어 동서양의 모든 문명을 회통(回通)하는 삶의 양식이 태동하고 있다.

새 세상의 문을 열기 위해 우리는 모두 '나를 다시 개벽' 할 것이다. 습관된 나가 지배하는 삶을, 하늘이 이끄는 참된 나의 삶으로 바꿀 것이다. 나의 개벽은 세상을 밝게 할 새 주인으로 깨어남이다. 우리 모두는 나로부터의 개벽을 통해 지금의 대한민국을 다시 크고, 높고, 뚜렷하게 하여 대한민국과 한민족의 명(命)을 근본적으로 개혁하는 길로 나아갈 것이다.

우리는 지금, 이곳에 우리 민족 고유(固有)의 밝은 문명을 숨쉬게 할 것이다. 그것은 오래된 옛날에도 있었고 앞으로도 있을 새로운 문명이다. 그 길은 생태문명으로 가는 길이며, 근대국가를 넘어 범 지구를 아우르는 문명이며, 물질을 포괄하는 정신문명으로 나 있는 길이다.

지금 이 땅에서 일어나고 있는 변화는 작은 변화에 그치지 않는다. 민족의 운명을 바꿀 것이고, 지구 문명사에 큰 획을 그을 것이다.

분단은 비극이었으나, 시대의 운세는 그것을 더 큰 기회와 힘으로 만들려고 한다. 남과 북의 두 형제가, 가장 성숙하고 합리적인 통합의 과정을 함께 걸어서 이 가능성을 현실로 만들지 않겠는가! 남과 북의 화해는 인류에게 더 없이 큰 희망의 선물이며 양심과 연민의 새 시대를 여는 개벽의 신호탄이다. 남한과 북한이 각기 고난을 넘어 개척한 독보적인 길을 탁월한 차원에서 통일시킬 것이다.

남북한이 열리고 부산에서 시베리아를 거쳐 유럽까지 이어지는 기찻길과 자동차길이 열리게 된다. 한반도는 더 이상 외진 곳이 아니라, 동서양을 잇는 시발점(始發点)이자 종착점이 되고 있다. 우리는 이 길을 통해 한민족의 바른 뜻과 밝은 문화, 세상에 큰 도움을 주는 물자가 오가게 할 것이다.

지난 100년, 우리 민족의 개개 구성원들은 여러 인생의 길을 선택했고, 다양한 갈등을 경험했다. 이제 지난날의 모든 차이와 그에 따른 대립의 후유증을 최소화하여 작은 차이를 넘는 위대한 공존(共存)의 시대를 만들 것이다. 우리는 지난 세월 '나뿐만'의 이익을 위해 민족과 대중에게 큰 피해를 입힌 사람들에게도 앞날을 향해 같이 가자는 포용의 손길을 내민다.

그들이 새 세상에 발맞추기 위해서는 위대한 포용에 상응하는 뉘우침이 있어야 한다. 공공(公共)의 영역을 사사로움으로 오염시키는 세력은 더 이상 이 땅에서 지속될 수 없다. 새 세상에 동화(同化)하기 위해서는 스스로 변화해야 할 것이다.

동학혁명과 3·1혁명으로부터 100년이 지난 지금이, 민족의 선각자들이 예견한 바로 그 개벽의 때이다. 오늘 우리는 만북을 울리며, 동학혁명과 3·1대혁명의 정통성을 이어받아 스스로 하늘자손임을 자각하면서 이 세상에서 홍익(弘益)하는 인간이 될 것임을 선언한다.

우리는 삶의 모든 것을 서로 돕는 작은 공동체들을 만들 것이다. 저 옛날, 우리 조상들이 삶의 모범을 보인 두레와 같은 공동체를 본받아 지금 이곳에 맞는 옷을 입히고, 공동체들 사이의 연결망을 구축하여 작은 공동체와 큰 세계가 조화로운 새로운 문명의 본보기를 만들 것이다.

우리 8천만 한민족은 먼저 깨어나자. 한 사람의 작은 소리도 귀 기울여 듣는 전인(全人) 화합의 정치를 실현하고, 권리의 민주주의를 넘어 도의(道義)의 민주주의를 완성하며, 정신의 개벽을 바탕으로 마음의 경계를 허물고 국경을 넘어서는 세계정치를 선도하자

우리는, '나'로서 온전히 존중받고 '너'와 '나'가 서로 살리는 사회경제 시스템을 창설할 것이다. 그리하여 물질개벽을 바탕으로 한 사람도 빠짐없이 안심과 풍요를 누릴 수 있는 만인(萬人)이 어우러지는 경제 시스템을 이 땅 위에 실현하고, 세계의 모든 나라들이 독점과 빈곤의 악순환을 끊을 방향을 제시하며, 자연과 인류가 함께 진화하는 큰 흐름에 동참하자.

우리는 교육, 문화 등 사회 전반에 있어서, 사람의 본성을 깨닫고, 한 사람 한 사람을 하늘로 존중하며, 사람의 가치를 드높게 실현하는 것을 근본정신으로 삼아, 인류의 조화로운 새 몸체가 세계에 실현되도

록 하자.

마침내 하늘의 이치에 따라 순리대로 사는 삶을 이 땅 위에 실현하자.

공도(公道) 3장

하나. 새로운 시대의 철학을 확립한다. 정신과 물질을 균형 있게 발달시키고, 자신을 포함한 인류와 대자연의 존귀함을 더 깊이 깨닫고 함께 진화해 간다. 우리는 사상 - 수양 - 실천을 모두 아우르는 완성된 사람이 되도록 한다.

하나. 3·1대혁명이 전국 방방곡곡의 민회(民會)로 출발하여 오늘날의 대한민국으로 이어졌듯이, 오늘날 읍 - 면 - 동에서부터 정치 - 경제 - 문화 등 삶의 모든 영역에서, 참된 보통사람들이 주인으로 서는 새로운 민회운동을 전개한다.

하나. 3·1의 정신으로 모든 사람과 사람, 사람과 뭇 생명들 사이의 벽을 허문다. 남과 북, 동과 서, 종파(宗派)와 정파(政派)를 넘어, 계층을 아우르는 대동(大同)의 정신으로 새로운 대한민국, 한민족 르네상스의 시대를 열어간다. 나아가 국경을 넘어 세계 만민(萬民)이 서로 돕고 살리는 큰살림을 이루도록 한다.

2019년 3월 1일

3·1백주년 만북울림 추진위원회

4. 세대개벽과 개벽세대

옥의 티, 단 하나 아쉬웠던 점은 세 권의 책과 두 편의 선언문에서도 청년과 청소년은 두드러지지 않았다는 것입니다. 백년 전 삼일운동에 견주어 학생들의 활약이 미미했습니다. 그만큼 사회적 활력이 위축된 것입니다. 촛불혁명을 지나서도 촛불세대라고 할 만한 신진들이 눈에 띄지 않습니다. 하노이 대장정을 감행한 북조선의 리더는 이미 30대입니다. 하건만 한국은 30년 전에 대학을 다닌 사람들이 여태 나라를 끌고 갑니다. 어느 쪽이 세대교체에 성공한 젊은 국가인가 냉정하고 냉철하게 따져볼 필요가 있습니다. 삼일운동 이듬해《개벽》창간을 주도했던 이들 또한 20대, 30대 신청년들이었습니다. 그들이 주도하여 1920년대의 신문화운동을 이끌고 갔습니다. 둥! 둥! 둥! 첫 문장부터 쿵! 쿵! 쿵! 심장을 뛰게 하는 〈새로운 100년 선언문〉을 읽으면서 거듭 작년 말 로드스꼴라의 종강 파티가 떠올랐습니다. 그 신명나고 신바람나던 아프리카 퍼쿠션(타악기) 퍼포먼스가 귓가에 선명합니다. 그 맑고 밝은 2030 청춘의 에너지가 삼일운동 백돌에 정작 발산되고 분출되지 못한 점이 두고두고 섭섭합니다.

그래서 3월 6일, 〈개벽학당〉이 발족한 것일 테지요. 새 술은 새 부대에 담아야 합니다. 세대를 개벽해야 하겠습니다. 개벽세대를 양성해야 하겠습니다. 그들과 더불어 '프로문학'* 또한 개화우파(모더니즘)나 개화좌파(리얼리즘)의 관점이 아니라 개벽파의 눈으로 재독하는 문학 공부를 해야겠습니다. 한국의 민주화 대서사 또한 개벽사로서 다시 쓰는 역사 공부도 병행해야 하겠습니다. 그리고 그들의 감각과 사상을 반영하는 새로운 매체의 창간도 거들어야 하겠습니다.

본디 저는 백년 전《개벽》을 창조적으로 계승하는 '개벽 2.1' 미디

● 프롤레타리아 문학. 무산 계급인 프롤레타리아의 계급성을 강조하고, 프롤레타리아의 생활을 반영하는 데 집중하는 문학이다. 마르크스주의 사상을 중시하고, 프롤레타리아의 해방을 지향하는 데 복무하는 문학을 말하는데, 우리나라에서는 1925년 결성된 카프(KAPF, 조선프롤레타리아예술가동맹)를 중심으로 전개됐다.

어를 먼저 선보이고 싶었습니다. 그곳에서 콘텐츠가 충분히 누적되면 그에 바탕하여 교육을 담당하는 학당을 열어 보고 싶었습니다. 그 매체와 학당을 통하여 배출되는 미래인=개벽인들이 주역이 되는 창당도 멀리 내다보았습니다. 그리고 그 21세기 새 정치의 주체들이 재건하는 신문명 국가, 동학국가의 탄생을 염원했었습니다. 각각 10년씩, 앞으로 30년 인생 후반전의 로드맵이었습니다.

간절히 바라면 온 우주가 돕는 것일까요? 겹겹의 인연과 우연이 포개져 조기에 개벽학당의 문을 열었습니다. 개벽운수 아닐런가 노래하고 싶을 만큼 천운과 천행이 잇따랐습니다. 게다가 교육사업과 매체사업을 동시에 진행해도 좋겠다 싶을 만큼 벽청(闢靑)(개벽하는 청년)들의 역량이 출중합니다. 글 솜씨도 빼어나고 말솜씨도 뛰어날뿐더러 춤추고 노래하고 영상을 만드는 재주까지 훌륭합니다. 스케일과 스타일이 모두 흡족합니다. 사유의 스케일은 일국을 훌쩍 넘고, 표현의 스타일도 장르를 넘나듭니다. 선생과 후생의 창조적 결합으로 그들의 재주를 극대화시킬 수 있는 점화 작업이 필요했습니다. 가장 먼저 선생님을 강사로 모셔 '한국사상사 강의'를 부탁드린 까닭입니다. 첫 강의가 역시 무척 좋았다고 자평합니다. 감사하고 또 감사드립니다.

〈개벽파선언〉도 이제 이류 단계를 지나 중반전으로 들어갑니다. 그간의 서신을 통하여 19세기 말과 20세기 초반에 대한 얼추의 조감도는 그려낸 것이 아닌가 싶습니다. 다음부터는 해방공간을 전후로 한 20세기 중엽으로 옮겨 가면 어떨까 싶습니다. 기왕의 해방공간사 또한 진보/보수, 좌/우가 경합하는 영토싸움의 최전선이었습니다. '해방전후사의 인식'과 '재인식'이 첨예하게 충돌했던 영역입니다. 거개가 남북분단과 좌우갈등을 주선율로 접근했습니다. 그러나 개벽의 관점으로 돌아보면 개화우파와 개화좌파의 도전과 언전 못지않게 개벽파의 쇄신과 갱신 또한 한창 진행되고 있었습니다. 천도교 이론가나 원불교 사상가, 또는 개신유교의 일파 중에서도 남북 분단을 돌파할 제도개벽을 모색했던 이들이 적지 않았습니다. 그들에 대한 선구적인 연구 또한 선생님의 득의와 특장이라고 생각합니다. 19세기와 21세기를 잇는 개벽사의 허리를 튼튼하게 복원해 주십시오. 독립선언(1919)과 한살림선언(1989)을 잇는 20세기 중반의 개벽사로 진입해 보고 싶습니다. 20190315

조
성
환

새로운 하늘이 열리고 있다

기존의 동아시아담론은 유학 아니면 개화학 중심입니다. 그러나 한국의 근대는 개벽학이 만개했습니다. 그리고 그 방향도 이성적 근대가 아닌 영성적 근대였습니다. 동학에서 '하늘'을 불러낸 이유도 여기에 있습니다. 삼일운동에서 기독교가 참여한 것도 '새 하늘 새 땅'을 건설하고자 하는 개벽정신을 공유했기 때문입니다. 선생님의 표현을 빌리면 '동서합작'인 셈입니다. 이것이 개벽의 길이자 개벽정신입니다.

1. 개화학에서 개벽학으로

● 與時齋. 국가미래전략을 위한 싱크탱크로 통일한국과 동북아의 미래 변화를 위한 정책을 개발하고, 세계를 이끌어 나갈 인재를 양성하기 위해 2015년 12월 설립된 공익법인. '여시재(與時齋)'는 '시대와 함께하는 집', '시대를 어깨에 짊어진다'라는 뜻 영문명은 Future Consensus Institute로 동시대인들의 지혜와 협력을 통해 미래를 만든다는 뜻

2019년 3월 6일 수요일 아침. 서울 부암동의 산꼭대기에 위치한 여시재* 대화당(大化堂)에서 개벽학당 출범식이 있었습니다. 이날 행사의 주인공은 하자센터 출신을 비롯한 여러 벽청(개벽하는 청년)들과 그들을 이끄는 이병한 선장. 사공들의 춤과 노래, 그리고 선장의 출항사를 지켜보면서 '새로운 역사'가 시작되고 있음을 실감했습니다. 제가보고 들은 올해의 삼일운동 100주년 기념행사 중에서 가장 빛나는 축제였습니다. 가슴 벅찬 순간이었습니다. 「삼일독립선언서」의 마지막문장을 빌리면, "아아! 신천지가 안전(眼前)에 전개되도다. 개화의 시대가 거(去)하고 개벽의 시대가 래(來)하도다."에 다름 아닙니다.

이날 행사에 초대받은 모시는사람들 박길수 대표님은 '큰일을 하셨다'고 이병한 선생님을 격려하였습니다. 저 역시 같은 마음이었습니다. 그리고 지난 25년 전을 돌아보았습니다. 군대를 제대하고 대학생활을 막 시작한 1994년, 지금 개벽학당 청년들과 같은 나이였을 때입니다. 저는 대학로에서 막 개원한 도올서원의 문을 두드리고 있었는

데, 그때 그 모습이 재현되는 느낌이었습니다. 다만 자리만 뒤바뀌었을 뿐입니다. 도올서원 학생에서 개벽학당 선생으로-. 하지만 그때나 지금이나 문제의식은 변함없습니다. 바로 그렇기 때문에 여전히 서원과 학당을 오가고 있을 것입니다.

도올서원은 굳이 말하자면 동양학, 중국학의 범주였습니다. '서원'이라는 말에서부터 유학의 냄새가 물씬 풍깁니다. 이에 반해 개벽학당은 한국학(K-studies), 개벽학의 산실입니다. 동양학에서 한국학으로, 중국학에서 개벽학으로의 전환. 지난 25년 동안의 변화이자 발전이라고 생각합니다.

2. 개벽은 나이순이 아니다

제가 개벽학당의 출항을 삼일운동 100주년의 가장 빛나는 사건이라고 선정한 것은 '기념행사'보다 더 중요한 것이 '인재양성'이라고 생각했기 때문입니다. 선생님이 지적하신 대로 기념행사에는 청년들이 없지만 개벽학당 출범식은 청년들이 주인공이었습니다. 행사는 일회성으로 끝나지만 양성은 앞으로도 계속될 것입니다.

출범식에서 보여준 벽청들의 몸짓은 젊고 발랄했습니다. 신명이 넘쳐났습니다. 그야말로 하늘을 사는 청년들이었습니다. 그러나 불행히도 지금의 한국사회는 이들을 받아줄 마당이 없습니다. 어른들의 나라이자 기성세대의 세상이기 때문입니다. 그들에게는 새 술을 새 부대에 담아낼 젊은이들을 길러낼 '뜻'이 없습니다. 그냥 과거의 방식을 반복하고 있을 뿐, 근본적인 자기반성이 없습니다. 개벽은커녕 개혁도 기대하기 어렵습니다. 정신세계가 20세기의 틀에서 맴돌고 있기 때문입니다.

제가 절망하는 이유는 바로 여기에 있습니다. 남북관계보다 훨씬 비관적입니다. 남북관계는 기대라도 하게 만들지만, 한국사회는, 그 중에서도 특히 한국의 인문학계는 활로가 보이지 않습니다. 전통유학과 개화우파와 개화좌파의 삼각구도에서 우왕좌왕하고 있습니다. 한국철학사 서술에서는 여전히 100년 전의 실학담론과 주리주기론의 틀을 답습하고 있습니다. 100년 전의 「삼일독립선언서」에 두 차례나 나오는 '독창'이라는 말이 무색할 정도입니다.

개벽정신이 만개한 한국근대사상은 주류 학계에서 여전히 외면당하고, 최근에는 '개벽'이라는 말을 쓰면 특정 종교를 옹호한다고 생각하는 학자들도 있습니다. 한심한 수준입니다. 총체적인 문제는 한국사상 연구가 분야별로, 인물별로, 종교별로, 학문별로 쪼개져 있어서 '한국학'이라는 큰 틀을 고민하는 학자가 없다는 사실입니다. 산적한 문제가 너무 많아서 어디서부터 시작해야 할지 막막할 정도입니다.

● 동양일보(충청도)가 2016년부터 김태창(전 한중일이 함께하는 철학모임 대표)을 주간으로 선임하여 '동아시아의 공통가치를 찾아서'라는 슬로건 아래 좌담, 대담, 토론, 특강 등 다양한 형식으로 운영하는 포럼

3. 동아시아담론의 허구

동양포럼*에서 어느 중국인 학자가 지적했듯이, 전 세계에서 개화

의 독을 가장 심하게 먹은 나라가 한·중·일 삼국이라면, 그중에서
도 가장 중독이 심한 나라는 한국이라고 생각합니다. 그래서 저는 인
문학에 한정해서 말한다면, 중국이나 일본의 상황이 우리보다 훨씬
낫다고 생각합니다. 그 이유는 중국이나 일본은 우리처럼 식민지를
당한 경험도 없고 분단의 현실도 없기 때문입니다. 우리가 그들보다
개화학에 더 의존적이 될 수밖에 없었던 이유도 이런 역사적 경험의
차이에서 기인합니다.

　제가 동아시아론에서 벗어난 이유도 여기에 있습니다. 적어도
1860년 동학 창도 이후부터는 한·중·일 삼국은 각자의 길을 걷기
시작한 것입니다. 1919년 3월 1일 '독립' 선언의 의미도 여기에 있습니
다. 이 '차이'를 직시하지 않은 채 막연하게 '유교'나 '동아시아'라는 범
주로 한·중·일의 근대를 논하거나 동아시아의 미래를 모색하는 것
은 순진한 발상입니다. 한국은 19세기 후반부터는 일본이나 중국과
같은 길을 간 것이 아니라, 인도나 아프리카와 같은 이른바 '제3세계'
의 길을 갔습니다.

　기존의 동아시아담론은 유학 아니면 개화학 중심입니다. 그러나 한
국의 근대는 개벽학이 만개했습니다. 그리고 그 방향도 이성적 근대
가 아닌 영성적 근대였습니다. 동학에서 '하늘'을 불러낸 이유도 여기
에 있습니다. 삼일운동에서 기독교가 참여한 것도 '새 하늘 새 땅'을 건
설하고자 하는 개벽정신을 공유했기 때문입니다. 선생님의 표현을 빌
리면 '동서합작'인 셈입니다. 이것이 개벽의 길이자 개벽정신입니다.

4. 청년들의 눈물, 어른들의 나라

개벽학당 첫날, 오후 세미나 시간에 몇몇 벽청들이 자기소개를 하면서 눈물을 흘렸습니다. 북받쳐서 말문을 잇지 못했습니다. 대안학교 출신으로, '자발적 고졸'로 살아가는 서러움 때문이었습니다. 20대 초중반이면 당연히 대학생인 줄 아는 한국사회에서 낄 곳이 없었던 아픔이 떠올라서였습니다.

늘 대학에서 생활하는 저로서는 뒤통수를 얻어맞은 느낌이었습니다. 대학총장에서 시작해서 대학교수, 대학강사, 대학원생, 대학생 등등, 온통 '대학인'들만 접해 온 저로서는 전혀 상상해 보지 못한 문제상황입니다. 그래서 나름 곰곰이 생각해 보았습니다. '왜 이런 사회가 되었을까?' '유교경전에 『대학』이 있어서 대학에 가지 않으면 안 되는 사회가 되었나….'

그리고 이틀 뒤에 참석한 협동조합 연찬모임에서도 비슷한 경험을 했습니다. 대부분의 참석자들이 50대 이상이었는데, 유일하게 20대로 보이는 젊은 여성 활동가(상근자)가 자기소개를 하면서 울음을 터트린 것입니다. 자기랑 같이 활동하는 어려운 처지에 있는 동료들에 대한 미안한 마음에서 쏟아낸 눈물이었습니다. 그나마 자기는 이런 자리에 올 수 있을 정도로 상황이 나은 편이라고….

기성세대로서 많은 반성을 했습니다. 또 하나의 과제가 생긴 셈입니다. 이전부터 예감은 하고 있었지만 설마 이 정도일 줄은 상상하지 못했습니다. 어쩌면 지금의 한국사회는 기성세대의 독재가 가장 큰 문제가 아닌가 하는 생각까지 들었습니다. 「기미독립선언서」에서 자부한 '신예(新銳)와 독창(獨創)'*은 찾아보기 어렵습니다.

● 신예(新銳)와 독창(獨創)으로써 세계문화(世界文化)의 대조류(大潮流)에 기여보비(寄與補裨)할 기연(奇緣)을 유실(遺失)함이 무릇 기하(幾何)뇨.

5. 동학혁명에서 삼일혁명으로

지난 서신에서 최근에 있었던 삼일절 100주년 기념행사를 멋지게 정리해 주셨습니다. 과연 세교연구소에서 다년간 쌓아온 내공이구나 싶었습니다. 저 역시 만북울림 행사와 선언문에는 큰 감동을 받았습니다. 무엇보다도 '종교'라는 이름을 내걸지 않은 행사라는 점을 높게 평가하고 싶습니다. 선언문의 내용도 지적하신 대로 '개벽선언문'에 다름 아니었다고 생각합니다. '개벽'이라는 말이 모두 아홉 차례나 사용되고 있을 정도니까요. 만약에 종교단체의 선언문이었다면 '개벽'이라는 말이 들어가지 못했을 것입니다. 특정 종교를 옹호한다고 생각할 테니까요. 대통령 연설문에서 '개벽'이나 '손병희'가 빠진 이유도 이와 무관하지 않을 것입니다.

〈만북으로 열어가는 새로운 100년 선언문〉에서 특히 인상적이었던 점은 동학혁명과 삼일혁명을 병기하고 있는 부분이었습니다. 삼일독립운동을 동학농민혁명의 연장선상에서 바라보는 역사관이 반영되어 있습니다. 이런 역사관이 사회 전반에 퍼졌을 때, 대통령의 연설문에도 개벽이나 손병희의 이름이 들어가리라 생각합니다. 그리고 〈공

도삼장〉 첫머리에서 "새로운 시대의 철학을 확립한다."고 선언한 점
도 시의적절하다고 생각합니다. 새 술을 새 부대에 담을 수 있는 개벽
학이 요청되고 있다는 신호에 다름 아니니까요.

6. 동학을 품은 서학

종교단체가 주도한 삼일운동 100주년 기획 중에서 제가 가장 인상
적이었던 것은 원주에서 발행하는 『농촌과 목회』의 〈3·1운동 특집
기획〉이었습니다. 올 봄에 나온 최신호에서 〈3·1운동, 동학, 기독교〉
라는 대주제 아래 기독교를 비롯해서 동학, 천도교, 장일순에 관한 총
6편의 글을 실었습니다. 삼일운동을 논하면서 자기 교단의 활동을 강
조하기 쉬운데, 오히려 다른 교단인 천도교와 그것의 모태인 동학에
주목하는 것입니다. 저는 바로 이런 태도가 개벽이라고 생각합니다.

첫머리에 나오는 한경호 편집위원장님(횡성영락교회 목사)의 권두언
이 가슴에 와 닿았습니다. 저도 일부만 떼어 오기가 아까워서 통으로
가져와 봅니다.

나는 동학(천도교)에 대하여 잘 모르면서 자랐다. 춘천에서의 어린 시
절 사창고개 넘어가는 곳 어디에 천도교 교당(모임장소)이 있었던 것으로
기억되지만, 그 이상은 알 수가 없었다. 주위에 천도교 관련자가 아무도
없었다. 학교에서 배우는 교과서를 통해 겨우 몇 가지 역사적인 사실만
을 알 수 있었다. 조선후기 농민들의 피폐상, 조선왕조의 몰락, 크고 작

은 농민들의 봉기들, 마지막으로 가장 크게 얼어난 동학혁명, 이후 손병희에 의해 천도교로 개칭됐다는 사실 정도가 아는 것의 전부였다.

청년시절에는 동학혁명이 농민혁명이었기 때문에 거기에 초점을 맞추어 보게 되었다. 동학보다는 농민전쟁에 더 큰 관심이 있었다. 수운과 해월의 말씀과 행적도 농민봉기의 시각에서 바라보았다. 그리고 동학은 이제는 시대적 사명을 다한 사상이 아닌가 생각했었다.

그러다가 신학교를 졸업하고 1987년 12월 초, 첫 목회지로 원주 호저면의 호저교회에 부임하였다. 부임한 지 얼마 안 된 1989년 봄(?)이었던 것으로 기억된다. 날은 흐리고 비가 부슬부슬 내리는 가운데 교회 앞 찻길로 사람들이 분주히 오가고 고산리에서 무슨 행사가 있다는 것을 알았다. 나중에 안 일이지만 장일순 선생이 중심이 되어 원주의 고미술동호회 회원들이 해월 최시형 선생이 잡혀가신 호저면 고산리에 그를 기리는 비(碑)를 세웠다는 것이었다.

이후 생명운동을 하면서 장일순이 해월 사상에 대하여 설명한 내용들을 보게 되었다. 장일순은 한국 생명운동을 처음으로 주창하고 한살림운동을 촉발시킨 생명사상가인데 해월의 사상을 많이 언급하고 있었다. 해월 선생의 사상을 장일순을 통해 새롭게 접하게 되었고 크게 공감하였다. 그러고 보니 장일순은 해월을 현대 한국사회 생명운동의 사상적 원조로 불러내어 부활시킨 분이다. 부임한 호저면이 해월 선생이 은거하며 포교하다가 잡혀간 곳이고, 원주가 장일순 선생이 살고 계신 곳이라는 사실은 부임하고서야 알았다. 생명운동을 중심적인 선교 과제로 삼고 실천하는 나에게 이는 우연한 일이 아니요, 참으로 뜻깊은 일이었다.

과거의 일들을 회상하는 것은 3·1운동 100주년과 동학, 그리고 기독교의 관계가 생각되기 때문이다. 오늘날 동학은 그 세가 왜소해졌고, 반면 기독교는 강성해졌지만 민족 자주적인 관점에서는 어떻게 볼 수 있을까 하는 생각이 들어서이기도 하다. 우리나라의 경우 민족적인 어려움이 닥치면 그 해결을 내생적, 자주적으로 풀지 못하고 외생적, 비자주적으로 해결해 오지 않았나 생각된다. 불교문화가 쇠락하자 유교문화를 수용·대체하였고, 유교문화가 쇠퇴하자 서양 기독교가 그 자리를 차지하고 들어왔다. 반면, 동학은 유·불·선 3교와 기독교까지 아우르는 독자적인 사상을 제시하면서 구한말 당시 도탄에 빠진 민중들의 삶에 희망과 비전을 보여주려고 하였다. 이후 천도교가 대중종교로 발전해 가지 못한 점은 원인이야 어디에 있든 안타까운 일이다.

나는 이 지점에서, 앞으로 우리 민족이 평화통일의 새로운 길을 열어가는 데 있어서 기독교권이 깊이 고민해야 할 부분이 있는데, 하나는 북한의 주체사상을 어떻게 기독교적으로 수용하고 소화할 것인가 하는 것이고, 또 하나는 민족의 전통사상 특히 동학을 어떻게 기독교적으로 이해하고 수용할 것인가 하는 점이라고 생각한다. 고난의 한국근대사 속에서 민족 문제를 해결해 보고자 몸부림친 내생적 사상운동이라는 점에서 더욱 그렇다. 특히 전 지구가 생명의 시대를 살고 있기에 동학의 생명사상은 더욱 새롭게 조명되어야 하리라고 생각된다. 여기에 하나를 덧붙인다면 생명을 농본주의의 시각에서 새롭게 조명하는 일이다.

3·1운동에 기독교가 기여한 것도 많지만, 천도교의 역할이 매우 컸다는 점을 간과해서는 안 된다. 당시 상황에서는 천도교의 교세가 기독교보다 훨씬 강했고, 재정적인 능력도 컸으며, 보다 주체적이고 계획적으로 대처했기 때문이다. 최근 기독교의 장로 몇 분이 동학(천도교)으로 옮겨가는 일이 발생하였다. 그들이 주장하는 바의 핵심은 자주적 영성, 영혼의 탈식민지화이다.

우리는 그동안 자주적이고 주체적인 신학적 작업에 소홀하였다. 자신의 세계에 갇혀서 상대방과의 대화에 소홀하였고, 그 입장에서 나를 바라보는 시각을 갖지 못했다. 유명한 신학자인 폴 니터는 "붓다 없이 나는 그리스도인일 수 없었다."고 고백하고 있다. '너'에 대한 이해를 통하여 '나'를 더 정확하고 깊이 있게 발견하는 것이 아닌가? 보다 자주적이고 주체적인 기독교신학이 되기 위해서는 농(農)의 시각으로 성경을 새롭게 보고, 동학사상과 주체사상을 아우르는 신학적 작업을 해야 하지 않을까 생각해 본다.

지금 다시 읽어 보아도 가슴이 뭉클해지는 글입니다. 〈선언문〉이 라기보다는 〈고백록〉에 가깝습니다. 젊었을 시절, 개벽학으로서의 동학보다는 개화좌파로서의 농민운동에 더 관심이 많았다는 고백, 아 니 개벽학 자체를 몰랐다는 고백이 우리 모두의 모습을 보여주는 것 같습니다. 무엇보다도 오늘날 기독교학이 나아가야 할 방향을 이보 다 더 정확하게 전망한 글이 또 있을까 싶을 정도입니다. 기독교와 천 도교의 관계를 '붓다 없이 그리스도인일 수 없었다'는 폴 니터의 고백 으로 대신하고, 남한학과 북한학을 아우르는 한국 신학의 과제를 제 시하고 있습니다. 100년 전의 동학이 서학을 품었다면 지금의 서학은 동학을 품으려 하고 있습니다. 이런 분이라면 〈개벽포럼〉에도 모셔 서 말씀을 들어 보고 싶다는 생각이 들었습니다.

7. 21세기의 삼전(三戰)

마지막으로 손병희 선생의 「삼전론」과 선생님의 「서신」에 힘입어서 이 시대에 필요한 새로운 삼전(三戰)을 나름대로 생각해 보았습니다.

첫 번째는 역시 도전(道戰)입니다. 〈만북으로 열어가는 새로운 100 년 선언문〉에서도 '새로운 시대의 철학을 확립한다'고 설파했듯이, 지 금 우리에게는 새 시대를 준비할 철학이 필요합니다. 저는 그것을, 강 성원 교무님의 언어를 빌려서, '개벽학'이라고 표현하고 있습니다.

두 번째는 인전(人戰)입니다. 개벽시대를 개척할 젊은 인재들을 길러내는 작업이 시급합니다. 개벽학당과 같은 운동이 전국 곳곳에서 일어나기를 바랍니다.

마지막은 심전(心戰)입니다. 한경호 목사님도 언급하신 영혼의 탈식민지화입니다. 중화(中華)와 개화(開化)의 포로와 노예에서 벗어나고, 공자(孔子)의 술이부작(述而不作)을 술이창작(述而創作)*의 태도로 전환하여, 「삼일독립선언서」에서 표방한 '독창력'을 발휘해야 합니다.

이 신(新) 삼전의 내공이 쌓이면 한반도에 새로운 하늘이 열리리라 확신합니다. 제가 개벽학당에 기대하는 이유도 여기에 있습니다. 앞으로도 지금과 같이 큰 걸음으로 나아가시기 바랍니다. 20190322

● 述而創作. 공자가 자신의 학문은 선성(先聖)의 말씀을 그대로 기술할 뿐 스스로 새로 지어내지 않는다는 뜻으로 쓴 술이부작(述而不作)을 벗어 버리고, 과감하게 한국의 철학과 사상을 전개해 나가야 한다는 뜻으로 조성환이 처음 쓴 말

이
병
한

개성에 개벽대학을 세우자. 고려청우당을 재건하자

개성을…21세기형 문명도시로 거듭나게 해야 합니다. 14-15세기의 베니스, 17-18세기의 암스테르담, 20세기의 뉴욕을 참조해 볼 만합니다. 응당 북과 남으로는 성에 차지 않습니다. 기왕이면 동북아연합의 국제개벽대학으로 만들어야 하겠습니다. 개성에 개벽대학을 세웁시다. 그리고 '고려청우당'도 재건합시다. 그래서 그 개벽인과 미래인들이 주역이 되어 만들어 가는 통일된 동학국가의 대망과 대업도 완수합시다.

1. 개벽학과 고려학

작년에는 개벽파를 자처했습니다. 올해부터는 개벽학자를 자임합니다. 하노라면 나는 한국학자인가, 자문해 보았습니다. 냉큼 수긍하기 어렵습니다. 개벽학이 곧 한국학이라고 등치시키는 것에는 못내 주저케 됩니다. 본디 개화좌파였습니다. 20대에 구미의 사회이론을 줄줄 외다시피 하며 다녔습니다. 꼴에 반골과 몽니 기질은 다분해서 미국보다는 유럽을 선호했습니다. 독일어와 프랑스어 회화 테이프를 귀에 꽂고 캠퍼스를 누볐습니다. 농반진반으로 '모던 보이' 시절이었다고 회고합니다. 하얗게 탈색된 머리칼을 휘날리며 유럽 배낭여행을 쏘다니던 때입니다. 퍼뜩 자각하고 자성하게 되었습니다. 아무리 서방 사상에 해밝아도 한국사회를 온전히 해명할 수가 없었던 것입니다. 커녕 구미 이론으로 한국 현실과 현재와 현장을 난도질하며 기묘한 카타르시스를 느끼는 변태적이고 병리적인 심리가 없지 않았습니다. 선생님이 격정을 토해 비판하시는 것처럼 딱 개화에 중독된 '식민화된 영혼'이었던 셈입니다. 저 자신을 치유해야 했습니다. 제가 터하고 있는 땅과 해원하고 상생해야 했습니다. 제대(심지어 군대마저 카투사를 다녀왔습니다.) 직후에 사회학에서 역사학으로 전공을 바꾸었던 까닭입니다.

애초에는 한국 근현대사를 연구하려 했습니다. 그런데 한국 근현대의 기점을 '개항'으로 잡든 '개벽'으로 삼든, 지난 150년사는 주변 국가의 역사를 모르고서는 설명이 되지 않는다는 또 다른 자각에 이르렀습니다. 영어는 물론이요 일본어, 중국어, 러시아어를 연마하지 않을 수 없었습니다. 한국사보다는 동아시아사 연구로 들어선 연유입니다. 공부를 좀 하다 보니 근현대사를 제대로 파악하기 위해서도 동아시아의 고전에 달통해야 한다는 자각에 이르렀습니다. 사서삼경부터 캉유웨이와 후쿠자와 유키치까지, 한문과 중어와 일어로 축적된 한자문명권의 유산을 한껏 흡입했습니다. 그러다 중화문명권의 또 다른 일각, 베트남을 경험하고 나서 유라시아 문명사학자로 회심하였습니다. 기왕의 동아시아 감각으로는 동남아의 최북단에 자리한 베트남조차 온전히 해명할 수가 없었기 때문입니다. 한번 눈이 트이자 도저히 '중국사학자'로 30년을 보낼 수가 없을 것 같았습니다. 3년 유라시아 견문을 감행한 까닭입니다. 1000일 여행을 마치고 돌아와서는 '개벽파'이자 '고려인'으로 살겠노라 말합니다. 개벽파는 더 보탤 것이 없겠습니다. '고려인'이라 함은 한반도와 유라시아의 연결망이 가장 활발하게 작동했던 고려 사람들의 공간적 감각을 현대적으로 계승하겠다는 뜻입니다.

기실 '한국학'이라는 말부터가 고약합니다. '남한학과 북한학'이라고도 하셨죠. '남한학과 북조선학'이라고 해야 더 적절할 것입니다. 또는 '한국학과 조선학'이라 할 수도 있겠습니다. 휴전선 이북에 자리한 저 나라는 1945년 이후 단 한번도 '한국'을 표방한 적이 없기 때문입니다. 저는 한국학과 조선학의 창조적 대화로 정립하게 될 미래학을 '고려학'이라고 불러주고 싶습니다. 현재의 K-pop은 어제의 한류(Korean Wave)가 진화한 것입니다. 글로벌 문화산업과 토착의 풍류가 결합되어 창조적인 지구문화(Global Culture)를 발신하게 된 것입니다. 개벽학(K-Studies) 또한 기왕의 한국학(Korean Studies)을 돌파해 내야 합니다. 고려학으로 진화해야만이 지구학(Global Studies)에 값하는 신예가 탄생할 수 있지 않을까 탐문해 봅니다.

그 개벽학과 고려학으로의 진화에 '중화'(中華)와 '개화'(開化)는 부채가 아니라 자산이라고 생각합니다. 중화문명에 속해 있던 무렵 중화는 세계문명의 최정점이었습니다. 일본의 식민지, 미국의 속국으로 보낸 20세기에도 일본과 미국은 개화문명의 최첨단이었습니다. 불교 천년, 유교 오백년, 기독교 일백년의 역사 또한 비옥한 토양입니다. 동서를 망라한 유구한 문명의 유산이 이 땅에 축적되어 있는 것입니다. 중화를 섬기고 개화를 떠받드는 몰주체적 태도가 문제이지, 제국에 젖줄을 대고 맹렬하게 빨아들인 중화문명과 개화문명은 더없이 소중한 영양소라 하겠습니다. 과문한 탓인지 그토록 두터운 문명적 유산이 켜켜이 쌓여 있는 장소가 그리 흔치 않습니다. 독창이란 외골수에서 나오는 것이 아닙니다. 무릇 중도(中道)와 정도(正道)라 함은 사방

팔방 사통팔달 활짝 열린 길입니다. 중화와 개화를 포용하고 회통하는 문명횡단적 실험 속에서 비로소 개벽학은 만개할 것이기 때문입니다. 중화도 개화도 사절하는 북조선식 주체사상의 착종을 복제해서는 아니 될 것입니다. 유학도 버리고 서학도 방기한 주체사상은 옹졸맞고 앙상했습니다. 개벽학은 필히 개방적이고 반드시 개혁적이며 기필코 계승적이어야 합니다.

동아시아론이 허구라는 비판도 통렬한 맛은 있으나 전적으로 동의하기는 힘든 주장입니다. 과연 1860년 이후 한·중·일은 각자의 길을 걸었던가요? 1860년 이후가 되어서야 비로소 한·중·일은 전면적인 교류가 시작된 것이 아닌지요? 그 이전에는 소수 지식인들만 상호 방문하고 교류하며 한자로 작동되는 '문예공화국'의 혜택을 누렸을 뿐입니다. 기층 민중들까지도 시장에서 일상에서 교류하게 된 것은 동아시아 내부의 상호 개항 이후라고 보아야 합니다. 즉 한반도에 살던 사람들의 공간적 경험이 동아시아로 일대 비약한 것 또한 19세기 말부터입니다. 아니 '동아'(東亞)라는 개념 자체가 창출된 것이 그 무렵이라 하겠습니다. 물질적 실체가 분명히 작동했던 것입니다. 조선인들도 반도를 벗어나기 시작했습니다. 일본열도로, 만주와 연해주로, 또 중원으로, 동아시아 감각이 폭발적으로 확장되었습니다.

1919년 '한성'에서만 독립선언서가 발표된 것이 아님을 잘 알고 계실 것입니다. 열도에서도 북방에서도 중원에서도 다양한 독립선언서가 작성되었습니다. 그 역사성을 동아시아가 아니라면 무엇이라고 포착할 수 있겠는지요? 도쿄에서 최신 사상을 공부하고 상하이에서 독립 운동에 투신한 경우가 부지기수입니다. 블라디보스토크에서 작품을 쓰고 베이징에서 혁명을 논한 경우 또한 숱합니다. 20세기 전반기를 수놓은 주요 정치인과 지식인과 예술인들의 거개가 '동아시아인'이었습니다. 우파인 백범 김구도, 좌파인 몽양 여운형[●]도 마찬가지입니다. 하물며 물질개벽과 물자교류를 선도하는 상공인은 두말할 것도 없을 것입니다. 제3세계? 인도와 아프리카? 너무 나아간 것이라고 생각합니다. 힌디어와 아랍어로 작동하는 인도양 세계와 한국의 역사적 경험이 쉬이 접속될까요? 아프리카는 어마무진장 큰 대륙입니다. 사하라 이북과 이남은 딴 세계입니다. '영성적 근대'로 뭉칠 수 있는 범위와 사례가 실은 그리 많지 않습니다. 침소봉대(針小棒大)[●]하면 곡학아세(曲學阿世)[●]로 빠지게 됩니다. 20세기 후반의 한 시절을 풍미했던 제3세계주의에도 '자생적 오리엔탈리즘'의 혐의가 없지 않습니다. 그래서 오래 지속하지 못하고 시나브로 수그러든 것입니다.

무릇 지나친 것은 모자란 것만 못한 법입니다. 모든 인류애의 출발은 이웃애라고 생각합니다. 원수 같은 네 이웃부터 사랑하는 것이 지상천국 건설의 첫걸음입니다. 동아시아를 괄호에 넣고 제3세계로 비약하는 것이 과연 얼마나 생산적일지 저는 몹시 회의적입니다. 현실감을 결여한 관념론이기 십상입니다. 그보다는 한·중·일의 20세기를 대동소이(大同小異)로 접근하는 편이 더 생산적입니다. 개화파가 주류가 되어 『백년의 급진』을 질주했다는 점에서 오십보백보입니다. 좌

● 呂運亨, 夢陽, 1886~
1947

● 작은 일을 크게 불리어
떠벌린다는 뜻
● 바른 길에서 벗어난 학
문으로 세상 사람에게 아
첨한다는 뜻

와 우, 진보와 보수의 틀로 보면 중국과 일본, 북조선과 남한의 사이에는 아득한 만리장성이 쌓인 것 같지만, 고금(古今) 분단과 성속(聖俗) 분화라는 개벽파의 눈으로 보자면 어금버금했습니다. 동아시아를 버리고 제3세계로 비약할 것이 아니라, 동아시아를 딛고 동유라시아로 전 지구로, 온 우주로 도약해야 합니다. 천 리 길도 한 걸음부터, 이소성대(以小成大)의 자세를 견지합시다.

물론 기성의 동아시아론에도 한계가 없지 않습니다. 아니, 적지 않습니다. 다만 허구이고 허상이어서가 아니라 편향되고 편중되어서 문제라고 생각합니다. 한쪽은 유학 중심의 전통에 치우쳤습니다. 《전통과 현대》, 《상상》이 대표적이죠. 전자는 유교와 자본주의를 접속시키려 들었고, 후자는 도교와 문화산업을 접맥시키려 했습니다. 은근슬쩍 개화우파에 합세하는 경우도 없지 않았습니다. 다른 한쪽은 개화좌파에 기울었습니다. 동아시아의 '진보적 지성'만의 결집을 꾀한 것입니다. 《창작과비평》, 《황해문화》 등이 선도했습니다. 돌아보면 '중화와 개화의 분단체제'가 여전했던 것입니다. 좌와 우, 보수와 진보의 분단체제도 역력했습니다. 그래서는 신문명의 신천지, 개벽천하가 도래하기 힘들 것입니다. 서학과 유학과 동학의 합작을 이끌어야 개벽학이 살아납니다. 유라시아(구대륙)와 아메리카(신대륙)를 잇는 허브로 자리매김해야 한반도를 지구촌의 접(接=hub)으로 접근할 수 있습니다. 한국학(Korean Studies)보다는 고려학(K-studies)을 제안합니다. 마침 올해 8월, 체코 프라하에서 열리는 국제고려학회에 참여합니다. 김일성종합대 교수를 비롯한 북조선의 주요 학자들도 참가한다고 합니다. '지구적 고려학'(Global K-studies)의 산실이 될 수 있을지 눈여겨보려 합니다.

2. 물질개벽의 최전선

한국 인문학계의 활로는 '인문학'의 틀을 깨야 비로소 열릴 것이라고 전망합니다. '인문'(人文)의 근간이 근본적으로 재편되고 있기 때문입니다. 그래서 일본의 지성지 《현대사상》의 올해 첫 특집도 '포스트-인문학'이었을 것입니다. 더 이상 사람(人)만이 주체가 아닙니다. 식물도 동물도 사물도, 다시 말해 만물이 주체의 지위로 등극하고 있습니다. 그들이 인간과 더불어 국가를 구성하고 역사를 추동합니다. 포스트휴먼, 트랜스휴먼, 네오휴먼 등 백가쟁명이 한창입니다. 이른바 ANT, '행위자 네트워크 이론'(Actor Network Theory)은 현재 가장 세련된 사회이론인바, 인문학의 틀을 넘어섰기에 브루노 라투르*의 독창과 독보가 가능했던 것입니다. 글(文)의 처소 또한 급변하고 있습니다. 종이 위의 텍스트만으로는 턱없이 부족합니다. 글은 이미 텍스트에서 데이터로 진화하고 있습니다. 아무리 텍스트를 꼼꼼히 읽어도 빅데이터가 제공하는 실상과 통찰을 넘어서기 힘든 경우가 다반수입니다. 즉 기왕의 인문에 안주해서는 인문학의 출로가 생길 리 만무합니다. 다시금 천지인의 옛 지혜를 빌려야 하겠습니다. 천문(天文)과 지문(地文)과 인문(人文)의 삼문(三文)을 회통해야 하겠습니다. 천문은 하늘

● Bruno Latour, 1947~

의 무늬를 천착하는 학문입니다. 지구와 우주를 연구하는 과학입니다. 지문은 땅의 무늬, 세계지리와 세계역사를 탐구하는 문명학입니다. 하늘 천(天) 따 지(地), 집 우(宇) 집 주(宙), 천지와 우주부터 학습해야 지구 진화의 말단에 등장한 호모 사피엔스에 대한 학문, 인문학도 살아날 것입니다.

선생님을 비롯한 일군의 학자들이 꾸린 하늘학회 준비모임에 저도 종종 참석하지요. 천주교도도 있고 천도교도도 계십니다. 기독교 목사님이 원불교 경전도 공부하십니다. 서도와 동도를 가리지 않고 통섭하는 현장이 미덥습니다. 동학과 서학을 가르지 않고 융합하는 현실이 듬직합니다. 동/서를 나누지 않고 대도(大道)를 탐구하는 대학(大學)의 전범이라고 하겠습니다. 그러함에도 아쉬움은 짙게 남습니다. 여전히 인문학자들만 모여 있는 것으로 보이기 때문입니다. 개벽학은 반드시 인문학 외통수를 경계해야 합니다. 동학을 품은 서학만으로는 충분치 못합니다. 과학을 품은 도학이 요청됩니다. 도학을 담은 과학도 필수입니다. 필히 과학 공부가 수반되어야 하는 것입니다. 눈앞으로 다가온 미래의 추동력은 압도적으로 과학혁명으로부터 비롯하고 있기 때문입니다. 선생님이 학부 시절 수학을 공부한 점 또한 현재의 철학 연구에 알음알음 생산적인 영향을 미치고 있을 것이라 짐작합니다. 수학과 철학, 서학과 동학의 회통이 개벽학의 저변에 흐르고 있을 것입니다.

제가 개벽학당 세미나에서 한국 개벽사상의 주요 텍스트를 읽기 전에 인류세를 비롯한 최신의 과학담론부터 먼저 토론하는 까닭이기도 합니다. 개벽학당 강의에도 과학자를 자주 모시려고 합니다. 〈물질개벽의 최전선〉이라는 강의도 궁리 중입니다. 인공지능과 생명공학, 사물인터넷과 블록체인,* 진화심리학과 후성유전학 등. 지지부진한 인문학에 견주어 과학의 질주는 눈이 부십니다. 맹목하지도 외면하지도 말아야 하겠습니다. 직시하고 직립해야 합니다. 어떤 분이 좋을까, 요즘 삼청동의 과학책방 〈갈다〉에도 발걸음을 자주합니다. 과학 잡지《SKEPTIC》은 정기구독을 시작했습니다. 널리 배우고 제때 익혀야 물질개벽과 정신개벽을 아우르는 독창적인 개벽학도 일구어 낼 수 있을 것입니다. 이성과 영성이 별개라고 생각하지 않습니다. 지극한 이성과 극진한 영성은 궁극에서 아름답게 만날 것입니다. 작년 성공회대 총장으로 취임하신 김기석 선생님의 『신학자의 과학 산책』 또한 흥미롭게 읽고 있습니다. 이분이야말로 '개벽학자'라고 하겠습니다. 성공회대와 원광대학 사이의 공동학술연구를 제안합니다. 개화대학과 개벽대학 간의 대합창과 대합장을 권장합니다.

아울러 머리 공부로만 그쳐서도 아니 되겠지요. 21세기의 벽청은 20세기의 문청과 다르기를 바랍니다. 이성과 지성만 비대하게 성장하는 심신(心身) 불균형의 문학청년은 사절입니다. '입진보'*의 비아냥 또한 과학 공부가 부족하고 몸 공부가 미진해서 나오는 것입니다. 이념 논쟁보다는 가설과 실험과 입증으로 실질적이고 실리적이며 실무적일 필요가 있습니다. 입놀림보다는 손발을 놀리고 몸을 써야 합니

● block chain. 중앙집중 기관 없이 시스템 참가자들이 공동으로 거래정보를 기록·검증·보관함으로써 거래정보의 신뢰성을 확보하도록 설계된 분산 장부 기술이다. 4차 산업혁명의 핵심기술로 가상 통화 운용을 여러 분야에서 응용될 무한한 잠재력을 지니고 있다.

● 말로만 진보를 말하고 실천하지않는 사람

다. 체감하고 체득하여 육화된 언어, 육성으로 발화해야 합니다. 개벽 학당에서 수련과 수양과 수행을 강조하는 연유입니다. 그래야 몸도 튼튼, 마음도 튼튼, 건강한 인재가 양성됩니다. 건강은 부강을 능가하는 최상의 가치라고 생각합니다. 건강이야말로 삶의 기술(테크네)이자 살림의 예술(아트)입니다. 벽청들이 건강해서 저는 참 뿌듯합니다. 부암동의 그 아름다운 산세와 근사한 한옥도 모자라 텃밭 가꾸기까지 자청하는 모습이 더없이 예쁩니다. 신토불이(身土不二), 사람의 피부[身]와 지구의 피부[土]를 접촉하면 할수록 천인합일의 애틋한 사랑이 피어오르고, 천인합작의 우주적 영성도 깨어날 것입니다. 개화우파 국민과 개화좌파 시민을 넘어서 하늘을 쏙 빼다 닮은 개벽파 하늘사람을 지극하게 모시고 극진하게 섬깁시다.

3. 해방공간의 재재인식

곧 꽃피는 4월로 진입합니다. 우리의 서신도 '포스트 3.1'로 이행하면 좋겠습니다. 동학혁명(1894)에 이어 삼일혁명(1919)도 끝내 좌초합니다. 한성을 지운 경성은 식민지 근대성으로 휘황한 개화도시의 아성으로 변모합니다. 모던걸이 득실거리고 모던보이가 우글거리는 소굴이 되었습니다. 기어코 삼세판의 기회가 열린 것이 1945년입니다. 도둑처럼 해방이 왔습니다. 광복(光復), 빛을 되찾아야 했습니다. 서둘러 조직을 재건한 것이 청우당(1946)입니다. 천도교의 이상세계를 세

속에서 구현하는 전위정당이라고 하겠습니다. 이제야 비로소 동학이 표방한 개벽국가 건설의 적기가 열리는 듯 보였습니다. 과연 청우당은 해방공간 남(접)과 북(접)을 잇고 엮는 범한반도적 연합정당으로서 매우 인상적인 행보를 보였습니다. 20세기 후반에 제출된 『해방전후사의 인식』*은 개화좌파에 기울었습니다. 21세기 초엽에 등장한 『해방전후사의 재인식』*은 뉴라이트, 개화우파에 치우쳤습니다. '해방공간의 재재인식'을 위해서라도 남/북과 좌/우와는 별개의 접근이 긴요합니다. 정치와 종교를 아우르고자 했던 성속합작의 청우당 연구가 유력한 실마리를 제공해 줄 수 있습니다. 북과 남에 모두 걸쳐 있으면서도 남한과 북조선 어느 쪽으로도 흡수되지 않는 독자적인 국가 건설 구상을 제출했기 때문입니다.

● 송건호 외, 한길사,
1979(초판)
● 박지향 외, 책세상,
2006

특히 북접 2.0, 북조선청우당이 이채롭습니다. 1946년 2월 8일에 창당합니다. 자부심이 남달랐습니다. 항일운동의 원조이자 적통을 자처했습니다. 1946년 창당의 뿌리 또한 1860년 동학 창건에 두고 있습니다. 유학국가에서 동학국가로, 자그마치 86년간 축적된 경험에 바탕하여 새 나라 만들기에 뛰어들었던 것입니다. 해방공간에서 우후죽순 등장한 신생정당들과는 족보가 달랐습니다. 과연 삽시간에 30만에 육박하는 당원을 확보합니다. 소련을 등에 업은 북조선노동당에 못지않았습니다. 당당하고 떳떳하게 사회주의에도 어깃장을 놓았습니다. 유물적 경제만으로는 이상세계를 건설할 수 없다고 주장했습니다. 필히 정신개벽이 수반되어야 하노라 역설했습니다. 고로 북조선에서 노동당과 청우당은 협력하면서도 경쟁하는 미묘한 관계였습니다. 미국식 자본독재를 비난함은 물론이요 소련식 무산독재도 비판했기 때문입니다. '조선적 신민주주의' 국가를 선창했습니다. 서구형 민주나 동구형 민주가 아닌 동방형 민주, 개벽민주의 깃발을 휘날린 것입니다. 아슬아슬한 살얼음판의 곡예가 시작되었다고 하겠습니다.

김일성이 아무리 항일무장투쟁에 열성이었다 한들 동학의 후예를 자임하는 청우당에 비하면 역사와 연륜이 모자랐습니다. 게다가 '왜놈'을 대신한 또 다른 외세 '로씨야*'의 뒷배도 석연치 않은 구석이었습니다. 친일파 개화우파를 이어 친소파 개화좌파로 이행한 것에 불과한 것이기 때문입니다. 하여 청우당이 주창한 '조선적 신민주주의'는 좌우합작에 그치지도 않았습니다. 개화의 지존인 미국과 북방의 신중화로 등극한 소련이 융합하는 창조적 공간으로 한반도를 환골탈태시키는 지정학적, 지리문명적 구상력을 내장했던 것입니다. 북접 2.0(북조선 청우당)과 남접 2.0(한국 청우당)을 아울러서 한반도를 아메리카와 유라시아의 허브로 전변시키고자 했습니다.

그리하여 기획한 것이 '삼일재현운동'이었습니다. 미소공동위원회가 틀어지고 남북 분단이 굳어져 가던 1948년의 삼일절에 1919년의 삼일혁명을 재연시키고자 했습니다. 북과 남의 청우당이 합작하고 남과 북의 민중들이 연합하여 다시 삼일운동, 또 다시 개벽운동을 일으킬 것을 도모했던 것입니다. 그러나 이미 전선이 복잡하고 다기했습니다. 1919년처럼 다종교연합으로 대연정을 연출할 수 있을 만큼의

● Russia, 북한 문화어로 러시아를 일컫는 말 Росс ия, Rossiya

● 金日成 1912~1994
● Vladimir Ilyich Lenin,
1870~1924
● Iosif Vissarionovich
Stalin, 1879~1953
● 용의 턱 밑에 거꾸로
난 비늘. 이것을 건드리면
용이 크게 노하여 사람을
죽인다고 함. 용=임금

통일전선이 갖추어지지 못했습니다. 도리어 소련에 아부하고 미국에
굴종하는 내부의 기생 세력들이 세를 키워 갔습니다. 1948년 꾀했던
'다시 삼일운동'의 실패는 청우당의 쇠락에도 결정적인 사태였습니
다. 노동당의 수장 김일성*이 직접 청우당의 '우파' 숙청과 축출에 개
입하기 시작합니다. 레닌*보다 수운 최제우를 높이 치는 청우당은 눈
엣가시였습니다. 모스크바와 스탈린*의 역린*을 건드릴 수도 있었기
때문입니다. 이로써 청우당은 북조선 내 통일전선의 파트너[友黨]에서
노동당의 어용, 관제야당으로 강등됩니다. '조선적 신민주주의'가 만
개하지 못함으로써 소련의 아류, 일당독재국가로 귀착된 것입니다.

분단체제는 거울상으로 작동합니다. 남쪽의 청우당 또한 쪼그라들
었습니다. 무엇보다 조직의 성격 자체가 변질됩니다. 수양과 경세를

● 敎政雙全. 동학-천도교
의 교단경영-사회운동원
리. 종교와 정치를 병행함.
종교적 수양과 정치적 사
회변혁운동을 겸전함. 신
앙교화와 제도개혁을 통
한 교육을 아울러 시행함.

겸장했던 교정쌍전*은 온간 데 없이 사라집니다. 남북분단, 좌우분열
의 난세 속에서 종교적 수행 운동으로 퇴각해 버린 것입니다. 대승을
버리고 소승에 귀의했습니다. 동학과 천도교의 특장을 스스로 기각
해 버리고 만 것입니다. 청우당이 정치 일선에서 자취를 감춤으로써
천도교의 정치운동은 사실상 마침표를 찍게 됩니다. 미국을 등에 업
은 개화우파의 적자 이승만이 대통령이 되면서 개벽파는 역사의 최전
선에서 퇴각해 버립니다. 1960년, 동학 창도 100년을 맞춤한 4월 혁명
4.19에서도 천도교의 공헌은 미미했습니다. 도리어 『군자들의 행진』
에서 추적하는 것처럼 유림들의 활약이 적지 않았습니다.

실질적인 최후의 일격은 역시 한국전쟁입니다. 해방이 개벽파의

기사회생이 아니라 치명타를 당하고 치명상을 입은 것도 한국전쟁 탓입니다. 북에서는 개화좌파가 득세하고 남에서는 개화우파가 득의양양하게 됩니다. 고로 분단체제의 심각 또한 단순히 남북분단과 좌우분열에 그치지 않습니다. 동학으로 싹틔운 자생적이고 자각적인 근대에 결정적인 사망선고를 내린 격입니다. 이후 남북을 막론하고 좌우를 망라하여 세속화 일방으로 일주했습니다. 자유주의와 사회주의, 각기 서구형과 동구형의 '조국 근대화'로 내달렸습니다. 그 조국은 1894년과 1919년에 염원했던 '나의 소원', 동학국가와 개벽국가와는 너무나도 다른 모습이었습니다. 내발적 이상향과 실제로 구현된 (분단)국가의 실상 간에 아득한 간극이 벌어진 것입니다. 그것이 분단체제의 알파요 오메가입니다. 그러하다면 2019년 〈개벽파선언〉 연재가 시작되었다 함은, 비로소 분단체제가 최종적 해체 국면에 이르렀음을 알리는 상징적 징후인지도 모르겠습니다.

요즘 쓰라린 마음으로 청우당의 '가지 못한 길'을 쓸어 담고 있습니다. 죽은 자식 불알 만지는 심정으로 그 실패와 좌절의 처절한 상처들을 어루만지고 있습니다. 너무 혁신적이었습니다. 시대를 여러 발 앞서갔습니다. 20세기에서 21세기를 먼저 살았습니다. 때가 맞지 않았습니다. 이제야 때가 무르익고 있는 것이 아닌가 싶습니다. 소련은 진즉에 제풀에 무너졌습니다. 미국도 돌이킬 수 없는 하강세에 접어들었습니다. 무엇보다 세속주의 일방의 근대화가 한계점에 다다랐습니다. 탈세속화와 재영성화의 메가트렌드가 유라시아 도처에서 도저하게 펼쳐지고 있습니다. '정치적 영성'으로 성성했던, '성속합작'의 원조였던 청우당을 꼼꼼하게 복기하려는 까닭입니다.

북조선청우당은 1946년 8월 1일부터 《개벽신보》(開闢新報)라는 당기관지를 주간으로 발행했다고 합니다. 1948년 4월 1일부터는 일간지로 발행했다고도 합니다. 1919년 삼일혁명이 《개벽》(1920)을 낳았고, 1945년 해방이 《개벽신보》(1946)로 이어졌습니다. 우리가 내년 창간을 준비하고 있는 《개벽+》는 촛불혁명의 결실이라 할 것입니다. 참조해 보지 않을 수 없겠습니다. 천도교중앙도서관과 독립운동기념관, 국사편찬위원회 등에 자문을 구해도 자료를 갖고 있지 않다고 합니다. 감질이 납니다. 당장 읽고 싶어 안달이 납니다. 해방공간의 '가지 못한 길', '개벽하러 가는 길'을 복원해 내고 싶습니다. 올 여름방학은 모스크바에서 지내기로 결정했습니다. 소련군이 수합했던 북조선 문서고를 샅샅이 뒤져 보아야 하겠습니다. 21세기에는 가 볼 만한 길일 것입니다. 아니, 가야 할 길일 텝니다. 개벽로(開闢路)야말로 지난 백년과는 다른 새로운 백년의 신작로일 것입니다.

《개벽신보》를 함께 읽고 논하는 세미나도 해보고 싶습니다. 당장은 개벽학당이 가장 어울리는 장소입니다. 그러나 여전히 충분치 못합니다. 한국의 벽청만으로는 미진합니다. 북조선에서도 벽청을 키워 가야 하겠습니다. 남과 북의 벽청들이 어울려 《개벽신보》를 함께 읽어 가는 근미래를 내다봅니다. 장소 또한 평양이나 서울은 적절치 않습니다. 개성이 최적입니다. 개성은 본디 개경(開京), 열린 도시, 오

픈시티(open city)였습니다. 개경으로 이어지는 예성강의 끝자락 벽란
도는 유라시아의 만인과 만물이 오고가는 허브[軸]였습니다. 또한 개
경은 최초의 대학, 국자감이 자리했던 곳이기도 합니다. 이곳에 21세
기의 문명대학, 개벽대학을 세움직합니다. 개성공단은 재개되어야 할
것입니다. 그러나 더 확대되는 것만이 능사는 아니라고 하겠습니다.
대학을 세우면 청년과 지식인과 예술인들이 모여듭니다. 개성을 20
세기형 산업단지, 공업도시로 만들어서야 쓰겠습니까. 21세기형 문명
도시로 거듭나게 해야 합니다. 14-15세기의 베니스, 17-18세기의 암
스테르담, 20세기의 뉴욕을 참조해 볼 만합니다. 응당 북과 남으로는
성에 차지 않습니다. 기왕이면 동북아연합의 국제개벽대학으로 만들
어야 하겠습니다. 개성에 개벽대학을 세웁시다. 그리고 '고려청우당'
도 재건합시다. 그래서 그 개벽인과 미래인들이 주역이 되어 만들어
가는 통일된 동학국가의 대망과 대업도 완수합시다.

 '해방공간의 재재인식'의 물꼬를 청우당으로 틔웠습니다. 그러나
20세기 중반의 개벽파가 어디 천도교뿐이었겠습니까. 그 푸르른 벗[靑
友]들 가운데는 원불교도 있고 개신유교도 있으며 토착화된 개신교와
천주교 및 혁신불교도 없지 않았다고 생각합니다. 그들의 소망과 소
원들을 하나 둘 밝혀주고 새 숨을 불어넣어 주어야 하겠습니다. 죽은
불씨를 되살려야 하겠습니다. 선생님이 해 주실 만한 이야기보따리가
적지 않으리라 기대됩니다. 맞장구와 추임새를 기대합니다. 만시지
탄과 지청구도 없지 않을 테지만요. 20190329

조
성
환

———

중도와 개벽

동학/천도 교·증산교·대종교·원불교 등등이 비록 종교의 형태는 달랐지만 모두 '개벽'이라는 공통가치를 100년 넘게 계승하고 상생해 왔습니다. 우리가 개벽학을 정립하고자 하는 목적도 여기에 있을 것입니다. 해방 이후에 잃어버린 공통가치를 회복하려는 노력입니다. 해방정국이 '좌'나 '우'라는 편도(偏道)를 고집했다면, 그리고 해방 이후가 '개화'라는 편도(偏道)로 치달았다면, 지금부터는 이들을 아우를 수 있는 중도(中道)를 '개벽학'이라는 이름으로 찾아보려는 것이지요.

1. 어느 '고려학'인가?

남한학과 북한학이 아니라 한국학과 조선학이라고 해야 한다는 지적에 십분 공감했습니다. 다만 제가 한국학이라고 한 것은 개벽학의 발신지가 북조선도 아니고 중국도 아닌 '한국'이라는 의미이지, 결코 그 대상이 남한에 한정된다는 의미는 아니었습니다. 당연히 그 범위는 지구학이자 미래학이 되어야겠지요. 그래서 개벽학이 한국학의 영역에 속한다는 말은, 량수밍●의 동서문화론을 연구하는 일은 중국학에 속한다고 말하는 것과 비슷합니다.

한국학과 조선학을 고려학이라고 부르자는 제안도 여전히 숙제는 남는다고 생각합니다. 신라학, 고려학, 조선학이라고 할 때의 고려학과 구분이 안 가니까요. 확실히 외국인들이 우리를 '고려인'(Korean)이라고 부르는 것은 맞지만, 외국인들이 중국을 China라고 부른다고 해서 중국인들이 '중국'을 버리고 '진(秦)'이라고 명칭을 바꾸지는 않을 것입니다. 그래서 제 생각에는 고려도 아니고 조선도 아니고 한국도 아닌 전적으로 새로운 이름을 고민해야 한다고 봅니다. 그것도 가능

● 梁漱溟. 1893~1988. 중국의 철학자 · 사회 운동가. 1924년에 산동성(山東省)에서 중국 문화를 옹호하고 부흥하기 위하여 향촌 건설 운동을 시작한 이후 줄곧 이 운동에 전념하였다. 저서로는 『동서 문화와 그 철학』이 있다.

하면 남북학자들이 합의해서요.

작년에 교토대학의 오구라 기조 교수님이 『조선사상전사(朝鮮思想全史)』를 출간하셨습니다. 고조선 시대부터 시작해서 김대중*과 김정일*에 이르는 한반도의 문학·역사·철학·종교의 흐름을 개관한 역작인데, 이상하게도 책 제목을 '한국사상전사'라고 하지 않고 '조선사상전사'라고 했습니다. 우리로서는 선뜻 납득하기 어려운 선택인데, 아마도 일본인들이 한반도를 '조선반도'라고 부르기 때문에 '조선사상전사'라는 이름을 취한 게 아닌가 싶습니다. 그래서 '한반도사상전사'라는 뜻으로 '조선사상전사'라고 한 것이지요. 그러나 이 경우에도 신라사상사, 고려사상사, 조선사상사라고 할 때의 조선사상사와 구분이 안 된다는 단점이 있습니다. 이 역시 남북을 통칭하는 공식적인 학술용어가 아직 없기 때문에 빚어지는 현상이라고 생각합니다.

전통시대에 한국인들이 한반도를 지칭했던 개념은 최치원 이래로 '동방(東方)'이었습니다. 이 점을 감안하면, '조선사상사'나 '한국사상사'를 '동방사상사'라고도 할 수 있겠지만, 이 역시 문제는 있을 것입니다. 지금은 '동방'이라는 말을 중국이나 일본에서도 사용하고, 그 의미도 한반도를 가리키기보다는 '동아시아'를 지칭하는 말로 사용하고 있으니까요. 그리고 '동방'이라는 말에는 중국에 대한 '동'이라는 이미지가 강한 것도 단점이 될 수 있습니다. 물론 최치원 자신은 '동'을 중국에 대한 '동'이 아니라 '해가 뜨는 곳'이라는 의미로 사용했습니다만-.

이렇듯 개념은 언제나 한계가 있다고 생각합니다. 다만 그 개념이

● 金大中, 1924~2009

● 金正日, 1942~2011

발화될 때의 문맥과 상황을 반영할 뿐입니다. 노자*가 '도가도비상도, 명가명비상명'(道可道非常道 名可名非常名)*이라고 한 것도 이러한 의미에서가 아닐까 싶습니다.

● 老耼. ?~?. 고대 중국의 철학자로 『도덕경』의 저자로 전해진다.
● 노자의 『도덕경』 제1장에 나오는 내용. 무엇을 이름으로 부를 수는 있겠지만 완전한 이름일 수 없다는 뜻

2. 개벽은 깨어 있는 자세

제가 지난 20세기 한국 인문학이 중화와 개화의 포로와 노예가 되었다고 한 것은 중국과 서양을 배척하자는 뜻은 결코 아니었습니다. 다만 맹목적이고 무비판적으로 추종하는 태도를 경계하자는 뜻이었습니다. 저는 지금도 중국과 서양을 공부하고 있습니다. 그리고 한문과 수학은 한국에서 인문학을 하는 사람이라면 누구나 기초 정도는 숙달해야 된다고 생각하고 있습니다. 그런 점에서 선생님이 말씀하시는 도학과 과학을 병행해야 한다는 지적에는 100% 공감합니다.

제가 생각하는 '개벽'의 가장 중요한 의미는 깨어 있는 태도입니다. 그래서 만약 누군가가 개벽에 사로잡혀서 동학이나 개벽사상만이 제일이라고 하는 맹목적인 태도를 보인다면, 이것이야말로 반(反) 개벽적인 태도라고 해야 할 것입니다.

지난주에 모시는사람들의 박길수 대표님이 어느 학술대회에서 「손병희의 개벽사상」으로 발표를 하셨는데, 제일 인상에 남는 대목이 하나 있었습니다. 그것은 삼일운동을 준비하는 과정에서 손병희 선생이 당시의 천도교 지도자들에게 한 말입니다.

우리가 만세를 부른다고 해서 당장 독립이 되는 건 아니오. 그러나 겨레의 가슴에 독립정신을 일깨워 주어야 하기 때문에 이번 기회에 꼭 만세를 불러야 하겠소.

저는 바로 이런 것이야말로 '정신개벽'이라고 생각합니다. 그리고 이런 운동이 한국과 비슷하게 식민지 지배를 당한 아프리카에서도 '흑인의식운동'이라는 형태로 전개되었습니다. 이런 점에서 한국 근대가 인도나 아프리카의 근대와 유사성이 있다는 뜻이지, 결코 지금의 한국이 제3세계와 비슷하다거나, 오늘날 동아시아담론이 무용하다는 의미는 아니었습니다. 저는 중국과 일본의 개벽파를 찾아내고 발굴하는 데에도 관심이 많습니다.

그리고 '영성적 근대론'은 그것이 한국 근대라는 사례를 설명할 수 있다고 생각되기 때문에 관심을 갖고 있을 뿐입니다. 전 세계 대부분의 근대론을 포괄할 수 있다고는 물론 생각하지 않습니다. 뒤집어 말하면 저는 한국 근대나 한국 사례를 설명할 수 없는 이론이나 학설에는 이제 관심이 적어졌습니다. 그것은 제 주된 연구 분야가 한국근대사상사이기 때문에 오는 한계일 것입니다.

3. 개벽으로 다시 보는 해방공간

'해방공간의 재재인식'이라는 흥미로운 발상을 제안하셨습니다. 사실제 요즘 관심 분야도 '개벽으로 다시 보는 한국 근대'입니다. 덕분에 그동안 제가 모르고 있었던 현대사의 중요한 사실들도 많이 알게 되었습니다. 특히 1948년에 천도교에서 삼일운동을 재현하여 통일정부를 수립하려 했다는 사실은 저뿐만 아니라 대부분의 한국인들이 모르는 사건이라고 생각합니다.

해방정국(1945~1948)에서 개벽의 입장을 대변한 건국철학이 『천도교의 정치이념』(1947)*과 원불교의 「건국론」(1945)인데 둘 다 흥미롭게 읽은 기억이 있습니다. 지적하신 대로 남과 북, 성과 속을 모두 아우르고 있어서 개인적으로 공감을 많이 했습니다. 특히『천도교의 정치이념』에 수록된 임형진 교수님의 해제 「천도교청우당, 새로운 세계를 기획하다」와『문명의 대전환과 후천개벽』*에 실려 있는 백낙청 교수님의 논문 「통일사상으로서의 송정산의 건국론」이 두 문헌을 이해하는 데 많은 도움이 되었습니다.

● 모시는사람들, 2015

● 백낙청, 모시는사람들, 2016

『천도교의 정치이념』에서 특히 인상적이었던 점은 1923년에 창당된 천도교청년당(청우당)의 세 가지 기본이념이었습니다. 그것은 정신개벽 · 민족개벽 · 사회개벽인데, 이돈화가『신인철학』에서 주창한 삼대개벽과 용어가 같습니다. 그런데『천도교의 정치이념』에서는 "실제로 청우당의 활동 목적은 민족개벽과 사회개벽의 두 가지에 중점을 두었던 것이 사실이다."(48쪽)라고 하고 있습니다. 즉 정신개벽은 상대적으로 소홀히 한 것입니다. 그리고 다음 문장이 이어집니다.

민족개벽이라 함은 여러 가지 의의가 있지만, 일본 제국주의의 굴레에서 우리 민족이 해방을 얻자는 것이 제일의 적이었고, 사회개벽이라 함은 자본사회의 제도를 개혁하여 무산계급을 해방하자는 것이다. 이상을 종합해 보면 청우당의 현실적인 정치이념은 민족해방과 계급해방이었던 것을 분명히 알 수 있다. 원래 보국안민(輔國安民)은 천도교의 신조요 염원인 만큼 천도교의 그것은 곧 당의 이념이 된다. 그런데 해석상 보국(輔國)은 민족해방이 되고, 안민(安民)은 계급해방이 되는 점에서 다시 의심할 여지가 없다.(48쪽)

저는 이 대목에서 80년대 학생운동과 비슷한 이념을 떠올리게 됩니다. 즉 민족개벽=민족해방은 이른바 NL 계열의 주장과 유사하고(대상은 일본에서 미국으로 바뀌었습니다만), 사회개벽=계급해방은 이른바 PD 계열*의 주장과 유사합니다. 그런 점에서 천도교가 고민한 보국과 안민의 문제는 한반도의 영원한 과제가 아닌가 생각합니다. 다만 청우당은 보국(민족)이나 안민(계급) 중에서 어느 한쪽에 기울어지지 않고 양자를 모두 병진하려 했다는 점이 특징적인데, 이것은 원래 동학에서 '보국안민'*이라는 슬로건을 표방했기 때문일 것입니다. 『천도교의 정치이념』에 나오는 도식대로라면, 1차 동학농민혁명이 '안민'(계급) 문제로 일어났다면, 2차 동학농민혁명은 '보국'(민족) 문제로 일어났다고 볼 수 있으니까요.

● NL(National Liber-ty), PD(People's De-mocracy) 80년대 전후 민주화 운동을 전개하던 세력 내부의 분파. NL은 민족해방(외세-미국-로부터의 자주)이 최우선 투쟁 과제라고 주장하였고, PD는 계급해방이 최우선 과제라고 주장하였다.

● 輔國安民 수운 최제우 선생이 동학을 창도할 당시 가장 중점에 두었던 동학의 사회적 책무. 최제우는 보국안민의 계책을 마련하기 위하여 고심하던 중에 한울님을 만나서 동학을 창도하게 되었다고 고백했다.

4. 천도교의 이중과제론

『천도교의 정치이념』에서는 보국과 안민의 문제를 '이중 과업'과 '양대 과제'라고도 말하고 있습니다.

> 생각건대 조선민족에게 부여된 정치적 사명은 두 가지가 있으니, 그 첫째는 민족해방이요, 둘째는 사회해방이다. 연합국의 위대한 전승으로 인하여 우리의 민족해방이 대행된 것은 사실이지만 자주독립을 완성하지 못한 만큼 아직도 이 이중적인 정치 과업은 우리에게 그대로 남아 있는 것이 또한 사실이다. … 두 가지 과업을 동시에 수행하지 않으면 안 되게 된 것이 조선의 특수한 사정이다. … 여기서 우리는 냉정하게 생각하고 주밀하게 논의하여 민족 만년대계인 이 양대 과제를 완전히 수행해야 하겠다.(51쪽)

여기에서 알 수 있는 것은 본래 삼대개벽을 지향했지만, 결과적으로는 양대개벽으로 축소되고 있다는 점입니다. 즉 양대개벽을 추진할 정신적 동력인 정신개벽은 논의에서 빠지고 있습니다. 이것은 천도교인 개개인이 정신수양을 게을리했다는 것이 아니라 사회운동으로서의 정신개벽에 대한 노력은 상대적으로 소홀해졌다는 뜻입니다. 이런 상황은 80년대 운동권에 이르면 더욱 심화됩니다. 사회운동에 치중한 나머지 정신수양이나 영성수련을 할 여력이 없었던 것이지요.

5. 「건국론」의 중도주의

원불교의 제2대 종사인 정산 송규가 쓴 「건국론」은 『천도교의 정치이념』보다 2년 빠른 1945년 10월에 나왔습니다. 해방 직후에 나온 셈입니다. 흥미롭게도 첫 장(章)을 「정신」으로 시작합니다. 그리고 이어지는 「정치」, 「교육」에도 '(정신)훈련'이나 '정신교육'이 강조됩니다. 같은 '교정쌍전'이라고 해도 천도교가 '정(政)'에 방점을 두었다면 원불교는 상대적으로 '교(敎)'를 중시합니다. 그런데 「건국론」의 정신개벽의 특징은 '중도주의'를 표방한다는 점입니다. 예를 들면 다음과 같습니다.

> 건국은 단결로써 토대를 삼고, 단결은 우리의 심지가 명랑함으로써 성립되며, 명랑은 각자의 흉중에 갊아 있는 장벽을 타파함으로써 얻게 되는 것이다. 그런즉 장벽은 과연 무엇일까? 이에 간단히 그 대요를 말하자면, 1. 각자의 주의에 편착하고 중도의 의견을 받지 아니해서 서로 조화하는 정신이 없는 것이요…. (제2장 「정신」)

저는 여기에서 말하는 '중도주의'야말로 우리가 해방 이후로 잃어버린 태도가 아닌가 생각합니다. 생각해 보면 무위당 장일순 선생도 '중립화 통일론'을 주창해서 감옥에 갔다고 하는데, 「건국론」의 중도주의와 상통하는 점이 있습니다. 제가 보기에 중도주의든 중립화론이든, 이들이 말하는 '중'은 단순한 '중간'이기보다는 '배제를 거부하는 포함의 태도'인 것 같습니다. 설령 자기와 생각이 다르고 이념이 다른 '타자'라 할지라도 처음부터 투쟁의 상대로 보기보다는 그들의 입장과 상황을 이해하려는 태도입니다. 장일순의 표현대로라면 '보듬으려는 태도'라고 할 수 있습니다.

그러기 위해서는 먼저 「건국론」에서 말하는 '내 마음의 장벽'을 무너뜨려야 하는데, 오히려 우리는 '내 마음의 장벽'을 공고히 하는 방향으로 달려온 것 같습니다. 달리 말하면 '영성' 대신에 '아성(我性)'을 공고히 해 왔다고나 할까요. 그런 의미에서 우리가 해방 이후에 잃어버린 정신은 「건국론」이나 장일순이 말하는 '중도'의 정신이라고 생각합니다. 최근에 유행하는 이른바 '혐오문화'도 이런 정신의 상실과 부재에서 비롯된 극단적인 사례가 아닐까요? 상대의 존재를 긍정하기보다는 처음부터 부정하려는 태도가 앞서는 게 혐오니까요.

지난달에 있었던 제1회 개벽포럼에 도법스님이 연사로 오셔서, 서로 생각이 극단적으로 다른 사람들의 '가운데'에 서서 그들의 의견을 중재했던 경험들을 생생하게 들려주셨습니다. 그리고 "바로 이것이야말로 부처님이 말씀하신 '중도의 길'이라고 생각한다."고 하셨습니다. 원효* 식으로 말하면 '화쟁'**이라고 할 수 있는데, 이 역시 「건국론」의 중도주의나 장일순의 중립주의의 보듬는 태도와 다르지 않다고 생각합니다. 그리고 이것이야말로 개벽의 길일 것입니다. 개벽은 양극단 가운데에 서서 '새길'을 모색하는 태도라고 할 수 있으니까요. 일종의 '중도개벽'인 셈입니다. 19세기 식으로 말하면 유학과 서학의

● 元曉 617-686
● 和諍. 심리만상의 현상은 상반되는 두 측면이 있다고 보고, 각 종파나 사상간의 대립되는 갈등과 투쟁을 상호 공존과 상생을 통해 지양(止揚)하여 더 높은 차원으로 귀일하게 하는 것 원효의 대표적인 사상으로 여겨진다.

중간에서 양자를 아우르면서 제3의 길을 모색한 개벽파의 태도에 다름 아닙니다.

6. 21세기의 공통가치를 찾아서

마지막으로 『천도교의 정치이념』을 읽으면서 또 하나 인상적이었던 점을 소개하면서 이번 서신을 마칠까 합니다. 그것은 보국과 안민이라는 서로 다른 과제를 추구하면서도 그 바탕에는 '하늘'이라고 하는 동학의 기본이념이 깔려 있다는 점입니다. 80년대 식으로 말하면 NL과 PD가 우선시하는 과제는 서로 달랐지만, 양자의 바탕에는 '시천주'라고 하는 공통가치가 공유되고 있었다고 할 수 있겠지요.

시천주는 두말할 것 없이 인간과 만물에 대한 존중의 태도를 말합니다. 이 점 또한 해방 이후에 우리가 오랫동안 잃어버린 전통일 것입니다. 각각의 진영에서 자기주장을 외치면서 상대를 비난하려는 노력은 열심히 해 왔지만, 입장이 서로 다른 상대와의 공통 토대나 접점을 찾아서 문제를 풀어가려는 노력은 상대적으로 소홀했으니까요. 이런 태도에서 '공공'의 영역은 확보되기 어렵습니다.

오늘날 '개벽'이 주는 메시지는 여기에 있을 것입니다. 동학/천도교·증산교·대종교·원불교 등등이 비록 종교의 형태는 달랐지만 모두 '개벽'이라는 공통가치를 100년 넘게 계승하고 상생해 왔습니다. 우리가 개벽학을 정립하고자 하는 목적도 여기에 있을 것입니다. 해방 이후에 잃어버린 공통가치를 회복하려는 노력입니다. 해방정국이 '좌'나 '우'라는 편도(偏道)를 고집했다면, 그리고 해방 이후가 '개화'라는 편도(偏道)로 치달았다면, 지금부터는 이들을 아우를 수 있는 중도(中道)를 '개벽학'이라는 이름으로 찾아보려는 것이지요.

유교, 개신교, 천주교, 천도교, 원불교 계열의 학자들이 한자리에 모여서 동학을 공부하는 '하늘학회'(가칭)를 준비하는 것도 그러한 노력의 일환입니다. '하늘'을 공통가치로 삼아서 뭇 종교들을 아우르려는 중도의 길을 찾는 것입니다. 물론 여기에 과학자까지 가세된다면 금상첨화겠지만요-. 앞으로 뜻있는 분들이 하나씩 둘씩 동참해 주시리라 믿습니다. 개벽학당도 그런 중도의 일꾼들을 길러내는 산실이 되고 있다고 생각합니다. 20190405

이
병
한

해방공간의 재재인식: 유교 3.0

실리콘밸리 절반이 중국과 인도 등 아시아계인바 아시아와 아메리카
의 대융합, 신대륙과 구대륙이 회통하는 창조적인 허브가 되었습니
다.…캘리포니아 전체가 200년 전 토크빌과 2000년 전 순자를 융합
하여 제도개벽(Renovating Democracy)을 실험하고 있는 것입니다.
남북을 아우른 고려(코리아)가 캘리포니아만 못할쏘냐 싶습니다. 모
던 군자들 또한 유교를 대학의 학술에만 가두지 말고 현실과 현장 속
의 경세학으로 거듭나게 해야 할 것입니다.

1. 기억의 역전

'개벽은 깨어 있는 자세'입니다. '중도는 배제를 거부하는 포함의 태도'입니다. '보듬는 태도'로써 '편도에서 중도로' 나아가야 하겠습니다. 구구절절 열 번이고 백번이고 공감하는 말씀입니다. 실로 개벽학은 동학 외골수를 사절하는바, 유학과 서학도 두 팔 벌려 보듬어 삼학을 회통해야 합니다. 서학의 최전선을 달리고 있는 과학 공부를 제가 유난히 강조하는 것도 서구 중심주의 비판이라는 20세기의 과제에 붙들려 21세기의 격변에 보조를 맞추지 못하는 패착을 염려하기 때문입니다. 더 이상 하늘에는 동과 서가 따로 없습니다. 인류세는 남과 북, 선진국과 후진국을 막론하고 동시에 닥쳤습니다. '지구적 한국인'으로서의 시공간 감각을 연마해야 합니다. 그래야 개화와 개벽의 대합장, 대합창도 가능해집니다.

반면 우리 대화 속에 은근슬쩍 외면당하고 있는 쪽이 유학입니다. 해방공간을 살피면서도 천도교와 원불교를 먼저 다루었습니다. 개화좌파와 개화우파의 갈림길에서 중도를 모색했던 개벽파의 샛길과 새

길을 앞서 탐색했습니다. 그러하다면 유학은 척사파 이래 도태되고 말았던 것일까요? 유교는 20세기와 호흡하지 못하고 그 사상적 수명을 다해 버린 것일까요? 꼭 그렇지만은 않았다고 생각합니다. 아니 그럴 리가 만무하다고 생각합니다. 2,500년 유장한 유교사에서 100년의 난세는 일순일 뿐입니다. 과연 필사의 진화를 거듭했습니다. 다만 개화를 맹목하여 관심이 미치지 못하고 조명을 비추지 않았을 뿐입니다. 악플보다 무서운 것이 무플이라고 하지요. 그래서 해방공간의 재재인식, '인식 3.0'을 위해서라도 이번에는 유교계의 동향을 살피려고 합니다. 깨어 있는 자세로, 배제를 거부하는 포함의 태도로, 어루만지는 손길로 유교의 와신상담, 환골탈태를 반추하려고 합니다.

듬직한 길잡이가 있습니다. 노관범 교수입니다. 제가 귀국하면 꼭 찾아뵈어야 할 분으로 선생님과 함께 꼽아 두었던 두 명 가운데 한 분입니다. 서울대 규장각에 몸담고 계십니다. 관악산에서 뵌 지도 꽤 시간이 흘렀습니다. 그분의 『고전통변』*을 너무나도 인상적으로 읽었습니다. 제가 즐겨 쓰는 '고금합작'이라는 말도 이 책을 통해 길어올린 발상입니다. 전통과 근대를 두 동강이 토막 내지 않습니다. '유교망국론'이야말로 유교국가를 경험한 적이 없는 일본이 주조한 식민주의 담론이었음을 통렬하게 비판합니다. 장기적 호흡 속에서 전통의 근대화, 유교의 현대화를 치밀하고 치열하게 탐색합니다. 경탄해마지 않은 역작이자 노작이었습니다. 그 후속편이 바로 『기억의 역전』*입니다. 20세기를 지배한 개화파의 역사인식을 근저로부터 뒤집고자 하

● 김영사, 2014

● 소명출판, 2016

는 학문적 야심이 옹골찹니다. 제 처녀작인 『반전의 시대』와 문제의 ● 서해문집, 2016
식이 통하는 바 없지 않았습니다. 때가 무르익으면 노관범과 조성환
의 '21세기 한국학, 어떻게 할 것인가' 연재를 기획해 보고 싶습니다.
동학 2.0과 유학 3.0 사이 창조적 대화가 기대됩니다.

　『기억의 역전』에는 해방공간의 재재인식도 담겨 있습니다. 이관 ● 華史 李觀求, 1885~ 1953
구가 집필한 『신(新)대학』에 대한 논문이 그것입니다. '속(續)대학'이
아닙니다. '새 대학'을 표방했습니다. 전혀 새로운 현상만도 아닙니
다. 주자의 『대학』을 조선의 풍토에 맞게 변환한 것이 율곡의 『성학집 ● 聖學輯要. 율곡 이이 (李珥, 1536~1584)가 1575 년(선조8) 제왕의 학문을 정리해 선조에게 바친 책 이에 비해 이이는 일반 백 성에게 필요한 학문을 정 리해 『격몽요결(擊蒙要 訣)』을 펴냈다. 이 두 책은 16세기 후반 사림파의 학 문적, 정치적 비전이 담겨 있다.
요』였습니다. 반 천년이 흘러 또 한 번의 조선적 『대학』이 모색되었
던 것입니다. 고로 '대학 3.0'이라 하겠습니다. 『대학』의 경세론을 계
승하되 시세에 맞추어 변주한 것입니다. 하여 동방의 유자들에만 의
탁하지 않았습니다. '고금동서의 성철(聖哲)'을 망라하여 치평(治平)의
정도를 탐구합니다. 경제학에서는 콜베르와 그린빌이 언급되고, 철
학에서는 베이컨과 데카르트, 칸트가 호명됩니다. 가히 '고금합작' ● Jean-Baptiste Colbert, 1619~1683
● Francis Bacon, 1561~ 1626
● René Descartes, 1596~ 1650
● Immanuel Kant, 1724~ 1804
의 전범이라 하겠습니다.

　모름지기 치국평천하의 첩경은 적확한 시대인식에 바탕한 정확한
시대정신의 구현에 있습니다. 응당 해방정국의 치국이라 함은 북조선
과 남한에 머물 수가 없었습니다. 미국과 소련까지 아울러야 평천하
의 정도를 개창할 수 있었습니다. 유학자로서 해방정국의 본질을 꿰
뚫는 통찰이 번뜩입니다. 단도직입 '거짓 유신'(僞維新)으로 요약합니
다. 단칼에 시대의 핵심을 파고들어 정곡을 짚었습니다. 개화좌파와

개화우파를 쌍끌이로 비판합니다. 진정한 정치 주체로 충분히 성장하지 못한 집단들이 남북 분단과 사상 분열의 격류 속에서 과도한 정치 과잉을 노정하며 혼란을 야기하고 있다고 직언합니다. 탁류 속에 웃자란 풋내기들이 설치고 다니는 꼴을 차마 보아줄 수 없던 것입니다. 저마다 영웅을 자처하며 언설을 쏟아내고 행동을 표출하지만, 실은 미국과 소련을 택일하여 거기에 맞추어 조선의 미래를 설계하고 그렇게 설계된 조선에서 보다 유리한 위치를 점하고자 외세 앞에서 경쟁적으로 전개하는 '사적인 정쟁'과 다르지 않노라 일갈했습니다. 정신도 정조도 없는 사사로운 소인배들이 무리를 이루어 소련의 들러리와 미국의 하수인으로 농간을 부리고 있음을 통렬하게 고발했던 것입니다.

미/소에 대한 일침도 빛을 뿜습니다. 양자 모두 '민족제국주의'라고 단언합니다. 소련은 시베리아 및 동유럽을 경략하고 공산주의를 선전하고 있었습니다. 미국은 태평양 여러 섬 및 동서 대륙의 요지를 경략하고 자본 세력을 퍼뜨리고 있었습니다. 한쪽은 민주주의를 칭탁하고 다른 쪽은 공산주의를 칭탁하나, 그 수단과 방법은 달라 보여도 민족제국주의의 실행이라는 같은 목적을 안고 있음을 꾸짖습니다. 공산주의에 심취하여 소련에 아부하거나, 민주주의에 미혹되어 미국에 아첨하는 풍조 속에서 자국 정신이 완전히 망각되고 있음을 탄식합니다. 참된 애국자가 제자리를 잡지 못해 떠돌고 있음을 개탄했습니다. 거짓 선비 나부랭이들[僞士者流]이 시대 풍조에 도취되어 민주주의의 참뜻도 모르고 눈이 멀고 귀가 멀었다[盲聾]며 신지식인들에게 비수를 겨

누었던 것입니다. 공산주의는 물론이요 민주주의까지 싸잡아 민족제
국주의의 선전선동에 불과함을 직시한 것이니, 과연 '깨어 있는 자세',
각자(覺者)의 성성한 태도입니다.

　이 '거짓 유신'에서 탈출하는 사상 해방의 전위로 호명된 것이 바로
'홍유'*입니다. 뇌수에 젖어 있는 사대사상으로부터 벗어난 진정한 유
자를 호출했습니다. '자기의 이목이 없이 그저 고인의 이목으로 자기
이목을 삼는 태도', 말하자면 '철학적 주체성이 없이 단지 고인을 숭배
하는 풍조'를 목청껏 비판합니다. "아무리 대성거철*의 언설*이라도
실물에서 시험해 입증되지 않는다면, 본심으로 반성해서 타당하지 않
다면, 믿지 말아야 하고 그래야만 천고의 미몽을 박차고 탁월한 홍유
가 될 수 있다." 쉰 목소리를 높였습니다. '불행히도 한국의 도학계는
한학 수입 이래 조금도 창조가 없는바', 그 적폐를 해방정국의 개화
좌/우파도 답습하고 있다고 호통쳤던 것입니다.

　그리하여 자세를 고쳐 잡아 집필한 저술이 바로 『신대학』입니다.
분단체제 아래 총체적인 '거짓 유신'의 정치적, 사회적 풍토를 극복하
고 한반도 전체 주민이 통일국가 국민이 될 수 있도록 새로운 도덕과
정신과 지식을 함양해야 한다는 자각의 표출이었습니다. 격물(格物)
장에서는 과학을 설파합니다. 치지(致知) 장에서는 철학을 논파합니
다. 제가(齊家)는 '이재'(理財)로 바꾸었습니다. 가계를 꾸리는 것만으로
는 충분치 못했습니다. 나라살림과 국가경영, 경제학과 경영학을 필
히 익혀야 했습니다. 백미는 국가사상을 주창하는 정치학 대목입니

● 鴻儒. 거유(巨儒)라고
도 한다. 뭇사람의 존경을
받는 이름난 유학자.

● 위대한 성인, 현명한 철
학자
● 말

다. 해방공간의 그 혼탁한 백가쟁명에도 정작 튼튼한 국가사상은 부재하다고 역설합니다. 아랫사람은 일신일가만 알고, 윗사람은 실용과 괴리된 철리만을 고담할 뿐이라 갈파했습니다. 전자는 노예근성의 발로이고 후자는 사대사상의 표출인바, 독자적인 국가론이 없기에 독립의 실사구시를 탐구하지 못하고 남의 머리와 손발을 빌려오는 것이라 성토했습니다. 이렇게 자각적이고 자립적인 정신이 없다면 제대로 된 국가를 유지할 수 없을 것이라 경고했으니, 『신대학』이 출간되고 70년이 더 흐른 오늘날에도 여전히 유효한 진단이 아닐 수 없습니다.

『신대학』에서 가장 인상적인 한 구절을 통으로 인용해 봅니다.

참된 수구 때문에 나라를 그르쳤다면 그 나라에 그래도 해볼 만한 데가 있지만, 거짓 유신 때문에 나라를 그르쳤다면 그 나라에 도리어 해볼 만한 데가 없으리니, 누가 능히 이를 알겠는가!

'거짓 유신'에 휘말리고 미/소에 휘둘리는 개화 좌/우파에 죽비를 내리쳐 통뼈를 때리는 팩트 폭력입니다. 도리어 '참된 수구'는 그 올곧은 자세로 말미암아 갱생과 경장의 여지가 있었던 것입니다. 최익현[●]과 유인석[●]부터 김창숙[●]에 이르기까지 꼿꼿하고 떳떳했던 유림들의 부단한 혁신, 척사파의 중단 없는 진화에도 제가 살뜰한 눈길을 주고 애틋한 연정을 품는 까닭입니다. 그 이행기의 가교가 '단군과 접속한 유교', '민족유교' 대종교라고 보는바, 만주 벌판의 그 가열찬 무장투

● 崔益鉉, 1833~1906

● 柳麟錫, 1842~1915
● 金昌淑, 1897~1962

쟁은 명명백백 척사파의 서릿발 같은 자태에 그 뿌리를 두고 있다고 하겠습니다. 〈유라시아 견문〉의 말미, 동북 3성을 여행하며 영하 40도의 추위가 어떠한 것인지 몸소 체험해 본 적이 있습니다. 그 혹한에도 굴하지 않으며 붓을 놓고 총을 들었던 '홍유'들의 행진을 보듬는 태도로 뜨겁게 껴안아주고 싶습니다.

2. 군자들의 행진

'기억의 역전'은 해방공간에서부터 이미 도모되었습니다. 일제의 식민주의 담론의 자장 속에서 망국의 원흉으로 낙인 찍힌 유교를 재평가하는 학술적 시도가 일찍이 제출되었습니다. 1949년 출간된 현상윤*의 『조선유학사』*가 그것입니다. 탈식민주의의 일성이었습니다. 실천유학의 관점에서 조선의 유교운동사를 거시적으로 복원코자 했습니다. 이론과 사상이 아니라 실천과 운동으로서의 유교를 재조망했던 것입니다. 과거사 다시 쓰기는 늘상 미래를 전망하는 현재/현장/현실 참여의 욕망과 긴밀한 법입니다. 해방 후 새 나라 만들기에 유교인들 또한 적극 개입코자 하는 열망이 투영되어 있습니다. 그러나 실현되지는 못했습니다. 역시나 한국전쟁이 결정타입니다. 북조선을 적대하며 미국 품으로 달려들었습니다. 이승만의 호위 아래 '거짓 유신' 세력이 말하고 글 쓰는 상징권력을 장악했습니다. 재야의 유교운동사는 제도권의 유학사로 대체됩니다. 상아탑의 창백한 지식인들이 유학 연

● 玄相允, 1893~?
● 현상윤이 조선시대 유학에 관하여 소개한 개설서. 모두 17장으로 구성되었으며, 1949년 민중서관에서 초판이 간행되었다.

구를 주도하면서 실천유학과 유교운동사는 가뭇없이 중단됩니다. 남북 분단체제 수립과 더불어 고금 분단체제도 확립된 것입니다.

해방공간 현상윤의 작업을 창조적으로 계승한 걸작이 바로 이황직 교수의 『군자들의 행진』*입니다. 4.19에 대한 가장 참신하고 파격적인 해석이라고 생각합니다. 한국의 민주화운동사를 NL(보국)과 PD(안민)로 양분하는 것 또한 개화좌파적 발상입니다. 4월 혁명을 자유주의적 시각에서 '미완의 시민혁명'으로 평가하는 것 또한 개화우파적 접근입니다. 이황직 선생은 또 다른 민주화 대서사를 제시합니다. 4.19에 대한 '기억의 전복'을 시도합니다. 장엄한 유교운동사의 대산맥에서 불끈 솟아오른 또 하나의 봉우리로서 4월 혁명을 재인식합니다. 무수한 자료를 섭렵하고 관계자들을 꼼꼼히 인터뷰하고 유교인들이 참여한 건국운동과 민주화운동의 기저에 척사운동과 독립운동이 근거했음을 인맥과 학맥 등 다기한 네트워크 분석을 통하여 꼼꼼하고 촘촘하게 복원해 냅니다.

이를 통해 개화우파의 수장 이승만을 끌어내린 결정타로서 4·25 대학교수단 데모*는 장구한 유교운동사의 저력이 빚어낸 현대적인 성취로 자리매김합니다. 4.19가 의거에서 혁명으로 도약하는 데 현대적인 유교인들, '모던 군자'들의 역할이 지대했던 것입니다. 이로써 근대적 혁신을 수행한 '모던 유교'의 이미지 또한 극적으로 반전합니다. 국망의 아픔에서 건국의 열기로 역전됩니다. 식민지 근대의 고통에서 현대 민주화의 함성으로 반전합니다. 뜨거운 열정의 정조가 역동적인

● 아카넷 2017

● 4·19혁명이 일어난 6일 후인 4월 25일, 전국 27개 대학교수 258명이 14개항의 시국선언문을 발표하고 시민학생 궐기를 독 고, 26일에는 시가행진을 벌임으로써, 이승만 하야의 결정적 계기가 된 사건

운동사와 접목합니다. 그리고 그 근간에서 공의(公義)를 위해서라면 죽음도 두려워하지 않는 유교의 종교성을 발굴하고 '유교적 영성'을 재발견합니다. 극기복례, 소인을 넘어선 군자들로부터 현대 민주주의의 주체, 시민적 덕성을 탐색합니다. 단발을 하고 수염을 밀고 말쑥한 양복에 넥타이를 매었을지언정 그윽한 분노와 도덕적 대의로 무장한 학자들의 행진으로부터 두루마기를 두르고 삿갓을 쓴 채 최고통치자에게도 준엄한 비판과 통박을 아끼지 않았던 순의와 순절의 근대화를 목도하는 것입니다.

『군자들의 행진』 덕분으로 우리는 비로소 '20세기 유교사'의 일단을 배우게 되었습니다. 21세기 하고도 1/5이 다 지나가고 있는 시점에서야 겨우 '대한민국 유교사'를 알게 된 것입니다. 이로써 5-60년대의 건국운동과 민주화운동에 대한 편견 또한 극복하게 되었습니다. 《사상계》*를 필두로 한 기독교 계열 지식인에 편중되었던 개화우파적 편향을 수정하여 중도와 정도로 들어서게 된 것입니다. 동서가 융합하고 고금이 융통하는 시공간으로서 20세기 중반의 남한을 조명하게 된 것입니다. 무엇보다 전통과 현대 사이의 공백을 메우게 되었음이 득의입니다. 유교가 근대와 접속하여 새로운 역사, 독립운동과 건국운동과 민주화운동의 대서사를 면면하고 의연하게 그려 가고 있었음을 자각하게 되었습니다. 백년간 고독했던 척사파에도 현대적인 생명력을 부여해 준 것입니다.

이제야 '4월의 시인', 모더니스트 김수영*이 왜 "전통은 아무리 더

● 1953년 3월 창간된 월간 종합잡지. 1970년 5월호에 게재된 김지하 담시(譚詩) <오적(五賊)>이 문제되어, 폐간 처분을 받고 통권 205호로 종간했다.

● 金洙暎 1921~1968

러운 전통이라도 좋다."라고 노래했던가를 가로 늦게 깨닫게 됩니다. 그의 데뷔작은 〈공자의 생활난〉이었고, 대표작 〈풀〉은 "군자의 덕은 바람과 같고 소인의 덕은 풀과 같다. 풀 위로 바람이 불면 풀은 반드시 눕게 마련이다."(君子之德風 小人之德草 草上之風必偃)라는 『논어』의 한 대목을 현대적인 시어로 조탁한 것입니다. 고로 저항시인 김수영이 추구했던 중도라 함은 군자들의 행진, 모더니즘과 유교사상이 합류하는 고금합작의 대도(大道)였다 하겠습니다. '거대한 뿌리'의 그 위대한 절창 또한 바로 그렇게 탄생했던 것입니다.

3. 유교 3.0

이황직 선생님은 사회학을 전공했습니다. 『군자들의 행진』 후속작은 무려 프랑스 태생으로 미국 민주주의를 연구한 토크빌*을 주제로 삼고 있습니다. 아메리카와 아시아를 아울러 유교와 민주주의를 탐구한 것입니다. 과연 '깨어 있는 자세', 미더운 태도가 아닐 수 없습니다. 곧장 떠오르는 분이 김상준 교수입니다. 역시 서구 민주주의 이론에 해밝은 사회학자이자 동아시아 문명에 정통한 모던 선비이기도 합니다. 대작 『맹자의 땀, 성왕의 피』의 표지를 장식한 붓글씨 또한 당신이 직접 쓰신 것입니다. '다른 유교와 다른 기독교', 일생을 통해 신학과 유학의 회통을 도모하는 이은선 교수의 작업도 든든합니다. 유학과 동학과 서학을 자유자재 가로지르는 백승종 교수도 동렬의 반열

● Alexis de Tocqueville, Viscount de Tocqueville, 1805~1859, 프랑스 역사가, 정치가, 정치학자, 『미국의 민주주의』라는 책을 저술해 근대 민주주의 체제의 도래를 전망하였다.

에 올릴 수 있을 것입니다. 황태연, 한형조, 나종석 등 목록은 자꾸 늘어납니다. 이들 모두가 '까'도 아니고 '빠'도 아닙니다. 유교를 맹목적으로 배척하지도 않고, 그렇다고 유교를 무조건으로 옹호치도 않습니다. 유교의 근대적 혁신을 천착합니다. 척사파로부터 유교를 구출하여 21세기로 이행시킵니다. 20세기의 유교에서도 옥석을 가려 원석을 보석으로 재가공하는 심열을 기울여야 하겠습니다. 남방의 불교를 수용하여 신유학, 유교 2.0이 달성되었던 것처럼 서방의 과학을 학습하여 개신유학, 유교 3.0으로 거듭나야 하겠습니다. '21세기의 공동가치를 찾기 위해서' 유교의 혁신을 북돋우고 우군으로 삼아서 인류문명의 대연정을 이루어야 하는 것입니다. 구동존이(求同存異)의 미덕으로 '범개벽파'를 결집시켜야 비로소 인류세를 개벽세로 전환시키는 대사업도 완수될 수 있을 것이기 때문입니다. "손에 손잡고 벽을 넘어서 우리 사는 세상 더욱 살기 좋도록, 손에 손잡고 벽을 넘어서 서로서로 사랑하는 한마음 되어서."

그럼에도 『기억의 역전』과 『군자들의 행진』에 아쉬운 바도 없지 않습니다. 유교 3.0 또한 대학 3.0에 치중되어 있습니다. 오히려 최근 제가 몰두하고 있는 방향은 '소학 3.0'입니다. 소학의 근간이 갖추어지지 못하면 대학이 아무리 번듯한들 무용지물이 되기 십상이기 때문입니다. 기초부터 근본부터 착실하게 다져야 합니다. 요즘 지하철로 이동할 때 빠져들며 시청하는 콘텐츠가 넷플릭스*의 〈Beginning of Life〉입니다. 사람됨의 바탕이 형성되는 유아기의 뇌 형성 과정을 입체적

● Netflix(=NET+ flicks). 월간 구독료를 내면 영화와 TV 프로그램과 같은 영상 콘텐츠를 맘껏 볼 수 있는 온라인 동영상 스트리밍 서비스 중 명실상부한 세계 최대 사업자로, 유료 가입자만 5,700만 명에 이른다. 전통적인 비디오 대여 사업을 몰락시키고 새로운 영화 유통 모델이 되는 데 결정적인 역할을 하고 이후 방송과 케이블 TV를 대체하는 미래 산업으로 성장하고 있다.

으로 보여주는 명품 다큐입니다. 소학도 부재하고 가학도 무너져 버린 현대사회에 던지는 메시지가 이만저만 큰 것이 아닙니다. 소학 이전 태교학까지 숙고하게 만듭니다. 개벽학 또한 20대를 전후로 한 청년들만을 대상으로 해서는 곤란하다는 생각마저 일어납니다. '개벽소학'의 밑바닥을 든든하게 꾸려야 하겠습니다. 말을 배우기 시작하는 2세부터 5세까지 한 생명이 이 세계를 향하여 던지는 질문이 무려 4만 개에 달한다고 합니다. 그 물음에 어떻게 반응하고 응답해 주느냐에 따라 그 아이의 인생 전체의 궤적이 달라질 수 있습니다. 과연 돌아보노라니 율곡은 조선의 소학『격몽요결』을 집필했고, 최남선* 역시 20세에『산수격몽요결』*을 정리했던 바입니다. 우리는 우리 시대의 소학을 만들어 갈 필요가 절실합니다. 저는 당장 짝과 더불어 송파구청에서 '21세기 소학운동'을 실험해 보고자 합니다. 소학 3.0, '개벽 어린이집'을 출범시키고 싶습니다.

또 하나 미진한 점은 사상사와 운동사 복원에 그쳤다는 것입니다. 기억만 역전시키는 것으로는 충분치 못합니다. 기억의 반대말이 망각인 것도 20세기형 발상입니다. 기억도 망각도 흘러간 시간, 과거를 기준으로 삼은 인간의 인지능력을 일컫는 것입니다. 그러나 인공지능의 발달이 눈부신 21세기에는 기억을 기계에 아웃소싱할 수 있게 됩니다. '생각하는 유기물' 사람과 '생각하는 무기물' AI가 공존 공생하는 Life 3.0 시대에는 기억의 반대말이 상상이고 창조일 공산이 한층 높습니다. 과거의 기억을 역전시키는 것만이 아니라 미래를 상상하고

● 崔南善, 1890~1957

● 刪修擊蒙要訣: 1909년 최남선이 경영하던 신문관에서 '십전총서(十錢叢書)' 시리즈 중 하나로 간행한 책 율곡의 격몽요결에서 발췌하고 서양의 경구와 후쿠자와 유키치의《수신요결》등에서 발췌 편집한 책이다. 산수(刪修)란 쓸데없는 자구를 정리하였다는 뜻

창조할 수 있어야 합니다. 술이창작(述而創作)의 최적기가 열리고 있는 것입니다. 달리 말해 제도 혁신을 수반할 수 있어야 합니다.

　지금 여기 현대사상계에서 유교가 다시 주목받는 가장 큰 이유는 '포스트-민주주의', 근대적인 대의민주주의의 오작동이 동서를 가리지 않고 번다하게 일어나고 있기 때문입니다. 무한성장과 무한욕망의 충족에 바탕한 선거제 민주주의에 대한 회의가 신/구대륙을 막론하고 자욱하기 때문입니다. 국제질서만으로는 인류 평화를 담보할 수 없음을 절감했기에 천하위공, 천하일가를 재론하고 있습니다. 중국 사상계 역시 이미 개화좌파와 개화우파를 가리지 않고 유교 3.0의 우산 아래 합류하고 있는 형국입니다. 유교좌파와 유교우파로 재편되고 있는 것입니다. 이들 개신유학자들은 19세기형 척사파도 아니요 20세기형 개화파도 아닙니다. 과연 현대적인 제도 혁신에도 적극적입니다. 벌써 천지인 삼재에 기초한 '의회 삼원제' 구상도 제출이 되었습니다.

　놀랍게도 이 구상을 가장 적극 수용하는 곳은 미국에서도 가장 혁신적인 장소로 꼽히는 캘리포니아주입니다. 서방의 민주주의와 동방의 현능주의를 조화롭게 결합시킨 21세기형 '인텔리전트 거버넌스'* 를 주 정부 차원에서 모색하고 있습니다. 부제에는 동서 사이의 중도, middle way를 추구함을 못박아 두었습니다. 물질개벽을 주도하는 실리콘밸리가 정신개벽의 실험장이기도 하다는 점은 널리 알려진 사실입니다. 명상과 요가와 태극권과 아유르베다*의 메카입니다. 실리콘

● intelligent governance. 고도 정보사회에 대응한 새로운 도시 계획의 구상을 '인텔리전트 시디(intelligent city)라고 하듯이 (주)정부 전체의 운용을 사물인터넷이나 인공지능을 활용하여 고도정보시스템으로 운영하는 체제

● Ayurveda. 고대 인도 전통의학의 요체로서 '인도 형 생활의 과학'이라고 할 수 있다. 최근 최근 서구에서 인기를 끌고 있는 아유르베다는 우주와 인간을 상호 연관 지어 고찰하는 고대 인도의 전통의학이다. 우리의 한의학과 철학, 세계관, 인체관 등이 유사하다.

밸리의 절반이 중국과 인도 등 아시아계인바 아시아와 아메리카의 대융합, 신대륙과 구대륙이 회통하는 창조적인 허브가 되었습니다. 이제는 캘리포니아 전체가 200년 전 토크빌과 2000년 전 순자를 융합하여 제도개벽(Renovating Democracy)을 실험하고 있는 것입니다. 남북을 아우른 고려(코리아)가 캘리포니아만 못할쏘냐 싶습니다. 모던 군자들 또한 유교를 대학의 학술에만 가두지 말고 현실과 현장 속의 경세학으로 거듭나게 해야 할 것입니다. 21세기 판『신 경세유표』를 저술할 수 있어야 정녕 '유교 3.0'이라 할 수 있습니다.

잠시 유교계로 우회했습니다. 편도를 벗어나 중도로 진입하여 정도를 찾기 위한 방편이었습니다. 산업화 세력과 민주화 세력, 즉 개화우파와 개화좌파 모두가 '구개화파', 적폐로 전락하고 있는 작금에 곱씹어 볼 만한 유산과 자산이 적지 않다고 판단했기 때문입니다. 거듭나기를 게을리 하지 않는 유교 3.0과 서학 3.0이라면 기꺼이 개벽파와 대연정을 이룰 수 있다고 생각하기 때문입니다. 부디 편벽된 마음을 거두고 고루고루 배우고 두루두루 익혀야 하겠습니다. 다시 개벽파로 재진입합니다. 저도 해방공간에서 제출되었던 정산 종사의「건국론」을 매우 인상적으로 읽었던 바입니다. 그 원불교의 개벽사상을 현대적으로 계승하고 있는 백낙청 선생과 홍석현 회장의 행보도 흥미롭습니다. 각기 개화좌파에서 개벽좌파로, 개화우파에서 개벽우파로 선회하고 있는 것이 아닌가 추정됩니다. 상극했던 개화 좌/우파에서 상생하는 개벽 좌/우파로 상호 진화할 수 있을지 기대됩니다. 그렇게 20세

기의 '거짓 유신', 껍데기는 가고 향그러운 흙가슴과 조우할 때 우리는
비로소 그토록 염원하는 개벽천하의 신세기와 신천지를 목도할 수 있
을 것입니다. 20190412

조
성
환

유학과 개벽

저는 오래전부터 이런 한국적 고전이 필요하다고 생각해 왔습니다.
유대인에게 『탈무드』가 있고, 서양인에게 『성경』이 있고, 중국인들
에게 『논어』가 있듯이, 우리에게도 우리만의 '국민고전'이 한 권쯤 있
으면 좋지 않을까 생각한 것입니다.…원효의 「화쟁론」이나 최치원의
「난랑비서문」, 그리고 『삼국유사』의 「단군신화」나 세종의 『훈민정음
해례본』, 나아가서 개벽파 담론의 핵심 구절과 「기미독립선언문」 등,
한국사상을 대표할 핵심 사상들을 망라하는 것입니다.

1. '유학'이라는 딜레마

'개벽'보다 어려운 주제를 주셨습니다. 지금의 저에게 '유학'은 '개벽'보다 버거운 과제입니다. 요즘 같아서는 한국사회에서 개벽을 알리는 것이 유학을 살리는 것보다 훨씬 쉽겠다는 생각이 듭니다. 개벽은 파릇파릇하고 신선하지만 유학은 진부하고 고리타분하게 느껴지기 때문입니다. 최근에 어느 철학과 대학생과 대화를 한 적이 있는데, 제가 '유학의 현대화' 문제를 고민하고 있다고 하니까 대뜸 "선생님, 유학을 꼭 살려야 하나요?"라고 묻더군요. 오늘날 유학의 위상을 단적으로 대변해 주는 말이라고 생각합니다. 저는 유학의 미래를 고민하는 분들이 이 점을 간과하고 있다고 생각합니다.

선생님도 지적하셨듯이 민주화운동 과정에서 대학교수를 비롯한 이른바 지성인들이 조선시대의 선비나 군자와 같은 역할을 했던 것이 사실입니다. 이 점은 오구라 기조 교수님도 『한국은 하나의 철학이다』에서 지적하는 부분이고요. 하지만 이제는 그런 역할도 찾아보기 어렵습니다. 지금의 학자들은 더 이상 사회적 발언도 하지 않습니다.

진보진영에서 내놓는 정치적 발언도 시대에 뒤떨어진 느낌이 듭니다. 중도를 지향하는 개벽의 시점은 찾아보기 어렵습니다. 선생님의 개화 좌우파 비판이 훨씬 설득력 있고 날카롭습니다.

2. 실체가 없는 유학

민주화 과정에서 보여준 '군자들의 행진'은 지금은 일반 시민들이 대신하고 있다고 생각합니다. 지난 촛불혁명도 교수나 대학생과 같은 이른바 지성인들이 주도한 것은 아닙니다. 제일 먼저 촛불을 든 것은 10여 년 전의 여중생들이었고, 촛불혁명에서의 시민들의 모습은 마치 임금에게 상소를 올리는 영남만인소*의 유생들을 방불케 했으니까요. 2001년에 시작된 생명평화운동은 도법스님을 비롯한 불교계에서 시작했습니다.

하지만 이들에게 유학자라는 의식은 없습니다. 유학의 영향력이 작용하였을 수는 있어도 그것은 무의식의 차원에서 작동할 뿐, 그 실체를 찾아보기는 어렵습니다. 바로 이 점 때문에 '유학의 현대화'가 어렵다고 생각합니다. 보이지 않는 실체와 씨름하고 있는 셈이니까요.

그렇다고 해서 유학 연구자들이 『한국은 하나의 철학이다』에서와 같이 한국사회와 유학의 관계에 대해서 날카로운 분석을 시도하는 것도 아닙니다. 제가 보기에는 그냥 유학을 옹호하고 있는 느낌입니다. 방법론도 객관화가 안 되어 있고요. 전통적인 경학이나 서구적인 철

● 嶺南萬人疏. 1880년 김홍집이 『조선책략』을 근거로 미국과의 수교 여론을 환기하자, 이만손을 필두로 하는 영남 유생들이 집단적으로 올린 상소문. 위정척사운동이 전국적으로 확산되는 계기가 되었다.

학의 틀에 유학을 가둬 놓고 있습니다. 그래서 유학이 살아나지 못하고 있습니다. 반면에 페미니스트들은 유학을 극단적으로 혐오합니다. 젊은이들은 유학에 무관심합니다. 한쪽에서는 옹호하고, 한쪽에서는 혐오하고, 젊은이들은 무관심하고…. 이것이 오늘날 유학이 직면한 현실입니다.

무엇보다도 유학을 기치로 내건 어떤 사회운동도 찾아볼 수 없다는 점이 아쉽습니다. 세월호와 같은 국가적 재난 때 유림계에서 무슨 공식적인 성명서를 냈다는 말을 들어본 적이 없습니다. 유학의 가장 큰 강점은 사회적 관심과 참여인데, 그런 역할은 오늘날 찾아보기 어렵습니다. 유학은 그냥 대학이나 연구소나 가문에 갇혀 있는 느낌입니다. 그들만의 '연구'로 전락해 버렸습니다. 공학(公學)이나 민학(民學)이 아닌 사학(私學)이나 관학(官學)이 되어 버렸습니다.

여기에서 유학 본래의 생명력과 역동성은 찾아볼 수 없습니다. 이것은 유학을 배척하자는 것이 아니라 오늘날 유학이 보여주는 한계를 지적하는 것입니다. 자식을 감싸기만 하면 자식을 망치듯이 유학을 감쌌다고 해서 유학이 되살아나는 것은 아닙니다.

3. 도전과 창조의 부족

유학 연구자들의 한계를 보여주는 대표적인 것은 유학 연구 분야입니다. 일제강점기에 한국사상을 연구한 다카하시 도오루*가 제시

● 高橋亨, 1878~1967

한 주리주기론(主理主氣論)의 틀과 조선학연구자들이 창안한 실학담론이 100년이 지난 지금도 여전히 반복되고 있습니다. 이 틀에 문제가 없다면 모를까 이미 오래전부터 문제가 지적되고 있는 상황입니다. 하지만 그것을 대체할 새로운 관점은 아직도 보이지 않는 것이 현실입니다. 비판이나 문제제기는 계속되는데 '창작'은 요원하기만 합니다. 그러니 젊은 사람들이 유학에 관심이 멀어지는 것도 당연하겠지요. 이렇다 할 매력을 못 주니까요.

저는 오늘날 유학 연구자에게 가장 부족한 것은 선생님이 언급하신 '창작' 정신이라고 생각합니다. '술이'(述而)는 하는데 '창작'(創作)이 부족합니다. 대만의 머우쭝싼, 중국의 현대신유학, 미국의 뚜웨이밍,* 최근에는 하버드 대학의 마이클 퓨엣*까지, 외국의 유학 연구자들이나 유학 사상가들에 압도되어 그들의 학문적 성과를 열심히 '학습'하려고만 했지, 그들의 방법론이나 문제의식을 참고하여 한국유학을 '창작'할 엄두는 못 내고 있습니다. '학습자' 의식은 강해도 '당사자' 의식은 부족하기 때문입니다.

그런 점에서는 개벽파가 훨씬 도전적이고 창조적이었습니다. 오늘날의 한국 유학은 이런 개벽정신을 배워야 합니다. 그러나 지금의 유학 연구자에게서 개벽 이야기는 듣기 어렵습니다. 미신적이거나 신비적이라는 선입관이 있기 때문이 아닐까요? 아직도 갈 길이 먼 느낌입니다.

● 杜維明, 1940~

● Micheal Puett, 1964~

4. 중국유학과 한국유학

제가 생각하기에 유학 연구자나 유학 옹호자들의 가장 큰 착각 중의 하나는 현대중국의 유학과 현대한국의 유학을 동등하게 보는 것입니다. 근현대 시기의 한국은 사상적 주도권이 이미 개벽과 개화로 넘어갔습니다. 반면에 오늘날 중국은 유학이 여전히 정치적, 사회적 영향력을 발휘하고 있습니다. 그도 그럴 것이 유학의 본고장인데다 국가 차원에서 장려하고 있으니까요. 더군다나 중국은 유학의 뿌리가 대단히 깊고 단단합니다. 제자백가 시절부터 이미 노장(老莊)이라는 견제세력이 있었기 때문입니다. 거기에 불교가 가세하고요. 그래서 유학이 긴장감을 갖고 끊임없이 외연을 키워나갈 수 있었습니다. 게다가 일찍부터 순자와 같은 사회공학적 유학도 있었고요.

반면에 조선왕조 500년의 유학은 온실 속의 화초였습니다. 사상적 대항축이 없었으니까요. 게다가 도덕유학에 편중되어 있었습니다. 저는 바로 이 점이 오늘날 한국사회에서 유학이 경쟁력을 못 갖는 이유라고 생각합니다. 그래서 제가 최근에 관심을 갖게 된 게 베트남 유학입니다. 엊그제 베트남 사상을 연구하시는 김성범 선생님을 만났는데, 근대 시기에 베트남의 유학자들은 향촌사회로 내려가서 한국의 개벽과 같은 '토착적 근대화 운동'을 했다고 합니다. 그렇다면 오늘날 우리가 한국유학의 방향을 모색하려면 중국유학보다는 베트남 유학을 참고하는 것이 더 현실적이지 않을까요? 똑같이 식민지 지배를 당한 경험이 있고, 똑같이 중국의 주변국이었고, 토착적 근대화 운동도 일어났으니까요.

5. 한국유학의 자산

제가 생각하기에 한국유학의 자산은 대단히 풍부합니다. 다만 오늘날 우리가 그것을 제대로 못 살려내고 있을 뿐입니다. 철학 분야에서는 한형조 교수님의 『성학십도』의 현대적 해석, 이은선 교수님의 유학적 영성의 발견, 이원진 박사님의 퇴계도상학 연구 등의 노작(勞作)이 있긴 하지만, 이것은 극히 예외적인 경우입니다. 양적으로나 수적으로나 너무나 미미합니다.

한국유학의 자산, 그중에서도 특히 근대 시기의 자산으로 제가 먼저 주목하는 것은 다산 정약용˙의 '기독유학'입니다. 유학을 바탕으로 하면서도 천주교적인 인격신[上帝] 관념을 받아들이고 있습니다. 아일랜드의 한국학자 케빈 콜리는 이것을 '기독유학'이라고 명명했습니다. 다산이 서학적 유학을 모색한 것은 유학에서 약화된 영성을 강화하기 위한 것이라고 생각됩니다. 그런 점에서 『천주실의』의 저자 마테오 리치와는 작업의 성격이 다릅니다. 마테오 리치는 천주교를 전파하기 위해서 유학을 천주교 식으로 해석했을 뿐이니까요. 반면에 정약용은 유학과 서학의 접목과 융합을 시도한 것입니다.

다산은 여기에서 한 걸음 더 나아가서 유학의 인간관의 중심을 주자의 심성론에서 실천론[行事論]으로 이동시킵니다. 이것은 유학의 실천성을 강화하는 것입니다. 그 대표적인 사례가 '인'(仁)의 정의입니다. 다산은 '인'을 선천적으로 구비된 본성이 아니라, 타인과 사회적으로 관계맺는 가운데서 후천적으로 생겨나는 공공적인 마음으로 재정의합니다. 천주교의 상제 관념 수용이 영성적인 수직축을 보완하기 위해서라면 '인'에 대한 재해석은 윤리적인 수평축을 강화하는 작업입니다. 다산은 이처럼 수직축과 수평축을 보강하여 유학의 부활과 완성을 꾀했던 것입니다. 인격적 하늘 관념을 선호하고 사회적 공공성을 중시하는 한국인들의 성향을 잘 파악한 기획이라고 생각합니다.

그런데 이보다 더 중요한 것은 오늘날 한국의 많은 유학 연구자들이 다산의 후예라는 점입니다. 서강대학교 종교학과의 김승혜 명예교수님은 고대 유학을 연구하셨는데 천주교 수녀님이십니다. 같은 서강대학교 철학과의 정인재 명예교수님은 양명학을 연구하셨는데 가톨릭 신자이십니다. 제 친구인 김동희 박사는 신학과 유학을 연구했는데 괴산에 있는 작은 교회의 목사입니다. 이은선 교수님 또한 신학자이면서 유학 연구자이십니다. 이런 사례는 무수히 많습니다. 저는 이분들의 선구자가 정약용이라고 생각합니다. 그리고 이런 현상은 중국이나 일본에서는 흔하지 않을 것 같습니다. 유학의 전통이 깊으면서 그리스도교가 가장 성행한 한국이니까 가능한 일이겠지요.

그런 점에서 다산 정약용은 이미 현대 유학을 시도하고 실험하였다고 생각합니다. 이제 기도만 하는 것이 아니라 수양까지 겸하는 그리스도인, 천리(天理)뿐만 아니라 인격적 하느님도 섬기는 유학자가 가능해진 것입니다. 저는 이 모델이야말로 우리가 발전시켜야 할 한국적 유학이자 한국적 그리스도교의 모습이라고 생각합니다. 물론 여기에 동학까지 가미되면 더 좋겠지요. 실제로 이은선 교수님이나 김동희 목사는 동학에도 조예가 깊습니다. 『농촌과 목회』를 간행하시는 한경호 목사님도 다음호부터 동학 연재를 기획하고 계십니다. 한국의 그리스도교인들이 동학을 좀 더 알 필요가 있다고 하시면서요.

정약용에 이어 두 번째 한국유학의 자산은 혜강 최한기입니다. 동학을 창시한 수운 최제우와 동시대의 인물인데, 유학을 바탕으로 서학을 수용하였습니다. 다만 같은 서학이라고 해도 최제우가 천주교의 자극을 받았다면 최한기는 천문학과 같은 자연과학을 전폭적으로 수용하였습니다. 선생님이 강조하시는 과학을 가장 잘 알고, 가장 중시한 유학자라고 할 수 있습니다.

최한기는 '리'가 아닌 '기'를 중심으로 새로운 유학을 모색하였습니다. 그리고 자신의 학문을 '기학'이라고 명명하였습니다. 아마 조선시대 유학자 중에서 자신의 학문을 이름 지은 이는 최한기가 처음이자 마지막이 아닌가 생각합니다. 과학을 받아들여 '기학'을 모색했다는 점에서는 조선 후기의 담헌 홍대용의 후예라고 할 수 있습니다. 다만 홍대용이 『의산문답』에서 전통적인 유불도 삼교(三敎)의 한계를 지적하면서 새로운 학문의 필요성을 시사하는 것을 보면 최한기와는 또다른 길을 모색하려 한 것 같습니다만-. 어쨌든 이런 기학의 흐름은 정약용과 더불어 오늘날 한국유학이 나아가야 할 방향을 제시하고 있다고 생각합니다.

그리고 실제로 20세기에 이런 작업을 계승하려 한 학자들도 있습니다. 스스로를 '기철학자'라고 자칭한 도올 김용옥 선생님, 기학을 중심으로 동서철학을 아우르려고 한 전 서강대 철학과의 이정우 교수님, 『기학의 모험』*의 집필자인 김교빈 교수님과 김시천 교수님 등이 그런 분들입니다. 다만 이 흐름이 오늘날에는 활발하지 않고, 집단 지성 작업으로 이어지지 않는 점이 아쉬울 따름입니다. 반면에 중국의 현대 신유학자들 중에서 과학을 접목시켰다는 말은 못 들어 봤습니다. 펑유란, 머우쭝싼, 탕쥔이,* 쉬푸관,* 팡똥메이,* 뚜웨이밍 등등, 모두 유불도 삼교와 서양철학에 능통한 인문학자들입니다.

● 1, 2: 김교빈, 김시천 외, 들녘, 2004

● 唐君毅 1909~1978
● 徐復觀 1902~1982
● 方東美 1899~1977

한국유학의 세 번째 자산은 개벽파의 갱정유도회입니다. 작년 크리스마스 때 일본 토호쿠대학에서 「동아시아의 새로운 근대성」을 주제로 한일공동학술대회가 열렸습니다. 원광대학교 종교문제연구소와 공동주관으로 열렸는데, 이때 개벽종교 연구자인 윤승용 교수님께서 「갱정유도의 해원과 개벽의 만남」을 주제로 발표하셨습니다. 요지는 1951년에 시작된 갱정유도(更定儒道)가 도덕문명을 지향한 개벽파의 막내둥이고, 한국전쟁 이후에 냉전체제에 정면으로 반대한 유일한 개벽종교라는 것이었습니다.

이 발표에서 가장 인상적이었던 점은 1965년의 '서울시위사건'입니다. 갱정유도인 500여 명이 서울 한복판에서 〈통일과 평화를 위한 민족선언 4대항목)이 수록된 유인물 30만 장을 배포하다 연행된 사건입니다. 이 선언문에 "원미소용(遠美蘇邇)하고(=미소의 종용을 멀리하고) 화남북민(和南北民)하자(남북민이 화합하자)."는 내용이 들어 있었는데, 당시 정부는 이 문구를 소련을 추종하자는 말로 해석하여, 시위자 500명을 전부 연행 수감했다고 합니다. 윤승용 교수님은 이 사건을 '한국전쟁 이후 민족분단의 냉전체제에 대해 공식적으로 저항한 첫 민중운동'이라고 높게 평가하셨습니다.

저는 오늘날 유학은 이런 정신을 되살려야 한다고 생각합니다. 대학이나 가문에 안주하지 말고 사회로 나와야 합니다. 촛불을 들라는 게 아니라 고전을 드는 것입니다. 지금의 인문학 붐에 부응해서 시민사회에서 유학고전운동을 벌이는 것입니다. 목사님들이 주말에 성경을 강론하시듯이 유학 연구자들이 시민들을 상대로 고전강좌를 여는 것입니다. 그래야 시민들의 기억 속에서 멀어졌던 유학이 다시 살아날 수 있습니다. 스티브 비코가 흑인의식운동을 벌이고 손병희가 민족의식을 고취하려 했듯이, 21세기에 유학 의식운동을 전개해 보는 것입니다.

마지막으로 제가 한국유학의 자산으로 꼽는 것은 지금도 활동 중인 인문운동가 이남곡 선생님의 『논어: 삶에서 실천하는 고전의 지혜』입니다. 반세기 동안의 학생운동과 시민운동의 생생한 경험을 담아낸 『논어』 해석입니다. 그래서인지 학자들의 해설서에서는 맛보기 어려운 시민사회의 분위기가 물씬 풍깁니다. 학생들에게 과제물

로 내서 읽혀 보아도 반응이 좋고요. 제가 꼽은 이 시대의 '개벽유학'
입니다.

가장 인상적이었던 점은 유학을 유교로부터 구출해서 시민사회에
되살리려고 하는 해석학적 작업입니다. 공자를 꼰대 노인이 아닌 현
대 시민으로 부활시키려는 노력이었습니다. 예를 들면 공자가 말한
'인(仁)'을 '우주적 생명력'으로, '불인'(不仁)을 우주적 생명력을 해치는
것으로 해석하고 있습니다(11쪽).

확실히 주자학에서도 '인'을 '천지가 만물을 낳은 마음'[天地生物之心]
이라고 해석하지만, 결국에는 천리(天理)로 수렴되는 느낌입니다. 반
면에 '우주적 생명력'은 동학에서 말하는 '하늘님'을 떠올리게 합니다.
그런 점에서 동학적 『논어』 해석이고, 개벽유학이라는 느낌입니다.
이은선 교수님도 '인'(仁)을 신학적으로 해석해서 '생물여성영성'이라
고 하셨고(『한국 생물 여성영성의 신학』), 오구라 기조 교수님은 '인'을 관
계 속에서 발현되는 '생명력'이라고 해석하셨습니다(『새로 읽는 논어』).
이는 모두 유학을 현대화하려는 노력에 다름 아닙니다. 뿐만 아니라
『논어』에 나오는 이상적인 인간관을 '자기를 고집하는' 자아가 아니라
'자기를 비우는' 자아로 해석하는 부분은 장자가 말하는 허심(虛心)이
나 무기(無己)의 성인관과 상통합니다. 자기의 생각을 상대에게 가르
치려 드는 것이 아니라, 반대로 자기를 비워서 타자를 수용하려는 태
도입니다. '유학=꼰대'라는 이미지를 탈피할 수 있을 뿐만 아니라, 오
늘날과 같이 다원화된 사회에 걸맞은 인간관이라고 생각됩니다.

6. 개벽 고전을 만들자

마지막으로 제가 최근에 우연히 접한 책 중에 『동학』(東學)이라는
제목의 책이 있습니다. 1923년에 퇴계 이황*의 후손인 이상호 선생이
편집한 책인데, 우리가 아는 '동학'의 경전이 아니라 중국과 한국 유학
자들의 말씀을 모아 놓은 책입니다. 부제가 '퇴계학과 실학을 계승한
청소년 인성교육서'입니다. 그래서 '동학'이라고 한 것입니다. 일종의
'한국학'이라는 의미이지요. 20세기판 소학 교재인 셈입니다.

● 李滉 退溪 1501~1570

저는 오래전부터 이런 한국적 고전이 필요하다고 생각해 왔습니
다. 유대인에게 『탈무드』가 있고, 서양인에게 『성경』이 있고, 중국인
들에게 『논어』가 있듯이, 우리에게도 우리만의 '국민고전'이 한 권쯤
있으면 좋지 않을까 생각한 것입니다. 다만 그 범위를 유학에만 한정
시키지 말고, 원효의 「화쟁론」이나 최치원의 「난랑비서문」, 그리고
『삼국유사』의 「단군신화」나 세종의 『훈민정음 해례본』, 나아가서 개
벽파 담론의 핵심 구절과 「기미독립선언문」 등, 한국사상을 대표할
핵심 사상들을 망라하는 것입니다.

선생님이 하시는 소학 3.0이나 개벽학당에도 이런 텍스트가 필요
하리라 생각합니다. 제도권 교육에도 커리큘럼으로 들어가면 좋겠
고요. 기왕이면 조선시대처럼 동네마다 개벽서당 같은 것이 생겨서
이런 고전 강독이 생활화되었으면 더 좋겠습니다. 이것이야말로 진
정한 시민사회의 한국학 운동이라고 생각합니다. 유학을 사랑하시

는 분들이 이런 운동에 앞장서 주셨으면 하는 바람입니다. 저도 기회

가 된다면 개벽학당을 중심으로 이런 고전운동을 전개해 보고 싶습니

다. 20190419

이
병
한

개벽 좌우파의 대연정:
나라살림과 지구살림

개벽좌파와 개벽우파의 대연정…좌/우의 갈등을 넘어서, 남/북의 분
단을 넘어서 개벽과 개화의 대합장과 대합창을 견인할 수 있지 않을
까 궁구해 보는 중입니다.…20세기의 최대 연합전선이었던 신간회
는…끝내 분열되고 말았습니다. 21세기 최대 연합노선 '신간회 2.0'
은 필히 개벽 좌/우파가 선창하는 편이 이롭지 않을까 싶습니다.…분
단체제 극복 운동의 대들보로서, 리셋 코리아의 디딤돌로서 개벽 좌
우파의 대연정부터 촉구하는 바입니다.

1. 「건국론」과 나라살림

「건국론」을 음미했습니다. 원불교 2대 종사 정산의 작품입니다. 대
종사 소태산의 도반이자 수제자이고 후계자였습니다. 출간 시점이 탁
월합니다. 1945년 10월, 광복 직후입니다. 나름의 '준비시대'를 거쳤
음이 분명합니다. '도둑처럼 온 해방'에 임하는 '정치적 영성가'의 치
열하고 치밀한 대비가 놀랍습니다. 운동기 의암 손병희는 도전(道戰),
언전(言戰), 재전(財戰)을 준비했습니다. 건국기 정산 종사는 도치(道治),
덕치(德治), 법치(法治)를 앞세웠습니다. 항쟁 단계를 지나 건설 단계로
이행한 것입니다. 저항은 차라리 쉽습니다. 창업과 수성이야말로 정
치의 극점입니다. 도치와 덕치는 도덕정치이니 동학의 후예로서 낯설
지 않은 발상입니다. 백미는 역시 법치라 하겠습니다. 불교적 도치와
유교적 덕치에 법가적 경세론을 결합시킨 것입니다. 혹은 동방의 정
치사상에 서방의 정치기술을 접목한 것입니다. 개벽에 개화를 접속시
켰습니다. 혼란하고 혼탁했던 해방정국에 이미 동서문명 회통의 전범
을 일찍이 선보인 것입니다.

하기에 종교와 정치에 대해서도 득의의 관점을 제기합니다. 정교
일치도 아니요, 정교분리도 아닙니다. 성이 속을 압도하는 신정도 아
니요, 속이 성을 무력화하는 세속정도 아닙니다. 종교는 근본을 닦는
집이요, 정치는 마무리를 다스리는 기관이라 하였습니다. 근본과 말
단을 두루 고루 아울러야 원만하고 원대한 문명세상이 열리리라 하셨
습니다. 하여 '정교동심'(政敎同心)입니다. 한마음에서 비롯된 두 영역
이 종교와 정치로 역할을 분담하는 것일 뿐입니다. 고로 '주의는 일원
주의요, 제도는 공화제도라' 일컬었습니다. 각지고 모난 마음부터 원
만하고 원대하게 다듬고 보듬어야 합니다. 그 일원주의 사상을 물질
화하는 것이 바로 공화제도입니다. 하여 공화제는 단순히 선거제나
민주제로 한정되지 않습니다. 필히 종교와 교육을 통한 '정신적 자각'
을 요청합니다. 수양과 수행이라고 고쳐 말할 수도 있겠습니다. '각자
의 마음을 반성하여 항상 그 개선에 전력을 다하는' 자각한 민중들의
정치가 바로 공화제입니다. 계급의식의 각성을 촉구했던 것이 아니
라고 하겠습니다. 계층, 지역, 젠더 등등의 온갖 분별심에서 홀홀 벗
어난 한마음을 연마할 것을 격려하고 독려했던 것입니다. 응당 그 일
원주의 공화국이라 함은 노동자(프롤레타리아) 국가도 아니요 시민(부
르아) 국가도 아닐 것입니다. 만인이 주인 되는 20세형 민주주의를 훌
쩍 넘어선, 만인이 성인 되는 원만한 군자국가, 원대한 보살국가, 원
숙한 개벽국가였을 터입니다. 그래서 미국에 기웃거리고 소련에 갸웃
거리는 개화 좌우파의 짓거리를 흉내 내지 않는 줏대 있는 개벽파로

떳떳할 수 있었습니다. 실로 21세기가 요청하는 '깊은 민주주의'(Deep Democracy)의 맹아입니다.

다만 마음공부, 심학(心學)만 일방으로 강조했다면 「건국론」의 가치는 덜했을 것입니다. 제도공부, 실학(實學)이 튼튼하게 받쳐주어서 그 부가가치를 증폭시킵니다. 제5장 '국방'과 제6장 '건설과 경제'가 유난히 반가운 까닭입니다. 전기공업을 증강하고 지하자원을 개발하고 운수교통의 개수를 역설합니다. 일제의 자산을 공익재단 건설로 유도하여 국영경제와 민영경제의 조화를 탐구하는 대목도 미덥습니다. 발명과 기술을 강조하고 의학의 중요성도 밝혔습니다. 요즘 말로는 혁신경제를 장려하는 것이고, 옛날 말로는 항산을 다지는 것입니다. 청빈(淸貧)에 안주하지 않고 청부(淸富)를 탐구했습니다. 난세에 쏘아 올린 토착불교가 치세의 유학을 내포하여 건국기의 개벽불교로 진화했음을 드러내는 상징적인 모습이라 하겠습니다. 하여 종교인의 언설이라고는 해도 일말의 관념론도 허용치 않습니다. 철저한 합리주의와 실용주의, 실사구시에 바탕해 있습니다. 그래서 어설픈 공산주의적 평등주의도 설파하지 않았던 것입니다. 관리자와 노무자의 공평한 대우, 리더십과 팔로우십을 저마다 제대로 갖출 것을 역설했습니다. 대종사의 강자 약자 공진화의 지혜를 현장과 현실로 끌어들였던 것입니다. 소년 시절 『자치통감』(資治通鑑)*을 읽히며 천년의 경세론을 익히는 등 반천년 유교의 토대 위에서 개벽의 자각을 얹었다고 하겠습니다. 하기에 원론에 머무는 것이 아니라 각론 또한 튼튼했던 것입니다.

● 사마광(司馬光)이 1084년에 저술한 당나라 말까지의 역사서로 제왕학의 책으로 불린다.

나이브한 정신주의나 도덕주의와는 결이 다르고 격이 달랐습니다.

실로 사회과학 없는 동양학은 '팥' 없는 찐빵입니다. 말씀하신 것처럼 오늘날의 한국 유교가 형편없이 하강한 데에도, 저는 사상의 부재보다는 '경세의 경험 부재' 탓이 더 결정적이라고 생각합니다. 인류역사 최장의, 최고의 경세론을 근대 국가 경영(Statecraft)에 접목시킬 수 없었던 것입니다. 그러니 '공자 왈 맹자 왈' 비아냥이 생깁니다. 치평(治平)의 노하우가 없다면 찻잔 속의 태풍, 공리공담에 그치고 맙니다. 성균관대학교 신정근 교수가 이끄는 '선비민주주의 총서' 시리즈*를 흥미롭게 따라 읽고 있습니다. 민주와 민본을 회통시키려는 지적 작업을 주시하고 있습니다. 그러나 그렇게 논문만 써서는 '선비 민주'가 이루어질 리 만무하다고 생각합니다. 캘리포니아의 주정부 거버넌스 혁신처럼 필히 현실정치와 접목이 되어야 유학의 특장이 되살아납니다. 중앙정부와 서울시까지는 아니더라도 성균관대가 자리한 종로구에서라도 실험에 나서 보기를 권장합니다.

● 성균관대학교출판부, 2018~2019. 제1권 『민본과 민주의 개념적 통섭』, 제2권 『제도적 통섭과 민본의 현대화』, 제3권 『'악학궤범』 악론의 동양사상 2580』

21세기의 개벽파 또한 마찬가지라고 하겠습니다. 살림과 경영의 연마가 없는 개벽학은 종이 위의 허풍으로 그칠 공산이 큽니다. 원광대학교의 개벽학연구회도 다르지 않을 것입니다. 익산시와 전라북도를 개벽시키지 못한다면 '개벽'이라는 간판을 내려놓는 편이 타 지역과 중앙의 개벽파를 위해서도 이로울 것입니다. 유학의 현재를 비판하기보다는 개벽학의 반면교사로 삼는 엄정한 자기성찰이 필요합니다. 부디 개벽시(市)와 개벽도(道)와 개벽학이 공진화하길 바랍니다.

지역과 산업과 학문이 삼합을 이루어 삼투작용을 일으키는 시산학(市産學) 콘소시엄을 제안합니다.

「건국론」이 상징하듯 해방공간의 원불교도 세속 정치에 적극 개입했습니다. 유교의 현실 참여 정신뿐 아니라 개벽종교들의 사회변혁 의지를 오롯이 계승했습니다. 미륵을 기다리는 것이 아니라, 나부터 미륵이 되어 미륵세상을 이루고자 했습니다. 건국 노선으로는 중도와 중립을 표방합니다. 좌우의 이념적 편향성을 배제하는 중도를 내세웠고, 소련이나 미국 일방에 기울지 않는 중립을 앞세웠습니다. 중도와 중립은 기계적인 평균을 의미하지 않습니다. 역동적인 균형, 중용의 현대화입니다. 방법과 방편은 '대국관찰'(大局觀察)입니다. 전 세계의 대국과 대세를 주밀하게 관찰함으로써 자국에 가장 적절한 방향을 찾아가는 주체노선을 확립해야 합니다. 정산은 '기미(幾微)를 통찰하고 고금을 짐작하여 부패해진 종교와 정치를 새로운 방법을 써서 다시 그 시대의 활물(活物)로 만드는 자가 곧 새 세상의 구주(救主)'라고 하셨습니다. 옹졸하고 편벽된 척사파도 아니요, 맹목적 추종으로 일관하는 개화파도 아닌 것입니다. 좌/우파 정치성으로 물든 세속의 이데올로그 또한 아니었습니다. 하기에 정산은 정치적 영성으로 성성하여 시중을 꿰뚫고 꿰찼던 달관의 구주였던 것입니다.

2. 「삼동윤리」와 지구살림

다시금 때가 절묘합니다. 정산 종사는 1962년 열반하셨습니다. 종법사에 취임하신 것은 1943년입니다. 식민지 근대화의 말엽에서 조국 근대화의 초입까지 원불교를 이끄셨던 것입니다. 4월 혁명, '군자들의 행진'은 무참히 짓밟혔습니다. 5·16 반혁명, '군인들의 행군'이 남한의 근대화를 추동했습니다. 뒷배는 역시 미국이고, 모델은 다시 일본이었습니다. 박정희는 일생 좌파와 우파를 오락가락했으나 개화파의 화신이었다는 점에서는 일관된 인물이었습니다. 그가 '구국의 영웅'이었다면 정산은 '구세의 성자'였습니다. 더 멀리 내다보고 더 깊이 나아갔습니다. 1961년 열반게송으로 발표한 것이 바로 「삼동(三同)윤리」입니다. 「건국론」이 민족의 지도자로 쓴 글이었다면, 「삼동윤리」는 만 민족 인류의 스승으로 승화한 문건이라 하겠습니다.

삼동윤리의 첫째 강령은 동원도리(同源道理)입니다. 모든 종교와 교회가 그 근본은 다 같은 한 근원이고 도리인 것을 알아서, 서로 대동화합하자고 했습니다. 둘째 강령은 동기연계(同氣連契)입니다. 모든 인종과 생령이 근본은 다 같은 한 기운으로 연계된 동포인 것을 알아서, 서로 대동화합하자는 것입니다. 셋째 강령은 동척사업(同拓事業)입니다. 모든 사업과 주장이 다 같이 세상을 개척하는 데 힘이 되는 것을 알아서, 서로 대동화합하자는 것입니다. 그리하여 "한 울안 한 이치에, 한 집안 한 권속이 한 일터 한 일꾼으로 일원세계 건설하자."는 지구적 이상론을 설파하게 됩니다. 모든 종교와 사상, 인종과 민족, 주의와 사업은 물론 우주 만물이 대동화합하고 다 같이 공존공영하는 방법을 원리적으로 간결하게 제시한 것입니다.

당장 연상되는 책이 캉유웨이(康有爲, 1858~1927)의 『대동서』입니다. 남한에서도 동방의 유토피아, 대동세계의 업그레이드 버전이 출시된 것입니다. 다만 인물의 품격이 다릅니다. 캉유웨이는 일생 선지자, 메시아 의식으로 충만했습니다. 반면 정산은 겸손합니다. 대자대비의 세계주의가 이미 불보살 성현들이 밝혀 둔 이치라며 겸양합니다. 성현과 성인이 밝힌 진리를 민주화하고 민중화하며 세계화하는 것이 바로 '다시 개벽'이라 하겠습니다. 선천과 후천의 차이 또한 여기에 있습니다. 고로 천하론의 업데이트라고도 하겠습니다. 정산 종사가 직접 "과거에는 천하의 도가 다 나뉘어 있었으나 이제부터는 천하의 도가 모두 합하는 때이니 세계주의인 일원대도로 천하를 한 집안 만드는 데 힘쓰라."고 말씀하신 적도 있습니다. 동시대의 마오쩌둥이 삼국지의 천하삼분론을 현대적으로 각색하여 삼개세계론(제3세계론)을 제기하고 문화대혁명을 수출하려 든 것과는 급이 다른 발상입니다. 천하위공의 가치를 폐기처분한 것이 아니라 더더욱 지구화한 것이니 21세기 하고도 10년이 더 흘러서 발족한 베르구르언 연구소(Berggruen Institute)*의 신천하 프로젝트를 연상시킨다 하겠습니다. 지난해 베이징에서 열린 첫 회의에 이어 올해는 칭다오에서 후속 회의가 열립니다. 정산의 삼동윤리를 글로벌 공론장에 소개하려 합니다.

● 특정한 상황에서 적용 가능한 관리개혁의 다양한 대안을 제시하는 것을 목표로 하여 리더십 태스크 포스를 구성, 프로젝트를 시행 및 개발하는 미국의 정책연구소

그러나 뭐니 뭐니 해도 삼동윤리는 20세기 한반도의 역사와 긴밀합니다. 아니 1860년 동학 창도 이래 100년의 역사와 직결됩니다. 동학운동 2.0이 삼일운동이었고, 그 삼일정신을 다시 현대화시킨 것이 삼동윤리라고 하겠습니다. 삼일과 삼동을 함께 견주어야 20세기 개벽사의 등뼈가 바로 서는 것입니다. 개벽파의 전위세력으로서 천도교와 원불교의 위상전환을 상징하는 바도 없지 않습니다. 천도교가 주도했던 삼일운동정신을 원불교적으로 세련화하고 세계화한 것이 삼동윤리라고 보기 때문입니다. 천도교, 기독교, 불교 종교연합으로 삼일혁명을 일으켰던 것처럼, 삼동윤리 또한 전 지구적 지평에서의 종교연합을 도모하기 때문입니다. 원불교의 계보와도 정합적입니다. 소태산의 일원주의가 정산의 삼동윤리를 거쳐 대산종사의 종교연합(United Religions)운동으로 부단히 진화했던 것입니다. 교파를 초월한 종교인식과 탈종교와 다종교를 아우르는 발상은 새천년 인류의 행방을 내다본 것이라 하겠습니다. 삼동윤리를 학술적으로 천착한 『미래사회와 종교』가 2000년에 출간된 것 또한 우연만은 아니지 싶습니다. 1900년에 이 땅에 나서서 베푼 지혜가 2000년 이후 '다른 백년'과 '다시 개벽'의 영감이 되어 주고 있는 것입니다. 새천년에 태어난 21세기의 신청년들, 밀레니얼들에게 딱 어울리는 발상이자 사상입니다.

실제로 20세기형 인터내셔널(Inter-National)에서 21세기형 인터페이스(Inter-Faith)로 나아가야 한다는 것이 작년 11월 토론토에서 열린 세계종교의회의 집합적 지혜였습니다. 하노라면 미륵의 처소, 개벽의 성소 익산을 '글로벌 개벽시'로 탈바꿈시켜서 세계종교의회를 개최해 보아도 좋을 것 같습니다. 원불교에는 본디 그만한 원대한 비전이 담겨 있었기 때문입니다. 김형수 선생이 쓰신 『소태산 평전』의 마지막 장 제목이 '인류세'였음 또한 가히 예사롭지 않습니다. 부디 일백년 전의 기백과 기상을 현대적으로 계승해 주기를 바랄 뿐입니다.

3. 개벽 좌/우파의 대연정

1980년대 대산 종사와의 만남을 계기로 북조선과의 통일 문제에 눈을 뜬 인물이 홍석현 회장입니다. 언론사 사주이기 이전 본디 학자였습니다. 공학(석사)과 경제학(박사)을 두루 익힌 현대판 실학자입니다. 국제개발은행(IBRD)을 거치며 세계 감각을 습득하고 KDI에 근무하며 한국 경제의 실상을 익혔습니다. 주미대사까지 역임하였으니 또래의 한국인 가운데 가장 경험이 넓고 식견이 풍부한 사람이라고 하겠습니다. 최근 그분과 한국의 현재와 현실에 대한 진단을 주고받을 기회가 있었습니다. 이웃나라를 포함하여 세상사 돌아가는 것과 무관한 듯 정치하는 작금에 대한 걱정과 비판이 이만저만 아니었습니다. 대국을 관찰하고 대세를 주시하며 대전략을 입안해야 할 터인데, 임기응변과 선거공학에만 능한 3류 학자들에게 휘둘리고 있노라 우려하셨습니다. 제가 '모던보이' 개화좌파 시절이었다면 보수우파의 편향된 시각이라며 고개를 가로저었을지 모르겠습니다. 그러나 깊이 수

궁되는 대목이 없지 않았습니다. 아니 적지 않았습니다.

절로 정산의 말씀 가운데 한 구절이 떠오릅니다. "개혁을 하려면 먼저 천하의 대세를 볼 줄 알아야 하고, 그 시운에 따라 그 시대를 향도할 바른 법이 있어야 하며, 또한 그 법을 운전할 만한 개혁되고 혁신된 사람이 있어야 합니다. 그런데 이런 준비가 되지 않고 개혁만 하려하면 시끄럽고 무질서만 초래할 뿐입니다." 오늘에 비추어도 전혀 손색이 없는 진단입니다. 민주화 세력, 집권당의 준비가 태부족이었음이 낱낱이 드러나고 있습니다. 천하의 대세를 볼 줄도 모르고 법을 짓고 사람을 키우는 비전도 턱없이 부족합니다. 촛불혁명으로 방벌한 낡은 세력과 그 점에서는 별반 차이가 없습니다. 미래에 대한 전망은 불투명하고 과거에 대한 투쟁만 선명하다는 점에서 오십보백보입니다. 한쪽은 1970년대를 추억하고, 다른 쪽은 1980년대를 되새김질합니다. 2010년대 내내 '헬조선'은 복고풍으로 뒤덮이고 있습니다.

멀리를 내다보며 한반도 평화에 천착하는 홍석현 회장의 행보를 개화우파에서 개벽우파로의 회심으로 간주할 수 있을지 모르겠습니다. 맞은편에는 개화좌파의 선봉이었던 백낙청 선생이 계십니다. 홍회장은 미국 서부의 최고 명문 스탠포드 출신이고, 백 교수는 동부의 최고 명문 하버드에서 공부했습니다. 두 분 모두 신대륙으로 건너가서 20세기 문명의 정수, 아메리카의 중화를 섭취했던 '신청년'들이었습니다. 생각의 크기는 경험의 폭과 깊이 결부됩니다. 사유의 사이즈와 스케일을 좌우하곤 합니다. 백낙청 선생을 오늘의 반열에 올린 저

작이라 할 수 있는 『민족문학과 세계문학』 시리즈*의 제목이 암시하 ● 1~4.창비, 1978~2006
는바 역시 세계적 감각이 탁월했던 글로벌 인재입니다. 20세기 말, 20
대부터 써 온 백낙청의 거의 모든 글을 몰아 읽었던 적이 있습니다.
그때 참으로 독특하다 여겼던 점이 바로 '마음공부'라는 말이 거듭 제
출된다는 점이었습니다. 리얼리즘이니 민족문학론이니 분단체제론
이니 퍽퍽한 담론을 개진하다가도 이따금씩 마음공부를 강조했던 것
이 당시에는 퍽이나 이채로웠습니다. 그 또한 원불교와의 깊은 인연
의 소산 때문이라는 것을 알고 나서야 의아함이 풀어졌습니다. 그래
서 창비 사단 가운데서도 유독 '개벽'이라는 말을 종종 구사하셨던 것
입니다. 『문명의 대전환과 후천개벽』이라는 책도 출간하였죠. 그 연
장선에서 창비의 싱크탱크인 세교연구소와 원광대학교의 인재들이
개벽담론을 공동 연구하는 모임도 곧 발족하게 됩니다. '개벽좌파'로
간주해도 어색하지 않을 동향입니다.

원불교좌파 백낙청과 원불교우파 홍석현을 동시에 숙고해 보는 요
즘입니다. 「건국론」의 비전이 실현되지 못하고 분단체제가 확립된 것
에는 외세의 탓 못지않게 개화좌파와 개화우파의 갈등과 반목이 치명
적이었습니다. 원만한 마음을 조탁해 가는 정신개벽을 수반하지 않는
개화파가 득세함으로써 원대한 국가 또한 이룩하지 못하고 옹졸한 분
단국가로 귀착되었던 것입니다. '근본은 텅 비어 두렷하고 원만하여
흔들림 없는 마음'으로 심지를 다진 개벽좌파와 개벽우파의 대연정을
궁리해 보고 있습니다. 좌/우의 갈등을 넘어서, 남/북의 분단을 넘어

서 개벽과 개화의 대합장과 대합창을 견인할 수 있지 않을까 궁구해 보는 중입니다. 이념으로는 좌/우가 갈리되 마음으로는 '좌우동심'에 이를 수도 있지 않을까요? 하여 정교동심에 좌우동심을 결합시키고 싶습니다. 20세기의 최대 연합전선이었던 신간회*는 개화 좌/우파가 선도하여 끝내 분열되고 말았습니다. 21세기 최대 연합노선 '신간회 2.0'은 필히 개벽 좌/우파가 선창하는 편이 이롭지 않을까 싶습니다. 유유상종(類類相從)에서 구동존이(求同存異)로의 대전환, 두 분의 지긋한 원로가 감당해 주시면 감사할 일입니다. 북조선 식 척사와 남한 식 개화를 지양하는 분단체제 극복 운동의 대들보로서, 리셋 코리아의 디딤돌로서 개벽 좌우파의 대연정부터 촉구하는 바입니다.

● 新幹會. 1927~1931년. 6·10만세 운동 이후 높아진 민족운동 열기를 결집하여 민족주의 좌파와 사회주의자들이 연합하여 전개한 '민족유일당' 조직 운동의 결실로 이루어진 좌우합작의 민족협동전선체. 일제강점기를 통틀어 최대의 반일사회운동 단체였다.

유교와 개벽을 논구해 주신 글에서 다산의 '기독유학'이 가장 흥미로웠습니다. 동방의 유학사와 서방의 서학사가 조우하여 빚어내는 빛나는 지구사상사의 풍경이 이채롭습니다. 다산을 기점으로 이미 유학사와 서학사의 삼투작용은 심층적으로 전개되었던 것입니다. 그 연장선상에서 19세기 후반 기학과 동학이 앞서거니 뒤서거니 등장했다고 보아도 무방할 것입니다. 신학과 유학의 회통을 선도하고 있는 분들을 다산의 후예로 접근하는 지점도 넉넉히 수긍하게 됩니다. 무엇보다 서학 2.0 천주교와 기독교는 20세기 후반 한국의 민주화에도 커다란 기여를 했던 바입니다. 특히 '원주학파' 장일순과 윤노빈, 김지하 및 한살림운동 등 동학 3.0의 환생에 천주교의 매개 고리가 있었음도 절묘한 구석이 아닐 수 없습니다. 지난 글에서는 20세기 유학의 업그레이드를 복구했습니다. 다음 글에는 20세기 서학의 업데이트를 복기해 보고자 합니다. 정교동심, 좌우동심에 동서동심(東西同心)까지 장착하여 '뜻으로 본 한국의 서학사'를 천착해 보고 싶습니다. 20190429

조
성
환

좌우남북의 공통가치: 하늘살림

제가 특히 되살리고 싶은 용례는 …'동사로서의 하늘'입니다. "내 마음을 하늘같이, 내 기운을 하늘 같이 한다"[天我心, 天我氣]는 말이 그것인데,…중국고전에서는 '天'(천)이 동사로 사용되는 용례는 보지 못했습니다.…한국의 '하늘'은, 특히 동학이나 천도교에 이르면, '하는님'(윤노빈)이나 '일하는 하늘님'(김지하)이라는 해석에서도 알 수 있듯이, 하나의 '활동'으로 이해되고 있습니다.…지금의 개벽학도 이렇게 하늘하는 길을 지향하고 있습니다.

1. 천인공화와 일원공화

　지난번에 보내주신 편지에서 천도교의 '삼일정신'과 원불교의 '삼동윤리'를 연속적으로 바라보는 시각이 가장 인상적이었습니다. 이런 관점에서 양자를 분석하는 시각은 아마 처음이 아닐까 생각합니다. 지금까지는 겨우 두 종교가 '개벽'이라는 말을 공유하고 있었다는 정도만 지적되었으니까요. 개벽종교를 하나의 '파'나 '학'으로 묶어서 보지 않았기 때문에 생긴 현상이라고 생각합니다. 각자 자기 교단의 교리나 운동사에만 관심을 기울이거나, 아니면 동학농민혁명에만 주목을 해 왔으니까요. 그러나 앞으로는 이런 관점에서 개벽파를 다시 읽어야 할 것입니다. 그런 점에서 개벽파 연구의 중요한 방법론을 제시해 주셨다고 생각합니다.

　그래서 당장 그 방법론을 개벽파의 '공화제'에 적용해 보았습니다. 제가 생각하기에 천도교의 천인공화(天人共和)와 원불교의 일원공화(一圓共和)도 공화제의 연속적 전개로 볼 수 있을 것 같습니다. 물론 내용상의 차이는 있겠지만요. 정산 송규의 "주의는 일원주의요 제도는 공화제도라."라는 말을 천도교 식으로 바꾸면 "주의는 하늘주의요 제도는 공화제도라."고 할 수 있을 것입니다. 오문환 선생님의 고전적인 논문 「천도교(동학)의 민주공화주의 사상과 운동」(2007)에 의하면, 천도교에서는 이미 1911년에 '천인공화' 개념을 제시하였습니다(鄭桂玩,「三新說」,『天道教會月報』 제9호). '천인공화'는 "하늘과 사람이 함께 한다."는 의미에서 천인공공(天人公共)이라고도 할 수 있고, 선생님 식으로 표현하면 '천인합작'이 되겠지요.

2. 천인공공과 천하공공

● 司馬遷, B.C.145~B.C. 85?

'공공'이라는 말은, 일찍이 교토포럼에서 김태창 선생님이 발견하셨듯이, 사마천*의 『사기』에 "모두가/모두와(公) 함께(共)한다."는 의미의 동사로 처음 나오는데, 11세기의 성리학에 이르러 본격적인 사상 용어로 사용되기 시작합니다. 대표적인 예가 '公共之理'(공공지리), 즉 '모두가(公) 함께하는(共) 도리(理)'라는 개념입니다. 성리학에서 말하는 천리(天理)는 누구나 공유하고 있고(=본성으로써 구비되어 있고), 또 공유되어야 한다(=사회적으로 실현되어야 한다)는 것이지요. 이 '공공지리'를 줄인 말이 오늘날 수학에서 사용되는 '공리(公理)'입니다. 그리고 성리학에서는 公(공)과 共(공)이 서로 뒤바뀌어 쓰이기도 하고 公(공)만 단독으로 동사로 쓰이기도 합니다.

그런데 흥미로운 것은 이 '공공'의 용례가 폭발적으로 나오는 것은 다름 아닌 『조선왕조실록』이라는 사실입니다. 가타오카 류 교수님의 연구에 의하면 600여 차례가 넘는 용례가 나오는데, 그 예문도 다양해서 천하공공(天下公共), 만세공공(萬世公共), 고금공공(古今公共), 거국공공(擧國公共), 공공지의(公共之議), 공공지론(公共之論), 또는 신인공분(神人共憤), 신인공노(神人共怒), 신인공쾌(神人共快), 신인공환(神人共歡) 등 끝이 없습니다. 이 무수한 용례들은 조선의 사대부들이 정치를 하면서 무엇을 중시했는지를 말해줍니다. 그것은 하늘과 희로애락을 함께하고 다수와 생각을 공유하는 '천인공공'(天人公共), '중인공공'(衆人公共)의 정치입니다.

3. 공공(公共)에서 공화(共和)로

저는 유교의 핵심은 바로 이 '공공'(公共)에 있다고 생각합니다. 혼자서 사유(私有)하는 것이 아니라 모두가 공유(公有)해야 한다는 것이 유교, 그중에서도 특히 조선 주자학의 이상이었습니다. 맹자에 나오는 '여민'(與民)이나 세종*의 '여민가의'(與民可矣, 백성과 함께 하면 된다)도 '공공'의 다른 표현입니다. '여민'과 '공공'을 합치면 '여민공공'(與民公共)이라고 할 수 있겠지요.

● 世宗 재위 1418~1450

저는 천도교와 원불교의 '공화' 개념은 조선 주자학의 '공공' 개념의 개벽파 버전이라고 생각합니다. 이런 시각으로 천도교와 원불교의 '공화'를 분석해 보면, 천도교의 '천인공화'는 '하늘과 함께해서(共) 모두가 어우러지는(和) 것'이라고 할 수 있고, 원불교의 '일원공화'(一圓共和)는 '일원과 함께해서(共) 모두가 어우러지는(和) 것'이라고 할 수 있습니다. '공화' 개념 자체만 분석해 보면 '함께(共) 어우러진다(和)'이지만, 그 어우러지게 하는 공통가치가 성리학적인 천리(天理)가 아니라 '하늘'과 '일원'이라는 점이 특징입니다.

4. 하나를 공공한다

'하늘'과 '일원'을 개벽파의 공통용어로 바꾸면 '한울'이라고도 할 수 있을 것입니다. '한울'은 대종교, 천도교, 원불교가 공공하는(공유하는) 개념으로, 최제우의 『용담유사』에는 '무궁한 이 울'이라는 용례도 보이고, 천도교 사상가 이돈화에 의하면 '큰 울타리'라는 뜻으로 '우주 전체'를 말합니다(『신인철학』, 1924년). '우주는 하나'라는 것이지요. 원불교의 정산 송규는 이것을 '한 울안 한 이치'라고 하였습니다. 그래서 천도교의 천인공화이든 원불교의 일원공화이든 그 공통점을 추출해 보면 '하나임을 공유하는 것' 또는 '하나와 하나 되는 것'이라고 할 수 있습니다.

그런 의미에서 주자학에서는 '理'(리)와의 공공을 강조했다면, 개벽학에서는 '一'(일)과의 공공을 강조했다고 할 수 있습니다. 즉 주자학에서 말하는 "리는 하나이지만 나누어져서 달라진다."고 하는 리일분수(理一分殊)에서, 주자는 공공의 대상을 '다름의 理(리)'로 보고 있다면,

개벽학에서는 그것이 '같음의 一(일)'로 이동하는 것이지요. 그리고 이 '一'(일)을 동학에서는 '하늘'[天]로, 원불교에서는 '일원'(一圓)으로, 천도교에서는 '한울'로 약간씩 다르게 표현하고 있을 뿐입니다. 정산 송규의 삼동윤리(三同倫理)에서 말하는 동(同)도 이 一(하나)의 다른 표현이라고 할 수 있고요.

5. 리일(理一)에서 기일(氣一)로

더 중요한 것은 주자학에서는 리(理)가 다르게 드러나는 원인을 기(氣)의 차이로 설명한다면, 개벽학에서는 동학의 일기(一氣)나(『동경대전』) 원불교의 동기(同氣)에서(『삼동윤리』) 알 수 있듯이, 기(氣)의 동질성을 주장한다는 점입니다. 즉 리일(理一)에서 기일(氣一)로, 일리(一理)에서 일기(一氣)로 전환되는 것입니다. 바로 이 점이야말로 주자학과 개벽학의 근본적인 차이라고 생각합니다. 주자학에서는 만물 간의 구분과 차등을 인정한 상태에서 윤리를 말한다면, 개벽학에서는 만물 사이의 같음과 동질을 전제한 상태에서 도덕을 말하는 것입니다.

이것을 유학의 수기치인(修己治人)으로 설명해 보면, 유학의 수기치인에서는 己(자기)와 人(타인)이 분리되어 있습니다. 즉 수양하는 주체는 위정자이고 다스려지는 대상은 백성입니다. 백성들은 원칙적으로 수양을 할 필요가 없습니다. 그러나 개벽학에서는 모두가 수양을 합니다. 그래서 자기[己]와 타인[人]이 분리되지 않습니다. 수양하는 이와 다스려지는 이가 '하나'가 된 것입니다.

6. 하나로 통한다

이처럼 개벽학에서는 상위자와 하위자의 위계가 사라지니까, '다스린다'[治]거나 '교화한다'[敎]는 개념보다는 '모신다'[侍]거나 '섬긴다'[事] 또는 '공경한다'[敬]나 '감사한다'[報恩]는 개념이 중요합니다. 동학·천도교에서는 모두가 하나의 하늘이니까 '사람을 하늘같이 섬기고'[事人如天] '만물을 공경하라'[敬物]고 하고, 원불교에서도 모두가 하나의 원(圓)처럼 연결되어 있으니까 만물에 감사하는 마음을 가져야 한다고 말합니다. 이것을 '천지의 은혜'[天地恩]나 '동포의 은혜'[同胞恩]라고 하는데, 윤리적 실천 덕목이 모두 '하나'라는 우주론 또는 존재론에서 나오고 있습니다.

특히 원불교는 이 '하나'의 세계관을 만물뿐만 아니라 종교에까지도 적용한다는 점이 특징적입니다. 삼동윤리에서 말하는 '세계의 모든 종교적 진리는 근원적으로 같다'고 하는 동원도리(同源道理)가 바로 그것입니다. 그래서 저는 원불교의 종교관은 '종교다원주의'라기보다는 '회통주의', 더 쉽게 말하면 '하나주의'라고 표현하는 것이 옳다고 생각합니다. 다원주의가 상대방의 종교를 인정하고 존중하자는 차원에 머무른다면, 회통주의는 각 종교들이 근저에서는 하나로 통한다는 통교적(通敎的) 차원으로까지 나아가니까요.

7. 2세기 원불교학과 천도교학

원불교도 이제 100년이 지났습니다. 그래서 2세기 원불교학이 나아가야 할 방향에 대해서 원불교 내부에서도 논의가 많은 것 같습니다. 저는 연구자 입장에서, 역시 중요한 것은 교학의 시대화와 대중화라고 생각합니다. 요즘의 눈높이에 맞게 교리나 사상을 재구성하고 재해석하는 것이지요.

가령 정산 종사의 '삼동윤리'는 꼼꼼히 분석해 보면, '윤리'라는 범주로 다 포괄되지 않습니다. 먼저 '동원도리'는 '세상의 모든 진리는 하나로 통한다'는 말이니까, 윤리론이라기보다는 진리론이라고 하는 편이 옳을 것입니다. 더 구체적으로 말하면 '진리 하나론', 또는 '진리 동원론'이라고 할 수 있겠지요. 두 번째의 '동기연계'(同氣連契)도 '세상의 모든 존재는 하나의 기운으로 서로 연결되어 있다'는 뜻이니까, 이 역시 윤리론이라기보다는 우주론이나 존재론이라고 하는 것이 적절할 것 같습니다. 마지막의 '동척사업'(同拓事業)이야말로 '모두가 함께 같은 사업을 한다'는 뜻이므로 윤리론과 실천론에 가깝다고 할 수 있습니다.

물론 동원도리와 동기연계도, '모든 것이 하나라는 진리를 알아서 대동화합하자'는 의미를 담고 있다는 점에서는 윤리론의 측면이 있다고 볼 수 있습니다만, 엄밀히 구분하면 그렇다는 것입니다. 그래서 저는 '삼동윤리'보다는 '삼동론'이라고 부르고, 그 삼동론 안에 동원진리론, 동기존재론, 동척윤리론이 있다고 보고 싶습니다. 이런 식으로 원불교의 교리나 사상을 현대적으로 범주화하고 체계화하고 풀어내는 작업이 필요한 시점입니다.

이런 관점에서 보면 천도교도 예외는 아닙니다. '한살림'이 동학의 생명사상을 한글로 멋지게 풀어냈듯이, 천도교 또한 이 시대와 호흡하는 언어와 사상을 궁리해야 할 것입니다. 이 문제를 생각하는 데 있어 관건은 동학의 '하늘' 관념을 오늘날 어떻게 되살리느냐에 달려 있다고 봅니다. '하늘'이야말로 한국인의 영성을 대변하는 말로 지금도 우리 일상어에서 살아 숨 쉬고 있기 때문입니다. 남북의 사상적 접점도 이 '하늘' 관념에서 찾을 수 있지 않을까요?

제가 특히 되살리고 싶은 용례는 1910년 창간된 《천도교회월보》에 실린 '동사로서의 하늘'입니다. "내 마음을 하늘같이, 내 기운을 하늘같이 한다."[天我心, 天我氣]는 말이 그것인데, 많은 시사점을 주는 문장이라고 생각합니다. 중국 고전에서는 '天'(천)이 동사로 사용되는 용례는 보지 못했습니다. 그것은 아마도 중국에서의 '天'(천)은 하나의 '중심'으로 상정되기 때문일 것입니다. 반면에 한국의 '하늘'은, 특히 동학이나 천도교에 이르면, '하는님'(윤노빈)이나 '일하는 하늘님'(김지하)이라는 해석에서도 알 수 있듯이, 하나의 '활동'으로 이해되고 있습니다. 하늘이 동사로 쓰일 수 있는 것도 이러한 이해 때문일 것입니다.

8. 활동하는 하늘, 포함하는 하늘

이와 같이 중국의 '天'(천)과 한국의 '하늘'은 그 성격이 다릅니다. 고대 중국에서는 제천의례가 황제 일인만이 할 수 있는 특권이었지만 고대 한반도와 만주지역에서는 만인이 참여하는 축제였다는 것도 그러한 예이고요. 天(천)의 의미도 중국에서는 내 밖에 있는 명사적인 어떤 것을 가리켰다면 한국에서는 그것이 내 안으로까지 들어와서[侍天主] 내 안에서 활동하는 무한한 생명력을 가리키게 됩니다. '하늘'이 '天'(천)에 비해 혁명적이고 역동적인 의미를 지니는 것은 이러한 이유에서라고 생각합니다. '天'(천)이 혁명을 상징하는 용어라면 '하늘'은 개벽에 어울리는 개념입니다.

동사로서의 '하늘' 관념은 원불교의 '원'을 역동적으로 해석하는 데에도 도움을 줍니다. 천도교에서 하늘이 동사가 되었다면, 원불교에서 말하는 원(圓)도 동사로 해석할 수 있는 가능성을 열어주니까요. 이 경우에 '원'은 '둥글게 한다'가 되겠지요. 전통적으로 동아시아에서 '천원지방'(天圓地方)이라고 해서 '하늘은 둥글고 땅은 모났다'고 생각해온 점을 참고하면, 전혀 터무니없는 해석은 아니라고 생각합니다. 그래서 천도교의 '하늘한다'에는 '(하늘처럼) 둥글게 한다'는 의미가 담겨 있다고 볼 수 있습니다. 선생님이 「건국론」에 나오는 일원주의를 "각지고 모난 마음부터 원만하고 원대하게 다듬고 보듬어야 한다."고 해석한 것과도 상통합니다. 이것이 제 나름대로 천도교와 원불교를 회통시키는 방식입니다.

'하늘한다'가 '원만하게 한다'와 상통한다는 사실은 '하늘'의 어원에서도 단서를 찾을 수 있습니다. 조선초기의 성리학자 권근은 하늘(天)을 '큰(大) 하나(一)'로 쪼개어 설명했습니다(『입학도설』「천인심성분석지도」). 이돈화가 한울을 '큰 울타리'(무궁한 이 울)라고 한 것과도 상통합니다. 비슷한 맥락에서 종교학자 박규태 선생님은 하늘을 '가장 큰 체계'를 의미한다고 하였습니다. 그래서 '하늘'이란 어느 하나도 배제하지 않고 모든 것을 아우르는 것을 말합니다. 이것이 원만함입니다. 가장 큰 동그라미를 그리는 것입니다.

그래서 '하늘한다'는 좌우나 남북으로 가르려는 것이 아니라 양자를 아우르고 보듬으려는 태도를 말합니다. 자기를 비워서 타자를 수용하는 열린 자세를 상징합니다. 이렇게 보면 '하늘한다'는 신라시대 최치원이 말한 '포함하다'와 유사합니다. 최치원은 화랑도의 풍류를 설명하면서 '유불도 삼교를 포함하는 것'이라고 했는데, 이 경우에 '포함한다'는 어느 하나도 배제하지 않으려는 태도를 의미하기 때문입니다. 그런 점에서 '포함한다'는 '하늘한다'의 다른 말이라고 볼 수 있습니다. 다산 정약용과 혜강 최한기는 '동서'를 포함하려고 했고, 천도교와 원불교는 개벽과 개화를 아우르려 했고, 지금의 개벽학도 이렇게 하늘하는 길을 지향하고 있습니다.

9. 하늘을 사는 사람들

남남갈등이 심화되고 남북교류가 진행되는 이 시점에서 우리는 과연 어떤 가치로 공화(共和)를 이룰 수 있을까요? 종교와 이념과 체제의 차이를 넘어서 어떤 공통의 가치를 추구해야 할까요? 항상 고민하는 문제이고 자주 받는 질문입니다. 한국사상을 연구하는 제 입장에서는 고대 한반도부터 전해 내려온 '하늘' 관념이야말로 우리가 지향해야 할 공통가치라고 생각합니다.

'하늘'은 기독교의 하나님, 천주교의 하느님, 천도교의 한울님, 원불교의 일원상, 『천부경』의 한철학 등을 아우르는 개념적 포괄성이 있습니다. 아울러 어느 하나의 중심주의를 고집하지 않고 타자를 향해 열려 있는 개방적 태도를 보여줍니다. 뿐만 아니라 끊임없이 상승을 지향하는 한국인의 역동성과 활동성을 잘 표현하고 있습니다. 그런 점에서 하늘은 한국인이 자기를 인식하기 위해서는 반드시 거쳐야 하는 사상 용어입니다. 2세기 개벽학 역시 여기에서 출발해야 할 것입니다. 20190504

이
병
한

─────

뜻으로 본 서학사

'원주학파', 한살림운동은…문명의 대전환을 앞서 탐구했습니다. 천
주교와 천도교의 창조적 회통을 통하여…우주적 민주주의를 숙고했
던 것입니다.…'하늘과 하나 되는 한울사람'으로의 승화에 천주교가
먼저 자리하여 천도교를 재발굴하고 재결합시켜 가는 신문명운동으
로 도약했던 것입니다. 서학의 회심으로 말미암아 동학을 회생시키
는 이 대반전의 계기가 온전히 해명되어야 '뜻으로 본 서학사'도 완성
될 수 있다고 생각합니다.

1. 서세 이후의 서학

감탄했습니다. 감격했습니다. 감화되었습니다. 독창이 번뜩이고 독보가 휘황한 글입니다. 선생님의 잠재력이 화산처럼 폭발하고 폭포처럼 쏟아지는 명문입니다. 감칠맛이 나고 감질 맛이 돌아 거듭하여 되읽게 되었습니다. 특히 '내 마음을 하늘같이, 내 기운을 하늘같이' 는 인류세를 맞이하는 밀레니얼의 시대정신으로 삼아도 조금도 부족하지 않은 캐치프레이즈 같습니다. 천아심(天我心)을 포스트휴먼의 구호로, 천아기(天我氣)를 트랜스휴먼의 모토로 온 누리에 전파해 봄직합니다. 무엇보다 천도교의 '천인공화'나 원불교의 '일원공화'의 '거대한 뿌리'로서 조선 시대의 '천인공공'을 제시해 준 것이 탁월합니다. '하늘과 하나 되는 한울사람'이 되어 가는 '동방적 민주화'의 대서사를 써 볼 수 있는 유력한 단서를 제공해 주기 때문입니다. 개벽사상사의 졸가리를 새로 세우는 대반전의 유레카라고 하겠습니다.

조선의 천인공공이 20세기의 천인공화로 진화한 것부터가 이미 동서회통의 전범이자, 고금합작의 정수였다 하겠습니다. 지난 백년의 탁월한 성취이자 다른 백년의 성성한 새싹이기도 합니다. 미래의 공화제, 창조적 공화제, 지구적 공화주의의 맹아입니다. Republic의 단순 번역과 수용과는 결과 급을 달리하는 '공화춘'(共和春), 천인공화의 새봄을 예감합니다. 게다가 이 신공화주의는 자유, 평등, 우애 등 서방의 공화주의에 아로새겨진 인간중심주의를 훌쩍 넘어선다는 점에서 혁신적입니다. 하늘과 하나 되는 한울사람은 경인(敬人), 경천(敬天), 경물(敬物)의 삼경사상으로 집약되는바, 미물부터 폐물까지 모시고 섬기는 만물존엄의 우주학으로 도약하기 때문입니다. 가히 화엄적 경지의 민주주의라고 하겠습니다. 신도 죽이고 자연도 자원으로 동원한 서구적 민주주의의 편벽함과 편협함을 가뿐하게 넘어설 뿐 아니라, 만인이 성인 되는 유학적 민주화/민중화 또한 사뿐하게 극복하며, 만인과 만물이 더불어 하늘이 되는 사사천 물물천(事事天 物物天)의 동학적 민주화의 쾌거라고 하겠습니다.

천인공공에서 천인공화로의 회심이라는 파천황적 발상이 가능한 것은 지난 백년을 옥죄었던 서세동점의 끝물에 당도했다는 역사의 대반전과 무관치 않다고 생각합니다. 비로소 19세기와 20세기를 우리 눈으로 새로이 바라보고 새롭게 써 볼 수 있는 여유가 생긴 것입니다. 하노라면 이제 서구 콤플렉스를 떨쳐내고 무시하면 그만인가, 자문해 보게 됩니다. 포스트-웨스트(Post-West), 서세 이후의 서학을 어찌할 것인가, 새로운 과제를 궁리해 봅니다. 다시금 서학을 배타하는 척사파의 태도는 정도(正道)가 아닐 것입니다. 한층 유연한 자세로 서학을 정면으로 대면할 기회가 마침내 열리고 있기 때문입니다. 저는 여전히 지구본을 빙글빙글 돌리며 살피는 지구촌 소식의 절반은 영미권 매체에 의존합니다. 다양한 언어권의 킨들*을 구비하고 있지만 역시 영어 킨들로 다운로드한 전자책의 비중이 다른 언어를 압도합니다. 심지어 생태문명, 생명문명을 탐구하고 실험하는 영역에서도 서쪽 하늘이 더욱 앞서가는 경우도 적지 않습니다. 물질개벽의 병폐에 먼저 노출되었기에 정신개벽의 탐색에도 그만큼 사활적인 것입니다.

● Kindle. 아마존닷컴이 2007년 11월에 공개한 전자책 서비스를 이용하는 디스플레이 장치. 종이책과 유사한 크기부터 다양한 크기의 버전이 있으며, 전자책의 확산을 선도하고 있다.

즉 우리는 이제야 비로소 동과 서의 수평적인 대화를 재개해 볼 수 있는 황금시절을 맞이하는 것입니다. 저 자신부터가 2017년 유럽을 견문하며 기독교 민주주의와 화해하고 가톨릭 계몽주의와 해후했습니다. 소년기 천주교 성당을 다니고 청년기 기독교 대학에서 공부했던 과거와도 뜨겁게 포옹했습니다. 개화를 떨쳐내고 개벽으로 달려간 것이 아니라, 개화를 품어서 개벽으로 도약한 것입니다. 아편전쟁과 청일전쟁으로 동서간의 밸런스가 붕괴된 19세기 이전의 문명 교류를 탐구하는 글로벌 히스토리 또한 더욱 열심히 학습하게 되었습니다. 그 지구촌의 일각, 이 땅의 천년사도 다시 돌아보게 됩니다. 고려 시대부터 이미 남방의 바닷길을 통한 아랍과의 물류망이 가동되었습니다. 조선 시대에도 북방의 초원길을 통한 중앙아시아 및 유럽과의 문류망이 작동했습니다. 한글 창제와 동학 창도라는 두 번의 문화적 빅뱅 또한 중원으로 수렴되지 않는 동북을 통한 문물교류의 유라시아 네트워크가 가동되었기에 가능했던 문명적 폭발이라고 보는 것이 합당할 것입니다. 석굴암과 용담정(龍潭亭, 경주, 동학 창도지)이 지근거리에 있다는 점 또한 우연만이 아니라고 하겠습니다. 하여 지난 150년의 콤플렉스라고는 터럭만큼도 없이 서학에 대한 올바른 자리매김이 요청됩니다. 힘으로 쓴 서학사, 서세로 밀어붙인 서학사가 아니라 '뜻으로 본 서학사'를 다시 써야 하겠습니다. 저는 '천아심, 천아기'의 독창적 발상 또한 유불도로만 한정될 수 없는 누백년 서학과의 창조적 교섭의 소산이라고 여깁니다. 천주와 천하의 대화 속에서 천도의 득의가 발로했다 생각합니다.

몽골제국 붕괴 이래 북방 유라시아 루트가 다시 열린 것은 명-청 교체 이후입니다. 만주에서 굴기하여 몽골과 서장과 신장을 아우른 대청제국은 중화제국 너머 유라시아제국으로 웅비했기 때문입니다. 만주족과 백두산/장백산을 공유했던 조선인들에게도 직접적인 파장이 미치지 않을 수 없었습니다. 17세기 이래의 반 천년, 서학사의 출발점입니다. 만주족의 서진과 함께, 서학이 조선에도 당도한 것입니다.

2. 서학과 북학

조선의 서학사는 특별합니다. 선교사의 전도로 시작된 것이 아닙니다. 자각적으로 수용한 것입니다. 과문한 탓인지 세계사에서 그런 경우를 발견하지 못했습니다. 포르투갈이 마카오를 점령한 것이 16

세기(1557)입니다. '야소교' 예수회는 남중국해를 지나서 베이징으로, 나가사키로 북진했습니다. 포르투갈 선교사를 앞세운 임진왜란(1592)부터가 이미 동아시아의 지평을 훌쩍 넘어선 유라시아적 사태였던 것입니다. 그럼에도 조선만은 선교사의 발길이 미처 닿지 못한 곳이었습니다. 조선의 유학자들이 서학을 접한 경로는 텍스트, 책을 통해서였습니다. 게다가 여전히 동이 서를 능가하던 시기였던지라 서학에 대한 열등감은 일말도 없이 선별적으로 학습하고 수용할 수 있는 지적인 여유가 넉넉했습니다. 성호 이익*이 대표적인 인물이라 하겠습니다. 콜럼버스가 신대륙을 발견하고 마젤란이 세계를 일주한 것을

● 李瀷 星湖 1681~1763

일찌감치 알고 있었습니다. 중국에 전파된 서구의 지리서도 탐독하여 안남(베트남)이나 유구(오키나와) 너머의 영국, 네덜란드, 이탈리아 등 유럽 국가에 대한 정보도 익숙했습니다. 무엇보다 천문의 관측, 기계의 제작, 수학의 기술 등 과학 분야에서는 서구가 중국을 앞서가고 있음도 재빨리 알아차렸습니다. 시간을 측량하는 자명종부터 공간을 측정하는 망원경에도 관심이 지대했습니다. 특히 '푸른 하늘 은하수'를 관찰하는 천리경을 극찬했던 바입니다. "옛 사람들이 하지 못한 바를 밝힌 것이니 세상에 크게 유익하다."며 반겨 마지않았습니다. '성인이 다시 온다 해도 반드시 이를 따를 것이니', 문자 그대로 밝음을 밝히는 발명(發明)이라 보았던 것입니다. "이단의 글이라 하더라도 그 말이 옳으면 취할 뿐이다. 군자가 사람들과 함께 선을 행하는 데에 있어 어찌 피차의 구별을 두겠는가." 동서와 피차를 나누지 않았으니 교조적

인 화/이론도 돌파해 내었던 것입니다.

그러함에도 서학은 여전히 방편이요 종지는 역시 유학이었습니다.

● Diego de Pantoja, 龐迪
我 1571~1618

디에고 데 판토하*의 『칠극』(七克) 수용이 대표적입니다. 1614년 베이징에서 간행된 윤리서입니다. 기독교에서 모든 죄의 뿌리로 간주하는 교만, 질투, 탐욕, 분노, 식탐, 음욕, 나태를 극복하여 스스로를 도덕적으로 완성해 가는 과정을 담은 수양서입니다. 유학의 극기복례에 합치한다 여겼습니다. "예가 아니면 보지 말며, 예가 아니면 듣지도 말며, 예가 아니면 말하지 말며, 예가 아니면 움직이지도 말라." 했던 『논어』〈안연〉 편의 각주와 같다고 보았습니다. 즉 서학은 유학자들의 자기 수양에 보탬이 되는 새로운 '발명'의 자원이었던 것입니다. 그리하여 성호는 『천주실의』를 집필한 마테오 리치 또한 유학에서 가장 위대한 인류의 사표로 섬기는 성인(聖人)으로 추키게 됩니다. 도학과 과학 양 방면에서, 즉 수양과 경세에서 유학의 목표에 부합하는 바가 있다면 어떠한 자원도 선택해 합리적으로 수용할 수 있다는 실용적 태도가 충만했던 것입니다. 성호 이익은 세상을 구제하고자 하는 예수회 회원들의 진심을 헤아렸으니 서학과 유학은 동일한 목표를 가진, 하나의 하늘 아래 지상의 두 길이었을 따름입니다. 흑묘백묘의 지혜라 아니할 수 없습니다.

17세기를 산 성호가 여전히 조선에 유입된 중국의 서학서를 통하여 학습했다면, 18세기의 북학파들은 연행 길을 통하여 베이징을 방문하고 서구인들과 직접 조우했다는 점에서 차별성을 갖습니다. 첫

손에 꼽을 인물은 단연 담헌 홍대용입니다. 중원을 장악한 왕년의 북방 오랑캐, 만주족이 새로운 중화문명의 정수가 되었음을 일찍이 수긍했던 사람입니다. 만주어와 한문과 라틴어를 모두 구사했던 강희제는 당대 세계 최고의 학자군주였던바, 북학파들에게 대청제국은 국가경영을 위한 통치 모델이자 세계로 나아가는 통로이자 창구였던 것입니다. 홍대용은 베이징의 서점가 유리창에서 다종다양한 서학서를 구입하고 천주당을 방문하여 선교사들과 교류합니다. 당시 베이징에는 남당, 동당, 북당, 서당 등 네 개의 천주당이 있었습니다. 가장 먼저 세워진 것이 마테오 리치가 지은 남당˙입니다. 바티칸과 베이징을 잇는 장소였다고 하겠습니다. 서방의 교황과 동방의 황제를 연결하는 가교였습니다. 홍대용이 방문했던 곳도 바로 여기입니다. 나아가 회교 사원에서는 무슬림을 만나고, 시베리아의 강을 따라 동유럽에서 동아시아로 이동해 온 러시아인들과도 만나 견문을 활짝 넓혔습니다.

과연 북경(北京)이라는 장소부터가 의미심장합니다. 남경(南京)처럼 강남에 자리한 중원 중심주의와 멀찍한 곳입니다. 북경은 애당초 대원제국을 일으킨 몽골인이 점지한 신행정수도인바, 북방 네트워크를 통하여 유라시아와 직통했던 곳입니다. 고로 중화의 중심보다는 유라시아의 허브 도시에 더 가까웠습니다. 이러한 북경 견문을 통하여 홍대용은 화이일야˙를 천명했습니다. 화(華)를 추수하는 수구적 척사파도 아니요, 이(夷)를 새로운 화로 섬기는 얄팍한 개화파도 아닙니다. 유학과 서학을 자유자재로 구사하며 유라시아의 동서남북을 망라하

● 南堂. 17세기에 북경에 있던 천주교의 동당, 서당, 남당, 북당의 4대 성당 중 하나. 마테오리치가 1601년 명 황제로부터 하사받아 세웠으며, 넷 중에서 가장 먼저 세워졌다.

● 華夷一也. 홍대용, 즉 실학·북학파의 화이관(華夷觀). 이는 중국을 중화(中華)로 높이고 주변국을 오랑캐로 여기는 전통적인 화이관, 그리고 조선을 소중화(小中華)로 자리매김하려는 중국 중심 세계관을 탈피하여 중국이나 오랑캐가 모두 같다는 새로운 세계관으로서 새로운 시대를 열고자 한 것으로 평가된다.

는 지구적 사상가였습니다. 그렇다면 일본과 미국, 즉 태평양으로의 전면 접촉을 기준으로 삼은 19세기의 '개화기'라는 용어의 적절성도 재고해 보지 않을 수가 없습니다. 대륙으로 향하는 북쪽 길은 이미 활짝 열려서 활발하게 가동되고 있었기 때문입니다.

홍대용이 서방의 물질개벽에 더욱 흥미를 느꼈다면 서구의 정신개벽에 깊은 관심을 기울인 사람이 바로 정약용입니다. 홍대용은 남당에서 건축과 천문 등 과학에 솔깃했다면, 이곳에서 서교, 즉 천주교에 입문했던 최초의 조선인이 이승훈*입니다. 그리고 집안 사람 이벽*을 통하여 정약용에게까지 서교의 가르침이 전수됩니다. 역시나 흥미로운 지점입니다. 선교사의 개입 없이 조선의 학적 네트워크를 통하여 천주교가 전파되었기 때문입니다. 다만 다산이 한철 서교에 경도되었던 근본적 까닭 또한 도덕적 인간의 완성에 있었던바, 유학의 밖으로까지 나아간 것은 아니라고 하겠습니다. 오히려 유학의 핵심을 서학의 지평 속에서 새롭게 해석해 내었다고 하는 편이 온당할 것입니다. '기독유학'으로까지 불릴 수 있을 만큼 유교와 기독교 간의 문명 대화를 앞서 선보였던 선구자인 셈입니다. 고로 정약용을 두고 유학자인지 신학자인지 왈가왈부 하는 것은 부질없는 인정투쟁이라 하겠습니다. 그는 종교간 대화를 솔선수범하여 통교(通教)적 모범을 보인 선각자였던 것입니다. 동과 서를 회통하여 일가를 이룬 대가였습니다. 하기에 주자의 반열에 올려도 크게 모자람이 없다고 생각합니다. 주희는 남방의 불교를 흡수하여 '불교적 유학' 신(新)유학을 창시했습니다.

● 李承薰 1756~1801
● 李蘗 1754~1785

다산은 서방의 기독교를 흡입하여 '기독교적 유학', 개신(改新)유학의
가능성을 후세에 물려준 것입니다. 다산의 경학에 이미 중국[儒學]과
인도[心學]와 유럽[神學]이 통섭되었던바, 20세기의 걸출한 '정치적 영성
가', '한국의 간디'이자 '인(仁)의 사도'라고 불리는 함석헌* 선생의 전   ● 咸錫憲, 1901~1989
생(前生)이라고 해도 지나치지 않을 성 싶습니다.

3. 기학(氣學)과 동학

　19세기 중반 판이 바뀝니다. 아편전쟁이 상징하는바 동서 간 힘의
역전이 뚜렷해집니다. 이른바 '대분기'입니다. 조선의 유학자들도 서
학을 대하는 태도가 달라질 수밖에 없었습니다. 그들이 직면한 서양
은 더 이상 17세기의 텍스트도 아니요, 18세기 베이징에서 만났던 우
호적인 선교사들도 아니었습니다. 압도적인 무력을 바탕으로 '천조
국'을 유린하고 조선에 '개항'의 압박을 가하는 외세, '서세'로 탈바꿈
했습니다. 중화문명의 숨통을 옥죄며 조선에까지 진군하는 강력한 타
자에 임하여 다수의 유림들이 위정척사를 부르짖었던 까닭입니다.
　그들을 20세기 역사의 승자, 개화파의 시각으로 일방으로 매도하
고 나무라기도 힘들다고 여깁니다. 모름지기 가는 말이 고와야 오는
말도 고운 법입니다. 내 탓 못지않게 남 탓 또한 컸다고 해야 온당할
것입니다. 서쪽이 동쪽을 괄시하고 겁박하는데 동쪽의 반응이 격하고
급해지는 것 또한 이해 못할 바가 아닙니다. 실제로 척사파의 후예들

가운데 일군은 한 손으로는 단군과 접속하고 다른 손으로는 총칼을 들어 대종교로 진화하였으니, 만주와 연해주에서 전개되었던 그 치열한 무장투쟁의 근간에도 척사파의 꼿꼿하고 떳떳한 태도가 견지되고 있었다고 보아야 할 것입니다. 고쳐 말해 서학과 서세를 분별할 필요가 크다고 하겠습니다. 서세는 응당 따져 물어야 합니다. 서학은 시시비비를 가려서 취해야 할 영역입니다. 즉 서학은 배움의 문제이고 서세는 싸움의 차원입니다. 양자를 세심하게 가려서 판단해야 개화-척사의 돌림노래에서 탈피할 수 있을 것입니다.

19세기 사상계에서 가장 돌출된 인물은 혜강 최한기가 아닐까 싶습니다. 19세기의 난세에도 불구하고 18세기의 북학을 더더욱 확장하고 심화시킨 독특한 사람이었습니다. 천년 전 최치원의 환생이라도 되는 양, 동과 서를 회통하려는 포부로 우렁찬 학자였습니다. 무엇보다 최한기의 기학이 소중한 까닭은 그 자신이 직접 서구의 학문을 독자적이고 독창적인 언어와 개념으로 번안하려고 시도했다는 점입니다. '지구학', '격물학', '정교(政敎)학' 등 다양한 신조어들을 고안합니다. 무릇 언어의 재구성은 세계의 재구성이며 세계관의 재편성입니다. 전통적인 유학의 용어를 고수하지도 않지만, 그렇다고 중국 및 일본에서 만들어진 서학의 용어를 고스란히 답습하지도 않았던 것입니다. 동시대의 동학이 '시천주'*를 통하여 영성적 차원에서 동과 서를 회통하려는 자각적 시도였다면, 최한기의 기학은 학문적 지평에서 동과 서를 회통하는 독보적 탐구였다고 하겠습니다. 그 영역 또한 천문

● 侍天主 동학에서 사람은 물론 만물이 모두 지상지고지중지귀(至上至高至重至貴)의 '한울님'을 모신 존재라는 뜻의 용어. '천도'나 '성리'에 비해 '천주'는 영성(靈性)과 신성(神性)을 갖춘 존재라는 점이 다르다.

우주론부터 정치학, 행정학, 교육학 등 사회과학(경세학)을 지나 형이
상학과 윤리학까지 망라하였으니 일백년 후 미국의 에드워드 윌슨*

● Edward O. Wilson, 1929
~

이 제창한 '통섭'(consilience)에 견주어도 모자람이 없는 시도였다고 추
켜세워 기릴 만합니다. 스폰지처럼 동/서의 학문을 흡수하고 자판기
처럼 기학을 뽑아내었던 것입니다.

　과연 본인 또한 야심이 만만했습니다. 그가 입론한 기학을 겨우 조
선에 한정할 생각이 아니었습니다. 천하의 모든 사람들이 활용할 공
공 자원으로 삼고자 했습니다. "온 천하 사람들이 보고 들은 것을 종
합하여 귀와 눈으로 삼고, 온 천하 사람들이 경험하고 시험한 것을 통
괄하여 법도로 삼아서, 온 천하 사람들에게서 그것을 얻고 온 천하 사
람들에게 그것을 전하는 것이다. 따라서 이것은 온 천하 사람들이 함
께 배우는 것이지 혼자서 배우는 것이 아니다." 가히 19세기의 조선반
도를 살았던 이들 가운데서는 가장 큰 사이즈와 스케일의 사유를 선
보였던 것입니다. 하여 기학을 '천하공학'(天下共學)이라고 자임하는바,
그가 동서고금을 달통하여 세웠던 것은 동도(東道)도 아니요 서도(西道)
도 아닌 하나의 하늘의 이치, 천도(天道)였던 것입니다. 그 득의의 기학
의 핵심을 단 네 글자로 집약한 말이 바로 '천인운화'(天人運化)였던바,
저로서는 『조선왕조실록』의 '천인공공'과 20세기 천도교의 '천인공화'
사이에 최한기의 '천인운화'를 새겨 넣어도 어색함이 없지 않을까 생
각해 봅니다.

　동학과는 다른 길을 내고 있던 최한기 또한 '개벽'이라는 말을 사용

했던 적도 있습니다. 지리의 발견, '천지개벽'에 해당하는 지구촌 시대를 예감하며 언급했던 것입니다. 아프리카와 유라시아와 아메리카를 잇는 바닷길을 통하여 전 세계가 하나로 연결될 수 있다는 들뜬 희망을 품었습니다. 돌고 도는 지구를 사람들이 돌고 돌아 온 세상 사람들을 다 만나고 돌아올 수 있으니, 이것이야말로 바로 천지개벽이 아니겠느냐 탄복했던 것입니다. 그는 이미 중화세계를 훌쩍 넘어 고대륙 아프리카와 구대륙 유라시아와 신대륙 아메리카를 아울러 '천하일가'를 사유했던 것입니다. 그리하여 하나의 하늘 아래 물산이 이동하고 사람이 이동하면서 풍속도 바뀌고 예교도 바뀌는 물질개벽과 정신개벽의 신세기와 신세계를 예감했던 것입니다. 그리고 이 개혁되고 개방된 세계에 조선도 적극적이고 능동적으로 참여할 것을 주장했습니다. 이 세계화 물결에의 동참은 후발주자로서 선진국을 뒤쫓는 추격 과정도 아니었습니다. 일본과 구미를 추종하는 개화파의 발전국가 모델이 아니었습니다. 동도에도 한계가 있고 서도에도 제한이 있는 법, 중국이건 서양이건 자기 것만 고집하면 막히고 치우치게 될 뿐이라 역설했습니다.

한마디로 최한기는 조선의 마지막 천하대장부였습니다. "천하의 가장 넓은 곳에 살며, 천하의 가장 바른 지위에 서서, 천하의 가장 큰 도를 행한다."는 말만큼 그의 기상과 포부를 잘 설명해 주는 말이 없다고 하겠습니다. 그러나 그러한 스케일과 스타일은 20세기 식민지로 전락하면서 급전직하로 꺾이고 맙니다. 1945년 해방 이후에도 그 기운과 기세만은 좀처럼 회복되지 못했던바 학문의 전당 대학은 온통 서학이 석권하고 말았던 것입니다. 중화에서 개화로, 또 한 번의 사상적 식민지로 추락한 셈입니다.

98학번, 세기말에 새내기가 된 저는 그 서학천하의 끝물을 경험했던 것이 아닌가 싶습니다. 개화파 학생에서 개벽파 선생으로 꼬박 20년의 시행착오를 겪고서야 2019년의 현재에 이르렀습니다. 서학에 대한 애증이 유독 남다른 까닭입니다.

4. 동학을 재점화시킨 서학

역사의 간지는 동학의 환생을 촉발시키는 데에도 서학의 일파가 일조했다는 점입니다. 1980년대 서울의 대학가는 온통 NL과 PD의 논쟁으로 뜨거웠습니다. 민족해방을 으뜸으로 북조선을 모범으로 삼는 NL이 20세기의 척사파였다면, 민중해방을 제일로 여기는 PD는 북방의 신중화 소련을 추앙하는 개화(좌)파의 속성을 속 깊이 품었습니다. NL은 정신개벽이 아닌 정신주의로 기울었고, PD는 물질개벽이 아닌 과학주의에 빠졌습니다. 이들이 일본을 따르고 미국을 섬기는 개화우파 정권과 사생결단의 싸움을 하는 동안, 문명적 차원에서 제3의 길을 모색하는 일군의 무리들이 등장했으니 바로 선생님의 표현을 따르면 '원주학파', 한살림운동이었다고 하겠습니다. 이들은 단순히 '독재타도'로 한정되지 않는 문명의 대전환을 앞서 탐구했습니다. 동서 간에도 힘의 역전을 도모한 것이 아니라 뜻의 합류를 모색했습니다. 천주교와 천도교의 창조적 회통을 통하여 일국적 민주주의를 넘어서는 우주적 민주주의를 숙고했던 것입니다. 민족이나 민중이나 시민이 아닌 '하늘과 하나 되는 한울사람'으로의 승화에 천주교가 먼저 자리하여 천도교를 재발굴하고 재결합시켜 가는 신문명운동으로 도약했던 것입니다. 서학의 회심으로 말미암아 동학을 회생시키는 이 대반전의 계기가 온전히 해명되어야 '뜻으로 본 서학사'도 완성될 수 있다고 생각합니다. 지학순 주교를 비롯하여 김지하 등 천주교 신자로 말미암아 동학이 부활할 수 있게 되는 기특하고 영특한 역설을 탐색하고 사색하게 되는 것입니다. 자연스럽게 20세기의 후반기로 진입합니다. 개벽파의 관점에서 본 '다른 민주화 운동사'를 써보고 싶습니다. 19세기 횃불과 21세기의 촛불을 잇는 기사회생의 스파크가 튀어오른 원주로 향합니다. 17세기 북경의 천주교 남당부터 20세기 원주의 대성학원*을 일이관지하는 동서교류사의 빛나는 대각(大覺)의 일단락을 채워넣고 싶습니다. 20190517

● 大成學院 무위당 장일순이 장윤 등과 함께 1954년 설립하여 초대 이사장으로 취임하였던 학교법인. 1954년에 대성고등학교를, 1955년에 대성중학교를 설립하여 오늘에 이르고 있다. 대성학원 산하 대성고등학교는 "어두운 사회의 횃불이 되고 다시는 설움 받지 않고 값지게 살 새 역사 창조의 일꾼을 길러내야 하겠다는 염원에서, '참'을 찾고 '참'을 지켜 '참'으로 뭉친 나라를 만들어 보자는 목표 아래 교훈을 '참되자'라고 정하였다.

조
성
환

———

새로 쓰는 천학사

개벽종교의 개벽성은 성속합작과 천인공화의 새로운 패러다임을 제
시했다는 점에 있는데, 동학의 천인상여와 증산교의 신인합발이 그
것입니다.…최시형이 "사람이 하늘이고[人是天] 하늘이 사람이다[天是
人.]"라고 한 것도 천인상여적 천인관의 표현으로 볼 수 있습니다.…
"하늘과 인간이 함께 세상을 개벽한다."는 의미에서의 천인개벽이라
고 할 수 있을 뿐만 아니라, 종래의 천인관을 개벽했다는 의미에서의
천인개벽이라고도 할 수 있습니다.

1. 새로 쓴 조선사상사

지난번에 보내주신 '뜻으로 본 서학사'는 실로 21세기에 걸맞은 조선사상사의 신지형도였다고 생각합니다. 서구적 '실학'이나 중국적 '리기'(주리-주기)와 같은 20세기적 주술에서 벗어나서, 지구적 관점에서 우리 자신을 조망하는 새로운 '눈'을 틔워 주셨습니다. 17세기에서 20세기에 이르는 한국사상사의 흐름을 서학의 수용(이익)과 북학의 흡수(홍대용), 그리고 기학의 탄생(최한기)과 동학의 부활(장일순)이라는 키워드로 정리하는 안목은 과연 유라시아 100개 국을 견문한 개벽학자가 아니고서야 감히 생각할 수 없는 발상입니다.

그래서인지 마치 자기 이야기를 쓰고 있다는 느낌을 받았습니다. 선생님 자신이 지구학과 미래학과 회통학으로서의 개벽학을 모색하고 있기 때문에 조선사상사의 동서융합적인 흐름을 포착할 수 있지 않았을까요? 바로 이런 관점이야말로 제가 지향하는 한국학의 새로운 방향입니다. 국수주의나 사대주의의 시각에서 벗어나서 세계사적 관점에서 한국을 바라보는 인식 틀을 탐구하는 학문입니다. 그런 점에서 지난 번 편지는 『한국사』교과서를 쓰시는 현장의 선생님들, 교수님들이 반드시 참고해 주셨으면 합니다.

2. 개벽으로 본 서학사

성호 이익, 담헌 홍대용, 다산 정약용, 혜강 최한기. 이들의 공통점은 물질개벽의 도래를 감지하고, 유교적 화이관을 탈피했으며, 서양의 종교와 과학을 적극 수용하여 동서융합의 지구학을 지향했다는 점입니다. 그렇다면 최제우의 '다시 개벽'이나 최시형의 '후천개벽'은 이런 흐름을 망라한 시대적, 전 지구적 '화두'가 아니었을까요? 그 지구적 화두를 강증산과 박중빈과 장일순과 오늘의 우리가 잇고 있는 것이고요. 그래서 선생님이 말씀하신 '뜻'이란 '개벽의 뜻'이 아닐까 싶습니다. 이때의 '개벽'이란 자각과 각성, 그리고 융합과 회통을 의미합니다. '주체적 자각에서 비롯된 동서 회통'이라는 의미에서의 개벽입니다. 그래서 '뜻으로 본 서학사'는 달리 말하면 '개벽으로 본 서학사'라고 할 수 있을 것입니다.

그 '개벽'의 눈이 특히나 빛났던 대목은 '내 마음을 하늘같이, 내 기운을 하늘같이'라는 천도교 사상을 '천주와 천하의 대화 속에서 천도의 득의가 발로'한 것으로 파악한 부분입니다. 여기에서 천주를 서학으로, 천하를 유학으로, 그리고 천도를 천학으로 치환시켜 보면, 동학(천도교)의 위치를 '유학과 서학 '사이'에서 등장한 '자각적 천학'으로 자리매김하고 있는 셈인데, 바로 이런 성격의 천학(天學)이야말로 한국적 개벽을 가능하게 한 사상적 원동력이었다고 생각하기 때문입니다. 달리 말하면 서로 다른 사상들을 가능한 한 배제하지 않고 포함시키고 회통시키며 융합시키려는 성향이 한국인의 '하늘지향성'이고, 이런 지향성을 학문적으로 표현한 것이 제가 말하는 천학이며, 동학은 그 천학적 경향이 최초로 체계화되어 '천도'의 형태로 드러난 사건입니다.

3. 중의적 천인공화

그런데 이런 융합과 회통의 관점에서 공공과 공화의 의미를 다시 생각해 보면, 천인공공이나 천인공화에 대한 중의적 해석도 가능하지 않을까 싶습니다. 즉 서로 전통이 '다른' 하늘과 인간 사이의 공공 내지는 공화라는 의미로도 천인공공과 천인공화를 이해할 수 있다는 것입니다. 예를 들어 정약용의 기독유학은 유학적 성인[人] 개념 위에서 서학적 천주[天] 관념을 수용했다고 할 수 있는데, 양자의 융합이야말로 서학의 천(天)과 유학의 인(人)이 함께한다는 의미에서의 '천인공화' 내지는 '천인공공'이라고 할 수 있습니다. 즉 하늘과 인간의 공화라는 본래 의미에다, '상이한' 하늘과 인간의 공화라는 새로운 의미가 추가되는 것입니다.

이런 의미로 천인공화를 이해하면, 동학의 등장도 '서학의 천주와 유학의 성인을 공화하는 과정에서 발현된 새로운 천인공화로서의 천도/천학'이라고 할 수 있습니다. 즉 하늘과 인간이 함께하는 것이 천인공화인데, 동학의 경우에는 서양의 하늘과 중국의 성인을 공화하는 과정에서 탄생한 '새로운 하늘과 새로운 인간의 새로운 공화'였다는 것입니다. 그리고 바로 이 점이야말로 정약용의 동서융합과의 차이로, 상제유학(김형효, 1940~2018)이나 기독유학(캐빈 콜리, Kevin N. Cawley)이 기존의 성인과 기존의 천주의 융합이었다고 한다면, 최제우나 최시형의 경우에는 새로운 인간(天人)과 새로운 하늘(人天)을 탄생시켜서 양자를 새롭게 공화시켰다고 할 수 있습니다.

이상을 정리해 보면, 『조선왕조실록』에서의 천인공공이 한반도나 동아시아라는 하늘 안에서의 '하늘과 인간의 상호 협력'이었다고 한다면, 서학을 만난 이후로는 하늘의 범위가 서양의 하늘까지 포함하는 천인공공으로 확장되고, 이렇게 공공의 범위와 대상을 끊임없이 확장하는 행위가 바로 '하늘한다'라고 할 수 있습니다. 그래서 '하늘한다'는 '공공한다'의 다른 말로 볼 수 있고, 이때 공공의 대상은 인식 가능한 세계 전체에 해당하는데, 서학의 등장으로 세계가 넓어진 이상 이 미지의 세계까지 '포함'하는 새로운 하늘을 설정하지 않을 수 없었겠지요. 저는 이런 경향과 지향을 상징하는 말이 한국의 '하늘' 관념이자 천도교의 '하늘한다'라고 생각합니다. 천학은 이러한 경향과 지향을 총칭하는 학문적 개념이고요.

4. 천인상여와 천인개벽

지난번 편지에서 '천인공공(『실록』)에서 천인공화(천도교)로의 전개'에 크게 공감해 주신 것은, 이런 흐름이 선생님이 지향하시는 '성속합작'의 세계관과 잘 부합되기 때문이라고 생각합니다. 그런데 실록의 천인공공과 천도교의 천인공화 사이에는 '천인개벽'이라는 커다란 전환이 일어나고 있다고 생각합니다. 즉 천인관계 자체가 개벽되고 있는 것입니다. 개벽종교의 개벽성은 성속합작과 천인공화의 새로운 패러다임을 제시했다는 점에 있는데, 동학의 천인상여와 증산교의 신인합발이 그것입니다. 해월 최시형은 이 세계는 "하늘과 인간이 서로 함께하고 있다."는 의미에서 천인상여(天人相與)라고 하였고, 증산교에서 말하는 신인합발(神人合發)도 이와 크게 다르지 않습니다.

● 『해월신사법설』「천지 인·귀신·음양」

최시형이 "사람이 하늘이고[人是天] 하늘이 사람이다[天是人]."라고 한 것도 천인상여적 천인관의 표현으로 볼 수 있습니다. 이 법설의 의미를 "사람은 하늘처럼 존귀한 존재이고 하늘은 사람처럼 살아 있는 존재이다."라고 이해하면, 결국 "사람도 하늘과 함께할 수 있는 존재이고 하늘도 사람과 함께할 수 있는 존재이다."라는 뜻이 되기 때문입니다. 이전까지는 성리학적 세계관에 짓눌려서 간헐적으로 또는 소극적으로 표현되어 왔던 천인공공 사상이 동학에 이르러 전면적으로, 그리고 적극적으로 부활하게 된 것입니다.

그런 의미에서 최시형의 천인상여는 "하늘과 인간이 함께 세상을 개벽한다."는 의미에서의 천인개벽이라고 할 수 있을 뿐만 아니라, 종래의 천인관을 개벽했다는 의미에서의 천인개벽이라고도 할 수 있습니다. 즉 하늘과 인간이 공화하는 새로운 방식을 제시한 것입니다. 그 방식은 보다 역동적이고 훨씬 협력적인, 새로운 형태의 천인공화입니다.

이러한 천인상여적 천인관(天人觀)은 중국철학사에서는 찾아보기 어렵습니다. 중국철학은 노자 식으로 말하면, "사람이 하늘을 본받는다."는 인법천(人法天)의 천인관이 지배적입니다. 하늘은 인간 행위의 궁극적 규범이자 절대적 표준으로 여겨지고, 그런 의미에서 가치의 중심으로 자리매김되지, 인간과 협력하는 동반자로는 설정되지 않습니다. 이러한 배경에는 중국철학에서의 天(천)이, 우리가 생각하는 하늘 그 자체를 말하기보다는, 도(道)로 해석된 하늘, 즉 천도(天道)를 가리킨다고 하는 사상 풍토가 깔려 있습니다. 그래서 저는 중국사상은 기본적으로 천학(天學)이라기보다는 도학(道學)이라고 생각합니다.

5. 퇴계와 지봉의 천학

동학에서와 같은 새로운 형태의 천인공화론이 가능해지려면 무엇보다도 '천'이 활동하고 살아 있어야 합니다. 동학에서 '하늘을 모시고 기른다'고 하듯이 살아 있는 하늘이어야 합니다. 이런 하늘관의 단초는 이미 조선 성리학에 배태되어 있었다고 생각합니다. 퇴계 이황

(1501~1570)의 '활리'나 '상제' 관념이 대표적인 예입니다. 퇴계는 "내가 리를 궁구하면 리가 나에게 다가온다."고 하는 획기적인 리도설(理到 說)을 제창하면서, '리'는 결코 죽은 사물(死物)이 아니라는 독자적인 활 리론(活理論. 이상정*의 표현)을 제시했습니다. 리가 살아 있다는 것 자체 가 성리학의 역사에서는 하나의 개벽과도 같은 사건입니다.

● 李象靖, 1711~1781

뿐만 아니라 어떤 곳에서는 '리'를 '상제'(하늘님)라고도 바꿔 말하면 서, "리는 있지 않는 곳이 없기 때문에 (우리는) 상제로부터 잠시도 떠 날 수 없다."(上帝之不可須臾離也.『이자수어』「궁격」)고까지 했습니다. 리를 상제와 등치시킴으로써 동학에서와 같은 '사사천(事事天), 물물천(物物 天)'의 세계관을 예시한 것입니다. 나아가서 사리(死理)에서 활리(活理) 로 전환시킴으로써 동학에서와 같은 '살아 있는 하늘'의 단초도 열리 게 되었습니다.

퇴계의 이러한 하늘관은 서양 문물을 처음 소개한 실학자로 알려 져 있는 지봉 이수광*에게서도 반복되고 있습니다. 「무실론」이라는 상소문에서 "리가 있는 곳은 하늘이 있는 곳입니다."(理之所在, 天之所在 也) "사사물물 중에서 하늘과 관계되지 않은 것은 하나도 없습니다." (事事物物, 無一不係於天)라고 말합니다. 이것은 동학에서 "만물 중에 하 늘을 모시지 않은 것은 없다."(萬物莫非侍天主)고 한 것을 연상시킵니 다. 최시형은 만물 안에 깃들어 있는 우주적 생명력을 '하늘'이라고 하고, 그 살아 있는 하늘을 먹음으로써 인간은 살아간다(以天食天)고 하는 천인상여적 천인관을 제창했는데, 이러한 천인관은 일찍이 만

● 李睟光, 芝峯, 1563~ 1629

물에서 하늘을 찾고자 한 조선의 천학적 전통 위에서 이해될 수 있을 것입니다.

6. 실학 시대의 개벽론

개벽은 이러한 천학의 전통에서 발현된 세계관입니다. 천인이 상여(相與)하고 상의(相依)하는 차원에서 열리는 새로운 세계가 개벽이기 때문입니다. 서구의 혁명이 인간이 주도하는 영역이라면, 한국의 개벽은 하늘과 인간과 만물이 함께하는 차원입니다. 인간이 하늘을 본받아 만물을 다스리는 것이 아니라, 천지인이 함께 공공하는 것이 개벽입니다. 그 개벽의 조짐이, 선생님의 '뜻으로 본 서학사'에 의하면, 이미 조선 후기 실학 시대에 보이고 있었던 것입니다.

흥미롭게도 『조선왕조실록』에는 '개벽'이라는 말이 전부 92번이나 나오는데, 이 중에서도 영조 시대에 무려 19차례나 보입니다. 예를 들면 다음과 같습니다; "지금부터는 하나의 개벽(開闢)이다. 지난 습성을 버리고 다 같이 협력하여 … 후손을 영원히 보존하고 영명(永命)을 이어가도록 하라. 신령은 어디든 오가고 천신(天神)과 지기(地祇)는 환하게 보고 있으니, 각자 마음에 새겨 널리 알림에 어김이 없도록 하여라."(『영조실록』 13년(1737) 8월 28일)

여기에서 '개벽'은 당파를 나누어 싸우던 과거의 나에서 새로운 나로의 탈바꿈, 거듭남을 의미하는데, 이때 '하늘'의 역할도 강조됩니다.

다만 동학에서와 같이 인간과 상호작용하는 '활동하는 하늘'이라기보다는 저 높은 곳에서 '굽어보는 하늘'의 이미지가 강합니다. 여기에서 하늘의 성격이 감시에서 협력으로 바뀌고, 개벽의 대상이 당파에서 문명으로 확장되면, 최제우의 '다시 개벽'이 되겠지요.

종래의 실학담론은 조선 후기 사상사에서 서구적 개화의 단초를 찾기 위한 노력이었습니다. 그러나 앞으로의 실학론은 한국적 개벽의 실마리를 찾는 작업으로 전환되어야 할 것입니다. 실제로 원불교의 제2대 지도자(종사)인 정산 송규는 원불교를 '실천실학'이라고 하였고, 이것을 받아서 원불교학자 여산 류병덕*은 '원불교실학론'을 제창했습니다. 원불교라는 개벽학을 실학의 전개과정으로 파악하는 것입니다. 이것은 뒤집어 말하면 조선 후기 실학 안에 이미 개벽적 요소가 함장되어 있음을 의미합니다. 이 또한 '개벽으로 본 실학사'라는 새로운 과제라고 할 수 있겠지요.

● 1930~2007

7. 하늘학회의 출범

마지막으로 최근에 제가 쓴 「하늘론」을 하나 소개하면서 이번 서신을 마치고자 합니다. 2019년 5월 17일에 서강대학교에서 '하늘학회'(가칭) 창립 준비모임이 있었습니다. 하늘학회는 '하늘학'[天學]을 정립하기 위해 모인 종교 연구자들의 모임입니다. 1년 전부터 동학원전을 강독하는 공부모임으로 시작되었는데, 마침내 학회 창립 이야기까지 나온 것입니다. 회원은 서강대학교 신학대학원장이신 김용해 신부님을 비롯해서 손원영 목사, 김용한 전도사, 천도교 연구자인 정혜정 교수, 천도교인이신 모시는사람들의 박길수 대표, 퇴계학 연구자인 이원진 박사, 법학자인 황치연 교수 등입니다. 모두의 공통 관심은 동학이지만 각자의 종교는 다 다릅니다.

저는 원불교 연구자를 대표해서 참석하는데, 이날 준비모임을 위해서 간단한 취지문을 작성해 보았습니다. 선생님은 다른 일정 때문에 참석하지 못하셨는데, 제가 쓴 취지문을 공유하는 것으로 아쉬움을 달래고자 합니다. 그럼 다음 이야기를 기대하겠습니다.

<새로운 하늘을 찾아서>

오늘날 한국사회는 길을 잃고 방황하는 난파선을 연상시킨다. 지난 1세기 동안 매진해 온 서구적 근대화가 암초에 부딪혀 갈 길을 못 찾고 있기 때문이다. 마치 19세기 말에 중국이라는 세계관의 붕괴로 인해 조선인들이 갈 곳을 모르고 갈팡질팡했던 경험과 유사하다. 그 절체절명의 순간에 동학이라는 자생적 사상이 탄생했듯이, 다시 한번 그 창조적 작업이 요청되고 있는 것이다.

지금 우리사회에서 일어나고 있는 대립과 갈등, 실망과 방황은 하나같이 서구화를 모델로 한 식민화(일제강점기)-산업화(경제개발기)-민주화(시민운동기) 과정에서 빚어진 남북분단, 좌우대립, 빈부격차, 상호불신, 이기주의의 산물에 다름 아니다. 그 사이에서 사회적 약자인 청년들은 절망하고 여성들은 분노하며 노인들은 방황하고 있다. 상호간 신뢰가 바닥에 떨어지고 서로가 서로를 믿지 못해 막대한 사회적 비용과 감정의 소비를 지불하고 있다.

오늘 우리가 '하늘'이라는 이름으로 모인 이유는 여기에 있다. 서구화와 근대화를 넘어서고 산업화와 민주화를 대신하는 새로운 가치를 찾아서 서로의 지혜를 모으기 위해서이다. 100년 전에 이 땅의 종교인들이 자유와 독립이라는 공통가치를 위해 한자리에 모였듯이, 오늘 우리는 21세기 한국의 공통가치를 모색하기 위해 다시 모인 것이다.

전통적으로 '하늘'은 한국인들의 경건성과 포용성, 평등성과 주체성, 역동성과 예술성을 상징하는 핵심가치였다. 고대 부족국가의 제천행사에서 시작하여, 『삼국유사』의 「단군신화」를 거쳐, 동학의 인내천에 이르기까지 하늘은 언제나 우리를 한데 모으고 상승시키는 가치의 중심이었다. 우리는 이 잊혀진 기억을 복원하고 망각된 역사를 회복하여 우리가 지향해야 할 새로운 가치를 제시하고자 한다. 전통을 살리고 근대를 되찾아 새로운 미래를 열고자 한다.

하늘학회는 한국종교를 연구하는 학자들이 중심이 되어 21세기에 필요한 새로운 인간관·세계관·가치관을 자생적으로 만들기 위해 결성된 모임이다. 150년 전의 다산 정약용, 혜강 최한기, 수운 최제우가 유학과 서학의 융합을 꾀하면서 기학과 천학을 제창했듯이, 이 시대에 필요한 새로운 한국학을 모색하기 위해 각 분야의 한국학자들이 모인 것이다. 잊혀진 우리 사상자원을 재발굴하고 새로운 현대사상을 재해석하여, 우리 실정에 맞는 한국사상을 정립하기 위해서이다. 근현대 한국사상의 텍스트를 자생적·자주적·자각적 근대의 관점에서 다시 읽고, 그 성과를 연구서와 학술발표 형태로 공개하여, 한국사회가 지향해야 할 새로운 도덕과 미래적 가치를 체계적으로 제시하고자 한다. 부디 우리의 작은 몸짓이 하늘학과 지구학의 새 길을 여는 돌파구가 되기를 바란다. 20190531

이
병
한

한살림선언 2.0:
궁궁(弓弓)의 그물망(www)

제4차 산업혁명도…1차 디지털혁명이 합당합니다.…그에 부응하는
다른 100년과 새로운 500년을 준비하는 원대하고 웅대한 비전이 절
실합니다.…우리가 2019년을 기점으로 개벽파를 선언하는 근본적인
이유가 여기에 있다 하겠습니다. 경주의 동학도시와 원주의 하늘도
시와 익산의 개벽도시와 영월의 신문명 도시와 여주의 한글도시, 전
주의 동학도시 등등이 촘촘히 묶이고 엮여서 만들어 가는 네트워크
국가, 하늘나라 동학국가를 상상해 봅니다.

1. 거대한 뿌리

절로 옷깃을 여미었습니다. 저절로 무릎을 꿇고 큰 절을 올리고 싶어졌습니다. 『조선왕조실록』에 이미 '개벽' 용례가 92번이나 나온다는 사실에 만시지탄이 새어나옵니다. 18세기 영조기에는 무려 19회나 보인다니 연거푸 이마를 찧게 됩니다. 19세기의 유레카 '다시 개벽'의 거대한 뿌리를 때늦게 확인하게 된 것입니다. 홀연 지난 반 천년이 투명하게 맑아 옵니다. 돌연 개벽사상의 무르익음으로 이 땅의 역사가 밝아져옵니다. 우리가 어디에서 와서 어디로 가고 있는가, 방향감각 또한 또렷해집니다. 역시나 졸가리를 바로 세우고 맥을 정확하게 짚어야 다음 길이 열립니다. '개벽으로 본 실학사'라니 탁견이 아닐 수 없습니다. 『한국근대의 탄생』에서 탐구하셨던 '실학에서 동학으로'라는 테제(강령)보다 훨씬 더 원숙한 발상을 제출하신 것 같습니다. 이만하면 우리 두 사람의 연재가 '선언'에 값하는 내실을 갖추어 가고 있다고 자평합니다. 덕분입니다. 감사합니다. 묻어 갑니다. 얻어 갑니다. 유쾌하고 통쾌한 기분으로 대미를 향해 달려갑니다.

실로 20세기의 실학담론은 뒤틀린 열등감의 발로였습니다. 어거지 우격다짐으로 개화의 단서를 채굴해 내는 내재적 발전론으로 기울었습니다. 조급하였기에 조악하지 않을 수 없었습니다. 하기에 조선 후기 실학에 이미 여실했던 개벽적 요소에 미처 눈뜨지 못했습니다. 아니 눈에 띄었다고 해도 질끈 감고 외면했을 것입니다. 개벽은 축출하고 개화만 추출하는 작위적 공정을 통하여 허상의 실학을 빚어 세운 것입니다. 허수아비 허깨비의 헛 실학론입니다. 실학 2.0, 이제야 제대로 된 참실학론이 기지개를 켭니다.

실학과 개벽을 결부시킴으로써 마침내 내발론과 외발론의 강박 또한 떨쳐낼 수가 있습니다. 나라의 안과 밖으로 장벽을 쌓을 까닭이 터럭만큼도 없습니다. 안팎이 삼투하여 신진대사를 멈추지 않아야 물질생활도 정신생활도 지속할 수 있습니다. 도리어 서학과 동학은 포스트-유학을 궁리하고 탐색하는 새로운 문명운동이라는 차원에서 속 깊이 상통했다고도 할 수 있습니다. 18세기 서학의 전사(前史)가 있었기에 19세기 동학의 후사(後事)가 가능했던 것입니다. 즉슨 동학은 서학의 반대말이 아닙니다. 서학을 때리지 않고 보듬어 안아 동학으로 거듭났습니다. 이미 19세기의 다시 개벽부터가 내/외가 합작한 창발적 사건이자, 동/서가 회통한 대합장/대합창의 결실이었던 것입니다. 고로 개벽파를 척사파와 개화파의 동렬로 간주하기도 힘들다고 생각합니다. 셋 중 하나가 아닙니다. 양자의 대결 구도를 넘어서 새로운 지평을 펼쳐내는 일대 도약이었던 것입니다. 척사파의 명분론과 개화파의 변혁론을 모두 함장하였다는 점에서 개벽파는 독창적이고 독보적이었습니다. 지상의 보/혁 갈등을 훌쩍 돌파하는 드높은 하늘로의 비상이었습니다.

그 19세기의 득의가 20세기에는 두 번의 선언으로 분출합니다. 첫 번째가 1919년 기미독립선언이요, 두 번째가 1989년 한살림선언입니다. 20세기 한국사상사가 산출한 거대한 양대 산맥이라 하겠습니다. 2019년 올해는 독립선언 100주년이자 한살림선언 30주년이기도 합니다. 공교롭기보다는 인과 연의 여여한 응보인지 모르겠습니다. 〈개벽파선언〉은 명명백백 지난 백년의 쌍벽을 이루는 양대 선언의 계승과 심화를 자처합니다.

그 1919년 3월 1일 '개벽절'과 2019년 '개벽파선언' 사이, 개벽꾼의 회생과 환생에 1989년의 원주라는 독특한 시공간이 자리했습니다. 20세기 척사파 NL과 20세기 개화파 PD와는 다른 차원의 민주화 대서사를 그려내고 있던 개벽파의 성소였습니다. 시공간만으로는 충분치 못합니다. 인간이 화룡점정을 찍어 삼합을 이루어야 비로소 천지인의 조화가 완성됩니다. 서학을 잇는 지학순과 동학을 계승하는 장일순이 원주에서 조우하게 됩니다. 학순이와 일순이. 지구적인 만남이자, 우주적인 인연이었습니다.

2. 세기의 도반(道伴)

올해는 무위당 장일순 선생님 25주기이기도 했습니다. 장일순 선생님의 일생을 묘파한 문장은 역시 김지하의 그것입니다; "하는 일 없이 안 하는 일 없으시고, 달통하여 늘 한가하시며, 엎드려 머리 숙여 밑으로 밑으로만 기시어, 드디어는 한 포기 산 속 난초가 되신 선생님."

그 선생님에게도 미숙하고 미욱한 때가 있었을 터이니, 세상을 향해 평균 4만 개의 질문을 던진다는 2세부터 5세까지 장일순의 아동기에 가장 큰 영향을 미친 이는 할아버지였다고 합니다. 일찍이 천주교로 개종한 개화파 집안의 후손으로 일순은 중학생 때 세례를 받고 서울로 유학하여 배재중고등학교에서 공부합니다. '개화학당'의 상징으로 선교사 아펜젤러가 세운 배재학당의 후신에서 수학한 것입니다. 가학도 소학도 온통 개화에 치중되었을 법하건만, 생각의 균형이 달성된 바탕에는 할아버지의 친구이자 독립운동가인 박기정[●]에게 한문과 서예를 배운 점이 컸다고 하겠습니다. 척사를 견지하며 항일운동에 투신했던 '거대한 뿌리'로서 동방고전의 세계에도 한 발을 들이고 있었던 것입니다. 개화와 척사, 양자의 극단에 휩쓸리지 않음으로써 노자를 재발견하고 해월을 재발굴하여 개벽파로 진화하는 청년기와 장년기의 토대가 소싯적에 형성되었던 것입니다. 제가 요즘 부쩍 벽청(개벽하는 청년)과 더불어 그들보다 더욱 어린 벽동(개벽하는 아동) 운동에까지 관심이 솟아 주의를 쏟고 있는 까닭이기도 합니다.

● 朴基正, 1874~1949

그러함에도 혼자만으로는 여의치 않았을지 모릅니다. 동년배의 동지, 귀인이 찾아옵니다. 지학순* 신부님이 원주로 발령 난 해가 1965년입니다. 당시 나이 44세, 서른 일곱의 일순보다 7살이 위였습니다. 저와 조성환 선생님 사이의 차이쯤 되겠습니다. 학순이 하늘나라로 돌아간 해가 1993년이고, 일순은 1994년에 무위자연으로 흩어졌으니 두 사람이 일구어 간 30년 세월을 음미하노라면 '세기의 도반'이라 해도 지나치지 않을 성 싶습니다.

● 池學淳, 1921~1993

초대 원주교구장으로 원동성당에 입성한 젊은 신부 지학순은 '빛이 되어라!'를 사목의 지침으로 삼았습니다. 학순 또한 이미 범상치 않은 인물이었으니 천주교를 현대적으로 '개벽'하기 위한 제2차 바티칸 공회의 노선에 충실한 성직자였습니다. 학순이 바티칸으로 상징되는 서방과 글로벌을 담보했다면, 길벗 일순은 동방 고전과 로컬을 담지해 두었다는 점도 절묘한 구석입니다. 양자가 의기투합함으로써 19세기의 동학은 근대문명 이후를 전망하는 동서회통의 지구학으로 부활하게 됩니다. 동녘 하늘과 서쪽 하늘이 합류하여 하나의 하늘이 열리게 되었습니다.

1950-60년대, 교육 사업과 지역 정치에서 고투를 거듭하던 일순은 학순과 조우함으로써 비로소 원주를 민주화의 성지로 전변시키게 됩니다. 학순이 세우고 일순이 조력한 가톨릭센터는 민주화운동의 요람이었습니다. 이 지역의 꾸르실료* 교육을 발진시킨 장본인 또한 두 사람이었다고 합니다. 꾸르실료 교육을 받은 원주의 청년들이 협동조합

● 가톨릭 교회의 평신도 재교육 운동

● 金敏基, 1951~

● 朴正熙, 1917~1979

운동과 지역사회운동의 리더로 성장해 갔습니다. 김지하와 김민기*
등 이제는 '레전드'가 된 당대의 힙한 청년들(벽청의 전신?)까지 속속 합
류하면서 원주는 박정희* 시대의 해방구가 되었던 것입니다.

세속의 변혁은 교회의 변화와도 긴밀히 이어졌습니다. '교조적 근
대화'라 할 법한 정교분리의 도그마에서 탈피하여 성속합작으로의 회
심을 가장 먼저 실천한 곳이 원주입니다. 교회와 사회를 공진화시켰
습니다. 성당과 학당을 상호진화시켰습니다. 기도하고 학습하며 실
천했습니다. 사제와 평신도를 차별하지 않는 평신도 중심의 교회를
구현해 갔습니다. 교회의 민주화로부터 지역의 민주화, 나아가 국가
의 민주화까지 잔물결이 일파만파 파도를 일으킨 것입니다. 교회일치
운동 또한 인상적입니다. 기독교 목사가 성당에서 설교를 했습니다.
천주교 신부가 개신교 교회에서 강론을 펼쳤습니다. 스님이 성당에
와서 설법을 베풀기도 했습니다. 사찰을 찾는 신부와 목사도 적지 않
았습니다. 지난 글에서 소개해주신 '하늘학회'의 먼 전신이라 해도 모
자람이 없을 것입니다. 한 달에 한 차례 종교간 벽을 허무는 지역 모
임을 주도한 이 또한 학순과 일순이었습니다. 그 원주에서의 선행학
습을 발판으로 1974년에 출범한 조직이 바로 천주교정의구현전국사
제단이라 하겠습니다. 원동성당에서 발족하여 명동성당까지 감화시
킨 것입니다. 주변에서 중심으로, 지역에서 서울로 파급을 하였습니
다. 서슬 퍼런 유신체제에 슬슬 균열이 가기 시작했습니다.

무위당의 득의는 1979년 박정희의 비극에 앞서 일찍이 회심했다는

점입니다. '조국 근대화', 산업화의 열풍에 휩쓸리지도 않았으나, 그 반대편의 독재타도, 민주화만으로는 충분치 못함을 자각한 것이 1977년이라 합니다. 문명의 재건을 골똘히 탐색합니다. 동학의 회생에 인생의 후반전을 전념하고 전력했던 까닭입니다. 일백년 전 해월은 무위당과 만남으로써 비로소 '거룩한 스승'이라는 정명을 얻게 됩니다. 해월의 삼경철학에 기초하여 무위당은 생명사상을 만개시켜 갑니다. 일국적 민주화운동의 지평을 돌파하는 티핑포인트였습니다. 지구적이고 우주적인 차원에서의 신문명 건설 운동으로 점핑한 것입니다. 경천(敬天), 경인(敬人), 경물(敬物)의 삼경설은 일찍이 세계 어느 사상가나 철학자도 내세운 바 없는 고유하고도 독창적인 사상이라 극찬하였습니다. 하늘만 섬긴 시대를 중세라 일컫습니다. 인간만 모신 시대가 근대라 하겠습니다. 토테미즘과 애니미즘의 고대에는 동식물과 광물을 섬겼습니다. 하늘과 사람과 사물, 만물을 함께 모시고 기르고 살리는 삼경사상은 천지인 어느 쪽에도 치우치지 않는 중용의 결정판입니다. 인류와 지구를 구원할 수 있는 생명사상의 정수라고 여겼습니다. 그 절차탁마의 제련 끝에 1989년 선포된 것이 바로 한살림선언입니다. 독재타도의 깃발 아래 단일대오를 형성하였으나, 내부적으로는 패권 다툼에 여념이 없었던 NL과 PD의 악다구니 속에서 모든 이와 모든 것을 품어 안는 새로운 지평, 생명의 지평을 열어젖힌 것입니다.

3. 궁궁의 그물망

저에게 20세기 후반 한국을 대표하는 문헌 하나를 꼽으라면 잠시의 주저도 없이 〈한살림선언〉을 꼽을 것입니다. 한울님의 각성으로부터 한살림선언까지 꼬박 두 갑자, 120년이 필요했습니다. 1860년 동학의 탄생부터가 동서가 전면적으로 교류하는 지구사적 사건이었던 고로, 1989년 한살림선언 또한 한국이라는 울타리 안에 가두어 두기에는 애석하다 하겠습니다. 20세기 후반에 나온 전 세계의 문건 가운데서도 한 손에 꼽히는 위대한 선언이었노라, 자랑스럽습니다.

집필 과정부터가 그러했습니다. 당대의 신과학을 섭렵하고 냉전이 끝나가는 세계사의 변화를 착목하여 동학에 바탕한 고유한 사상까지 장착시킨, 동서고금을 망라한 회통과 달통의 전범을 보인 것입니다. 하기에 30주년을 맞이하여 한살림에서 마련한 다시 읽기 모임에도 기꺼이 참석했습니다. 소속을 기입하는 곳에는 개벽학당을 적었습니다. 올해를 기점으로 저의 제1 정체성 또한 개벽학당 당장으로 바뀐 탓입니다. 한살림선언 다시 읽기 모임을 주도하는 주요섭 선생님을 학당으로 직접 모셔 세미나를 열기도 했습니다. 기왕 다시 읽는다면 밀레니얼 세대, 벽청들과 함께 읽는 편이 훨씬 더 생산적이고 창조적이라 여겼기 때문입니다.

은근한 욕심도 없지 않았습니다. 벽청들은 새별 조성환 선생님에게는 최치원부터 최시형까지 일천년 한국사상사의 골자를 배웠습니다. 저와는 인류세와 라이프 3.0, 인공지능 등 최신과학 담론의 골수도 공부했습니다. 서울대학교와 카이스트, 어느 곳에 견주어도 부족하지 않은 한 학기를 보내고 있다고 자부합니다. 그 벽청들이 30년 전 한살림선언을 갱신하고 쇄신하고 혁신시켜 주면 좋겠다는 바람을 속으로 품었습니다. 다시 읽기란 결국 '술'(述)에 그치기 때문입니다. 30년 전 그 선배들처럼 당대의 최신과학과, 5G 기술패권 경쟁으로 치닫고 있는 현재의 세계사적 전환과, 한국의 고유한 사상 전통을 결합하여 '한살림선언 2.0'에 방불하는 개작(改作)을 해 주길 원했던 것입니다. 그래야 한다고 생각합니다. 그러하지 않으면 아니 된다고 생각합니다. 지난 30년 축적된 물질개벽의 성과는 20세기 쌍팔년도와는 비견이 안 될 만큼 휘황하기 때문입니다. 덜 것은 덜어내고 보탤 것은 덧붙여서 '다시 한살림'을 술이창작(述而創作)하는 데 일조해 보고 싶었습니다. "무궁한 그 이치를 무궁히 살펴내어 무궁한 이 울 속에 무궁한 내 아닌가."라는 수운의 주체론을 라이프 3.0 시대의 존재론으로 업그레이드하고, 인류세를 개벽세로 전변시키는 주문이자 주술로 업데이트 시켜주길 바랐던 것입니다.

제가 보건대 30년 전 선언의 가장 큰 약점은 3장에 집약되어 있습니다. 소제목이 '전일적 생명의 창조적 진화'입니다. 기계와 생명의 대비를 구구절절 이어가고 있습니다. 기계문명과 생명문명을 물과 기름처럼 나누고 만리장성을 쌓았습니다. 낡은 발상입니다. 수긍하기 어려운 대목이 적지 않습니다. 아니 많습니다. 트랜스휴먼, 인간과 기계는 이미 합성물이 되고 있습니다. 사피엔스와 사이보그의 경계가 나날이 흐릿해지고 있습니다. 수정과 교정으로 수습될 차원이 아닙니다. 전면 개정판이 요청되는 시점입니다.

다시 1989년을 복기해 봅니다. 동서 이념 대결을 상징하던 베를린 장벽이 무너진 해입니다. 그 하나 된 지구를 상징하는 또 하나의 문명사적 획기가 있었으니, 월드와이드웹(World Wide Web)이 발진한 해가 바로 1989년입니다. 태평양 동쪽 아메리카에서 발신한 'www'와 유라시아의 동쪽 한국에서 발원한 한살림은 절묘하게 맞아떨어지는 구석이 하나둘이 아닙니다. 월드와이드웹을 통하여 천지인은 비로소 전면적으로 묶이고 엮이고 갈마드는 초연결망 생태계, 한살림 지구로 진화해 가기 때문입니다. 축(Axis)의 시대*에서 '망(網)의 시대'로 진화함으로써 비로소 무극대도를 온 천하에 펼쳐 볼 적기가 열린 것입니다.

당장 자동차부터 더 이상 기계가 아닙니다. 자동에 자율을 얹어 스스로 사고하고 판단하고 행동하게 됩니다. 도로 상태만이 아니라 기후 상태까지 지상과 천상을 아울러 사유하게 됩니다. 자율차뿐이겠습니까. 기차와 배, 비행기 등 모든 모빌리티 수단은 죄다 인공지능을 탑재하여 인간의 이성을 능가하는 역량을 발휘할 시기가 10년 안쪽으로 열립니다. 정착해서 살아가는 집부터 이동할 때 활용하는 교통수단까지 사람이 살아가는 시공간 전체가 인간과 실시간으로, 전 지구적으로 피드백을 주고받는 신세기 신세계가 곧 열리는 것입니다. 일순부터 일생까지 천지인은 숙명처럼 연결되고 결합합니다. 고로 이미

● Axial age, Achsenzeit. 칼 야스퍼스(Karl Jaspers, 1883~1969)가 정의한 역사 구분 개념. 축의 시대는 동서양을 막론한 인류 역사의 기원전 800년에서 기원전 200년까지 시대에 오늘날 세계 4대 성인이라고 일컫는 붓다(B.C.563?~B.C.483?), 공자(B.C.551~B.C.479), 소크라테스(B.C.470~B.C.399), 예수(B.C.4?~A.D.30) 등 영성적 천재들이 잇따라 태어난 점에 유의한 것으로 이 시기에 인류의 영성적 수준이 획기적으로 성장하였다고 본다.

만물에 생명이 아닌 존재가 없다고 하겠습니다. 미물은 물론이요 철물과 폐물까지 알고리즘을 장착하여 나름의 '진화'를 수행하게 됩니다. 만인과 만물이 공진화하는 천지공사(天地公事)의 후천개벽이 리얼한 세계에서 펼쳐지는 것입니다.

이웃나라 중국에서 400조를 쏟아 부어 만들고자 하는 슝안(雄安)신구는 말 그대로 유기체처럼 '살아 숨쉬는' 지혜도시로 디자인했습니다. 당헌에 '생태문명건설'을 삽입한 세계 최대의 정치집단인 중국공산당이 한살림선언의 사상을 실천해 보고자 전력투구하는 것입니다. 뿐만이 아닙니다. 바로 지난해 세계 자본가들의 아성이라고 할 수 있는 다보스포럼*에서도 '생물학적 세기'(Biological Century)를 선포했습니다. 생태와 생명이 도처에서 모두의 화두가 되고 있습니다. 함에도 여전히 산업화 세대와 민주화 세대가 보/혁으로 갈리어 죽기살기로 다투는 한국의 작금이 안타까울 따름입니다. 너 죽고 나 살자는, '적폐청산'이라는 적폐를 30년째 돌림노래하고 있는 것입니다. 너도 살고 나도 살며 만인과 만물을 함께 살리는 '모두 살림', 한살림으로 나아가지 못합니다.

다시금 술이 아니라 작이 관건입니다. 한살림선언을 다시 쓰는 것만으로도 충분치 못합니다. 선언은 어디까지나 다짐이고 새김일 뿐입니다. 종이 위에서야 뭔들 허풍을 떨지 못하겠습니까. 〈공산당선언〉과 〈한살림선언〉이 갈라지는 가장 큰 차이점이라고도 생각합니다. 19세기의 〈공산당선언〉은 20세기에 실제 시험하고 실험해 보았

● 매년 스위스의 다보스에서 개최되는 '세계경제포럼(World Economic Forum)'의 연차 총회. 민간재단이 주최하지만 세계 각국의 정관계와 재개의 지도자 2,000여 명이 모여 1주일에 걸쳐 각종 정보를 교환하고, 세계경제 발전방안 등에 대하여 논의하는 회의.

습니다. 그리 성공적이지 못했다고 평하겠습니다. 허나 20세기의 〈한살림선언〉은 정작 한국 땅에서조차 온전히 시도해 보지 못했습니다. 생협의 성공만으로는 미진합니다. '한살림 나라'에 도전해 보아야 했습니다. 문명론은 탁월한데 견주어 국가론과 정치론은 어쩐지 부족하고 소략합니다. 30주년을 맞이하여 장차 한살림의 방향을 '마음살림'에 두었다는 방침에 저는 솔직히 맥이 탁 풀렸습니다. 나라살림을 책임져 보겠다는 호연지기가 좀체 발휘되지 못하는 점이 못내 아쉽습니다. 기상이 모자라고 기백이 떨어집니다. 언제까지 19세기형 산업사회에 기초한 좌/우 세력들에게 나라를 맡겨 두어야 하는지 안타깝습니다. 정녕 정치개벽 없이 문명전환이 가능할 리 만무합니다. 나라가 너무 크고 멀다면 한살림의 고향 원주만이라도 '살림도시'로 만들어 보자는 포부라도 있었으면 좋겠습니다.

조선은 500년 유학국가였습니다. 20세기 지난 백년의 절반은 식민지요 나머지 절반은 남북으로 갈리어 북은 척사파 국가요, 남은 개화파 국가가 되었습니다. 통일은 응당 좌/우와 보/혁의 이데올로기 통합이 아닐 것입니다. 좌/우를 나누었던 19세기형 산업문명을 넘어서는 신문명 창조와 긴밀히 결부될 것입니다. 하여 제4차 산업혁명도 정명이 아니라고 하겠습니다. 차라리 제1차 디지털혁명이 합당합니다. 오프라인에 온라인이 결합됨으로써 전례가 없던 디지털 신대륙이 열리는 것입니다. 그에 부응하는 다른 100년과 새로운 500년을 준비하는 원대하고 웅대한 비전이 절실합니다. 기왕의 산업화와 민주화 세대로는 어림도 없는 문명사적 과제가 아닐 수 없습니다. 우리가 2019년을 기점으로 개벽파를 선언하는 근본적인 이유가 여기에 있다 하겠습니다. 경주의 동학도시와 원주의 하늘도시와 익산의 개벽도시와 영월의 신문명 도시와 세종의 묘를 모시고 있는 여주의 한글도시, 전주의 동학도시 등등이 촘촘히 묶이고 엮여서 만들어 가는 네트워크 국가, 하늘나라 동학국가를 상상해 봅니다. 상상이 사상을 추동하고 일상을 고무합니다. 생명을 생각하는 생활이 최상의 생산수단으로 전변합니다. 생명과 생각과 생활과 생산이 선순환하는 디지털/글로벌 한살림 운동으로 궁궁(弓弓)의 그물망(www)을 그려 가야 하겠습니다.

이제 마지막 글 한 편을 남겨 두고 있습니다. 저 나름으로 다음 100년, 새로운 500년을 준비하는 30년 프로젝트의 청사진을 밝히는 것으로 마침표를 찍으려고 합니다. 메아리마저 우렁차게 울려 퍼지게 개벽길을 여는 벽제 소리를 계속 들려주시기를 곡진하게 부탁드립니다. 20190607

조
성
환

―

개벽세대를 기르자

자기 생각, 자기 관점으로 한국과 세계를 새로 볼 수 있는 주체적이
고 자주적인 세대를 길러야 합니다. 그래서 저는 앞으로 청년세대를
기르는 일에 초점을 맞추기로 했습니다.…《개벽세대》같은 저널을
만들자고 제안했습니다. 청년들이 편집위원이 되고 기획자가 되어
자기들의 고민과 비전을 서로 공유하고 사회에 발신하는 것입니다.
이런 식으로 자라난 개벽세대들이 30여 년 뒤에 우리 사회의 주역이
된다면 대한민국의 모습도 많이 달라지지 않을까요?

1. 도덕문명론과 도덕진화론

이제서야 〈개벽파선언〉을 제안하신 깊은 뜻을 알았습니다. 멀게는 1919년의 〈기미독립선언〉을, 가깝게는 1989년의 〈한살림선언〉을 잇는 세 번째 개벽파선언을 기획했던 것입니다. 그러고나니 우리가 하는 작업의 의미도 한층 분명하게 이해되었습니다. 지난번 편지도 마치 오래전에 들은 이야기처럼 익숙하게 다가왔고요.

먼저 "개벽파를 척사파와 개화파의 동렬로 간주하기 힘들다."는 말씀에 고개가 끄덕여졌습니다. 척사파와 개화파는 문명과 야만의 구도에서 벗어나지 못했습니다. 한쪽은 중국적 화이관을, 다른 한쪽은 서양적 화이관을 고수하고 있었습니다. 이에 반해 개벽파는 '세계주의'를 표방하면서 동서의 화이관을 벗어 던졌습니다. 『천도교의 정치이념』(모시는사람들)에서는 분명히 '세계를 한 집안으로 하는 세계주의' (107쪽)와 '세계공화'(111쪽)를 말하고 있고, 이는 원불교에서 주창하는 '인류는 한 가족, 세상은 한 일터'와 상통합니다. 그런 점에서 지난번에 소개해 주신 홍대용의 '화이일야'(華夷一也)는 '실학 속의 개벽'이라고 할 수 있을 것입니다.

뿐만 아니라 개벽파는 서양의 강자 중심의 사회진화론도 그대로 수용하지 않았습니다. 1920년에 나온 《개벽》 창간호에서는 "세계는 강약우열의 자가 서로 협동의 생활을 경영하나니 사회는 무수 무수의 관계상에 서로 신뢰하고 서로 보조하는 고로 강자도 약자에게 빚질 바 있으며 우수한 자도 열등한 자에 의지할 바 있다."(「세계를 알라」)고 하는 일종의 '강약협동론'을 말하였습니다. 원불교에서도 "강자는 자리이타로 약자를 진화시키며 약자는 강자를 선도자로 삼아, 강약이 서로 진화하는 길로 나아가야 상극없는 새 세상을 이룩한다."는 「강자약자 진화상 요법」(1916년)을 말하였습니다.

이러한 진화론은 이돈화의 개념을 빌리면 '수운주의 진화론'(『신인철학』)이라고 할 수 있고, 동아시아의 공공철학적 전통에서 보면 일종의 '공공진화론'이라고 할 수 있습니다. 『조선왕조실록』에 등장하는 개념을 빌리면 '융평'(隆平)이나 '승평'(昇平) 사상이라고도 볼 수 있을 것입니다. 그렇다면 분명 개벽파는 후쿠자와 유키치 식의 문명개화론이나 량치차오* 식의 사회진화론과는 다른 도덕문명론(최시형)과 도덕진화론을 말한 셈입니다. 저는 바로 이 점이 척사파나 개화파보다는 사상적으로 훨씬 성숙한 태도였다고 생각합니다.

● 梁啓超, 1873~1929

2. 영성과 신성

이런 생각을 하고 있노라니 문득 개벽문학가 신동엽의 「누가 하늘을 보았다 하는가?」라는 시가 떠오릅니다. 여기서 신동엽 시인이 말하는 하늘은 '개벽의 하늘'이었을 겁니다. 이 하늘이야말로 말씀하신대로 척사파와 개화파를 포함하고 회통하는 '더 큰 하늘'이었습니다. 그러나 우리는 언제부터인가 이 개벽의 하늘을 잊고 살아왔습니다. 그것을 신동엽 시인이 선각자처럼 자각한 것이 아닌가 싶습니다.

문학 얘기가 나와서 생각이 났는데, 2019년 5월 31일에 원불교사상연구원에서 근현대 국문학을 연구하는 홍승진 박사가 「이상화 시의 대종교 미학」이라는 제목으로 발표를 하셨습니다. 2017년에 「김소월과 인내천(人乃天)」이라는 논문을 쓰신 것이 인연이 되어 저희 연구원에 모시게 되었는데, 제가 생각하는 개벽문학을 개척하고 계시는 분입니다. 이상화* 시에 나타난 '검신' 개념과 '허무' 사상이 대종교 사상과 상통한다는 내용이었는데, 특히 인상적이었던 대목은 이상화의 '한우님'이나 '한아님'을 '신성'으로 해석하는 부분이었습니다.

● 李相和 1901~1943

저는 지금까지 개벽종교에 나오는 하늘 관념을 영성의 차원에서만 설명하려고 했습니다. 그런데 '신성'이라는 말을 듣는 순간 무릎을 쳤습니다. 유학의 영성과 동학의 신성의 차이가 또렷해졌기 때문입니다. 역시 영성이라는 말은 동학이나 대종교의 하늘 관념을 설명하기에는 뭔가 허전하다는 생각이 있었습니다. 서양에서도 'Confucian

● Tu Weiming·Mary
Evelyn Tucker, Crossroad
Pub. Company, 2004

spirituality'●라는 제목의 단행본이 있는 것을 보면 유학의 영성에 대한 논의가 활발한 것 같습니다. 그렇다면 다음과 같은 질문이 따라 나오게 됩니다.

유학의 영성과 동학의 영성의 차이는 무엇인가? 왜 최제우는 동학을 서학과 같은 계열의 천도(天道)라고 했을까? 영성보다 한 걸음 더 나아간 신성을 말하고 싶어서가 아닐까? 주자학적 합리성에 의해 소외되고 무시되었던 신성을 회복하려 했던 것이 아닐까? 그것을 서학(천주교)에서 보았던 것이 아닐까? 그래서 동학을 유도나 불도가 아닌 서학과 같은 천도(天道)라고 했던 것이 아닐까? 등등.

어쨌든 30대 초반의 신진학자가 개벽문학이라는 새로운 장르를 개척하고 있다는 사실은 저로서는 여간 반가운 소식이 아닐 수 없습니다. 저에게는 다음 세대이고 개벽문학으로서는 처음 세대입니다.

3. 원주의 개벽파

지학순 주교와 장일순 선생의 도반 이야기도 감동적으로 잘 읽었습니다. 장일순 선생의 저작은 몇 번이고 읽어 봤는데 지학순 주교 이야기는 제대로 공부한 적이 없었습니다. 특히 하늘학회와 같은 모임을 이미 반세기 전에 시작하고 계셨다니 놀라울 따름입니다. 두 도반의 이야기를 듣고 있노라니 문득 또 다른 '도반'이 떠올랐습니다.

1941년생 동갑내기 김지하와 윤노빈입니다. 원주중학교-서울대학교 동창인데다 둘 다 장일순 선생과도 인연이 깊습니다. 서울대 재학 시절에는 방학 때마다 원주에 돌아가서 헤겔*의 『정신현상학』을 같이 읽었다고 합니다. 그러고보면 지학순-장일순의 다음 세대 도반이라고 할 수 있겠습니다. 시인이자 신부이신 최자웅 선생님은 두 사람의 깊은 인연에 대해 다음과 같이 말하고 있습니다.

● Georg Wilhelm Friedrich Hegel, 1770~1831

> "김지하는 그의 『남녘땅 뱃노래』를 비롯한 수많은 담론집과 철학적 글들을 통하여 일찍이 그의 벗이자 스승의 하나였던 윤노빈의 동학의 화두를 깊게 천착하여 왔다. 그것은 동시대의 벗 윤노빈과 더불어 그의 온전한 스승인 청강 장일순의 동학에의 경도와도 깊은 정신적인 인연과 뿌리를 지니고 있음은 불문가지이다. 그것은 원주라는 청강 장일순과 김지하, 윤노빈의 인연의 고리이기도 하였으며, 그들보다도 오랜 세월 전에 위대한 수운의 제자와 그 사상의 담지자였던 최보따리 해월(최시형)의 족적이 그들의 원주에 아주 크게 남아 있었(던 것과도) … 결코 무관하지 않을 것이다." (최자웅, 「<동학의 세계사상적 의미>에 대한 단상」, 윤노빈, 『신생철학』, 학민사, 2003, 23 - 24쪽)

이에 의하면 장일순-윤노빈-김지하 세 사람의 인연의 공간은 원주였고 사상적 원천은 동학이었습니다. 그렇다면 이들은 '원주의 개벽파'라고 불러도 손색이 없을 것입니다.

4. 주기도문과 동학주문

　윤노빈의 『신생철학』(1974)에서 가장 충격적이었던 장면은 서문에서 주기도문과 동학주문을 비교하는 대목입니다. 철학과 교수가 자신의 철학 저작에서 동학주문을 언급하는 것만 해도 놀라운 사건인데, 그것을 그리스도교의 주기도문과 동급으로 비교한다는 것은 더더욱 상상하기 어려운 일이기 때문입니다. 뿐만 아니라 주기도문의 첫머리를 '한울에 계신 우리 아버지'로 표기하였습니다. 그리스도교의 '하나님'을 동학/천도교에서 말하는 '한울님'으로 바꿔 쓴 것입니다. 다산 정약용이 유학 안에 서학을 넣었듯이, 서학 안에 동학을 넣은 것입니다. 그 바탕에는 '개벽신학자'인 탁사 최병헌*이 말한 "서양의 하늘이 곧 동양의 하늘이다."(《황성신문》 1903.12.22)라는 회통사상이 깔려 있다고 생각합니다.

● 崔炳憲, 1858~1927

　그런 점에서 『신생철학』은 그 자체로 하나의 개벽이라고 할 수 있습니다. 종교와 철학의 경계를 허물고, 철학이라는 선입관을 깨트리며, '술'이 아닌 '작'을 하고 있기 때문입니다. 그 '작'의 대표적인 예가 존재론 철학에 대한 생존론 철학입니다. 서양의 존재론은 만물을 '있는'(being) 존재로 보는데, 윤노빈은 동학의 "만물은 하늘님을 모시고 있다."는 시천주 사상에 입각해서, 만물은 그냥 '있는' 것이 아니라 '살아 있고', 그것도 하늘님처럼 살아 있기 때문에 '살아 계신다'고 해야 맞다고 말합니다. 그리고 '살아 계심'을 한자로 '생존'이라고 표현합니다. 해방 이후에 동학을 생명철학의 관점에서 체계적으로 해석한 최초의 사례가 아닐까 생각합니다.

오늘날 학계의 동학 이해는 유학이나 서학이 기준이 되고 있습니다. 그래서 동학을 전통 성리학의 연장이나 서구 근대의 맹아 정도로 해석하는 것이 일반적입니다. 그런데 반세기 전의 윤노빈은 '틀' 자체를 달리 본 것입니다. 서양철학을 상대화해서 그것과는 다른 동학철학의 틀을 만들어 냈습니다. 저는 바로 이 점에서 그를 개벽파라고 부르기에 충분하다고 생각합니다. 윤노빈의 『신생철학』은 실로 2세기 개벽학의 선구라고 할 수 있습니다. 그의 나이 불과 34세 때의 저작입니다.

5. 제3세계의 개벽운동

윤노빈의 철학적 유산은 정확히 10년 뒤에 김지하로 이어졌습니다. 1984년에 나온 「인간의 사회적 성화」, 「은적암 기행」, 「구릿골에서 - 강증산 사상의 창조적 재해석」, 그리고 「생명사상의 전개」(1985) 등이 그것입니다. 그러나 김지하는 '개벽'이라는 화두를 들고 나왔습니다. 윤노빈이 생존철학자를 자임했다면 김지하는 개벽사상가를 자처했습니다. 대표적으로 동학을 동세개벽(動世開闢), 증산을 정세개벽(靖世開闢)으로 구분하는 점이 그렇습니다. 철학자 윤노빈이 동학주문에 대한 편견이 없었듯이, 김지하에게는 강증산에 대한 선입견이 없었습니다. 그래서 그를 개벽파의 일원으로 다룰 수 있었던 것입니다.

　김지하의 개벽론에서 가장 인상적이었던 점은 이른바 제3세계 민중운동을 동학과 같은 개벽운동으로 해석하는 대목이었습니다.

> "('생명의 세계관'에 기초한 협동적 생존의 확장 운동이) 전 세계적 차원에서 비교적 자각된 형태의 민중운동으로 나타나게 된 것은 서양 제국주의에 의한 전 지구적, 전 중생적인 보편적인 죽임, 즉 죽임의 보편화에 저항해서 아시아, 아프리카, 라틴아메리카의 민중, 제3세계의 민중이 벌인 여러 가지 해방운동에서였습니다. 그리고 그 같은 운동은 보편적 죽임, 죽임의 보편화가 절정에, 최악의 상태에 도달한 오늘, 제3세계 민중운동을 통해서 분명히 나타나고 있습니다. … (죽임이 지배하는 역사) 밑에서도 민중이 근원적인 자기의 생명 주체에로 역동적, 창조적으로 돌아가려는 잠재적인 후천개벽 운동의 물줄기가 … 일체 역사적 격동의 실질적인 배력(背力)으로 작용하면서도 완전히 드러나지 않고 잠복해 왔었습니다." (「인간의 사회적 성화」, 1984, 136 - 8쪽)

　여기에서 김지하는 제국주의에 대항하여 일어난 제3세계 민중운동을 생명회복운동으로 규정하고, 그것을 후천개벽운동으로 자리매김하고 있습니다. 그런 점에서 1965년에 장일순이 출소하자마자 김지하를 만나서 "지금 베트남에서는 불교와 호치민 세력이 연대하고 있네. 남미에서도 가톨릭이 혁명 세력과 함께 전선에 선 데도 있어. 카밀로 토레스 신부가 그 예야. 이것은 아마도 새시대의 새로운 조류라고 생각해."라고 말한 것을 연상시킵니다. 둘 다 모두 제3세계의 움직임에 주목하고 있습니다. 다만 장일순이 종교적 영성운동에 주목하였다면, 김지하는 계급적 해방운동을 강조하고 있습니다. 그러나 김지하도 그것을 동학과 같은 생명운동으로 규정하는 것을 보면 '정치적 영성' 같은 것을 염두에 두는 것 같습니다. 어쨌든 개벽을 한국 안에서 끄집어내어 세계사적인 문맥에 자리매김했다는 점은 평가할 만합니다. 윤노빈이 시도한 '동학의 세계사상사적 의미'는 실로 김지하에서 완성되었다고 해도 과언이 아닙니다.

6. 무엇이 한살림인가?

김지하는 장일순과 더불어 〈한살림선언문〉(1989)을 기초한 장본인 중의 한 사람입니다. 만약에 윤노빈이 북한으로 넘어가지 않았다면 그 또한 이 작업에 동참했을 것입니다. 하지만 지금은 장일순도 세상을 떠나고 윤노빈도 이 땅에 없습니다. 김지하는 은퇴한 거나 다름없습니다. 한살림 설립자인 인농 박재일*도 10여 년 전에 세상을 떠났습니다. 한살림 1세대가 가고 다음 세대가 배턴을 이어받고 있습니다. 그런데 2세대 한살림이 흔들리고 있다고 합니다. 70만 회원이나 되는데 자신이 없어 보입니다. 왜일까요?

● 朴才一, 1938~2010

제가 생각하기에는 한살림의 가치가 흔들리고 있는 것 같습니다. 살림은 결코 성장이 아닌데 성장에 연연하고 있습니다. 자본의 논리에 휘둘리고 있습니다. 개벽파가 개화파 흉내를 내려 합니다. 게다가 '가장 큰 살림'이라는 '한살림'을 표방하면서 정작 농업과 밥상 살림에만 머물러 있습니다. 명실이 상부하지 않는 느낌입니다. 교육살림, 청년살림, 지역살림, 남북살림, 철학살림 등등, 이 땅에서 살려야 할 것들이 너무도 많은데 30년 전의 살림만 고집하는 느낌입니다. 나아가야 할 방향을 찾지 못하고 있는 것이 꼭 지금 한국 사회의 단면을 보는 것 같습니다.

아마도 1세대의 창작을 이어받아 '다시 창작'을 하지 않고 조술(祖述)만 반복하기 때문일 것입니다. 지적하신 대로 '다시 읽기'로는 턱없이 부족합니다. 그것은 저 같은 연구자들이 논문 쓰기 위해서 하는 작업으로 족합니다. 적어도 2세기 한살림운동이 되려면 〈한살림선언문〉 '다시 쓰기'로 나아가야 합니다. 한살림의 초기 멤버는 동학의 다시 읽기로 〈한살림선언문〉을 창작했습니다. 이제는 개벽의 다시 읽기로 〈한살림선언문 2.0〉을 창작하기를 바랍니다. 마음살림 또한 굳이 한살림이 아니더라도 가능합니다. 명상센터나 템플스테이 같은 곳에 가서도 할 수 있습니다. 한살림은 한살림다운 방법과 철학과 비전이 있어야 합니다. 30년 전의 한살림이 한국사회의 개벽이었다면, 이제는 한살림 자신이 다시 개벽되어야 할 시점에 와 있습니다.

7. 학문의 빈곤

저는 이 모든 현상이 학문을 경시한 데서 비롯되었다고 생각합니다. 쉽게 말하면 실천만 강조하고 이론을 소홀히 한 탓입니다. 사회운동을 한다는 분들에게서 쉽게 찾아볼 수 있는 현상입니다. 그러나 개벽학의 창시자들은 당대 최고의 유학자들이었습니다. 수운 최제우, 증산 강일순, 홍암 나철, 정산 송규 등등 하나같이 주자학의 틀을 완전히 마스터한 대학자들이었습니다. 그래서 개벽이 하나의 '운동'으로 이어질 수 있었던 것입니다. 그리고 바로 이 점이, 기타지마 기신 교수님에 의하면, 일본의 신종교와의 차이라고 합니다.

한살림 초기 멤버도 다르지 않았습니다. 윤노빈을 이은 김지하는 개벽사상에, 김지하가 스승으로 삼은 장일순은 해월사상에, 〈한살림선언문〉을 대표 집필한 최혜성은 신과학에 조예가 깊었습니다. 그리고 전국에서 저명한 학자들을 원주로 모셔다가 주제별로 하루종일 세미나를 했다고 합니다. 이렇게 무섭게 공부를 한 적공(積功)이 있었기에 〈한살림선언문〉이 나올 수 있었고, 단기간에 지금의 위치에까지 오를 수 있었던 것입니다. 제가 생각하기에는 그다음 세대로 이어지면서 이런 학문적 응집력, 이론적 집요함이 약화되고 분산된 것이 아닌가 싶습니다.

8. 개벽세대를 기르자

비단 한살림뿐만이 아닙니다. 제가 보기에는 한국학 전반이 정체되어 있습니다. 원불교학만 해도 당장 류병덕을 이을 만한 다음 세대 학자가 보이지 않습니다. 세대가 내려갈수록 장일순, 윤노빈, 류병덕 등이 보여준 도전정신, 모험정신, 작가정신이 현저히 떨어집니다. 이 난관을 돌파하기 위해서는 다음 세대를 기르는 길밖에는 없습니다. 바로 이 점이 제가 개벽학당에 기대를 거는 이유입니다.

우리는 철저하게 개화세대로 자랐습니다. 영어·수학, 플라톤·칸트를 모르면 행세하기 어려운 환경이었습니다. 이제는 개벽세대를 길러야 할 때입니다. 자기 생각, 자기 관점으로 한국과 세계를 새로 볼 수 있는 주체적이고 자주적인 세대를 길러야 합니다. 그래서 저는 앞으로 청년세대를 기르는 일에 초점을 맞추기로 했습니다.《개벽신문》에〈청년철학〉코너를 만들자고 제안한 것도 이러한 이유에서입니다. 그러나 이것만으로는 턱없이 부족합니다. 모시는사람들 박길수 대표님께 청년들의 목소리를 담은《개벽세대》같은 저널을 만들자고 제안했습니다. 청년들이 편집위원이 되고 기획자가 되어 자기들의 고민과 비전을 서로 공유하고 사회에 발신하는 것입니다.

이런 식으로 자라난 개벽세대들이 30여 년 뒤에 우리 사회의 주역이 된다면 대한민국의 모습도 많이 달라지지 않을까요? 마치 30여 년 전에 대한민국이 크게 뒤흔들렸던 것처럼 말입니다. 20190614

이
병
한

선언 이후: 세대화, 세계화, 세력화

Blockchain과 BTS. 기술적으로도 문화적으로도 〈개벽파 선언〉은 시중(時中)을 꿰뚫고 꿰차고 있는 것이 아닌가 흐뭇합니다. 진인사대천명(盡人事而待天命), 선언이 실언과 망언이 아니라 씨앗과 밀알이 되는 관건 또한 시운(時運)에 달려 있다고 생각합니다. 천지인의 조화도 때가 맞아야 이루어집니다. 하늘과 땅과 사람이 서로가 서로를 도와야 신도 우주도 공명합니다.···2019년, 하늘사람들의 집합적 커밍아웃 '개벽파 선언'이 상서로운 까닭입니다.

1. 방탄소년단과 개벽청년단

마지막 글입니다. 마무리를 짓지는 않습니다. 마침표를 찍지도 않습니다. 차라리 느낌표가 더 어울립니다. 선언인 까닭입니다. 출사표를 던졌습니다. 비로소 출발선에 섰습니다. 이제야 제대로 한판 뜰 참입니다. '다른 백년, 다시 개벽', 신고식을 올렸을 뿐입니다. 지난 150년 개화판을 갈아엎는 개벽의 새 판 짜기를 심고(心告)했을 따름입니다. 선언은 시대의 혼을 드러내는 일입니다. 선언 이후에는 혼신을 다하여 시대정신을 구현하는 더 큰 과업이 기다리고 있습니다. 실행론과 실천론, 표준 규범과 매뉴얼이 필요한 단계로 이행합니다.

애당초 그저 '감'만 있었을 뿐입니다. 개화세가 저물어 간다는 직감과 직관이 있었을 따름입니다. 앞장서서 나팔을 불면 강호의 고수부터 '샤이 개벽파'들까지 슬금슬금 나와 주시리라 기대했습니다. 그러기 위해서라도 피리 소리가 한결 듣기에 아름다워야 했습니다. 개벽의 새벽을 마중하는 꼭두소리에 버금갈 만한 선율과 화성을 갖추어야 했습니다. 본디 혼자 하려던 작업을 파하고 합작을 권유했던 까닭입니다. 독야청청보다는 융복합의 시너지를 꾀했습니다. 역시 '감'에 따랐던 것입니다. 조성환 선생님이라면 철학과 사학의 앙상블로서 개벽 사상사의 대합창을 빚어볼 만하겠다는 판단이 섰던 것입니다. 틀리지 않았다고 자평합니다. 저의 바람몰이에 선생님의 내공이 둔중한 베이스로 결합하면서 한결 체계를 갖춘 메시지를 발신하게 되었습니다. 덕분입니다. 감사합니다.

지난 편지를 세 번에 걸쳐 읽었습니다. 하루에 한 차례씩 사흘간 곱씹었습니다. 함께 읽어간 문헌들 가운데는 블록체인과 방탄소년단에 대한 책도 있었습니다. 서로 관련이 없을 법한 분야의 책을 동시에 읽어 가면서 생각의 고랑을 파고 새로운 고리를 만들어 가는 것이 제 나름의 독서법입니다. 개벽세대와 블록체인과 BTS를 궁글리며 생각을 키워 갔습니다. 〈한살림선언〉이 있었던 1989년에 월드와이드웹(www)이 발진했음을 말씀 드렸습니다. 블록체인은 공부하면 할수록 '인터넷 2.0'에 방불하는 파급력을 내장하고 있다고 생각됩니다. 탈중앙을 실천하고 탈중심을 실현할 수 있는 요술방망이 같습니다. 중심과 주변의 위계를 전복할 수 있는 개벽술에 가깝습니다. 대/소와 강/약과 갑/을이 공진화하는 한살림과 온생명의 생태계를 구축하는 데 적극적으로 도입할 만한 테크놀로지입니다. 그간 의회부터 은행까지 중간집단들이 독과점으로 누리던 권력을 극적으로 분산시키고, 소유와 국유 사이 공유의 새 길을 내기에도 무척 유리합니다. 우리말로 '어떻게 살 것인가?'는 이중적인 의미를 내포합니다. 'Living'과

'Buying'을 모두 포함합니다. Life 또한 생명이자 생활을 뜻합니다. 고로 생활이란 생명 활동이자 생산 활동이라고도 하겠습니다. 사고파는 교환 행위부터 인생을 사고하는 일생까지 모두 담지하고 있는 것입니다. 포스트-민주주의와 포스트-자본주의의 기술과 예술로서 블록체인 공부에 열심을 내볼 만합니다.

기왕의 중심-주변의 위계를 전복한 대표적인 사례로 방탄소년단을 꼽을 수도 있을 것입니다. 비틀즈에서 BTS까지 반세기 시간이 흘렀습니다. 세계사의 대반전, 동과 서의 재균형을 상징하는 사건이라고도 하겠습니다. 애초 파릇파릇한 '힙합 아이돌'로 출발했습니다. 1980년대 아메리카의 흑인 빈민가에서 출발했던 음악 장르를 완전히 육화하고 승화시켜 되먹이고(feedback) 되돌려(re-volution) 주는 것입니다. '방탄'(防彈)이라는 메타포부터가 절묘한 구석이 있습니다. 방어를 할 뿐이지 공격하지 않습니다. 한자 '무'(武=戈+止)가 구현한 동방적 문무(文武) 사상을 고스란히 재연하고 있습니다. 모름지기 무(武)라는 것은 창(戈)을 거두는(止) 행위에서 완성됩니다. 총으로 쏘고 창으로 찌르는 것이 아니라 총과 창을 거두는 것이 무의 궁극입니다. 그리하여 무를 문으로 반전시키는 활동을 문명이라 일컬었습니다. 그 동방적 문/무 관념을 전면적으로 민주화하고 민중화한 것이 동학운동이었다고 생각합니다. 스나이더 총, 무력으로 윽박지르는 서세의 개화에 맞불을 놓아 맞대응하는 것이 아니었습니다. 개화를 뛰어넘는 생명의 지평을 열어젖히며 '다시 개벽'으로 응수했던 것입니다. 응징으로 응전한 것이 아니라 응분 된 도리로써 시대의 화두에 응답한 것입니다. 동학군은 죽임을 살림으로 되돌리는 생명군이자 방탄군이었습니다. 만인의 만인에 대한 투쟁과 만국의 만국에 대한 경쟁과 전쟁을 만인과 만국과 만물의 한살림으로 되살려내는 '방탄개벽단'이었습니다.

Blockchain과 BTS. 기술적으로도 문화적으로도 〈개벽파선언〉은 시중(時中)을 꿰뚫고 꿰차고 있는 것이 아닌가 흐뭇합니다. 진인사대천명(盡人事而待天命), 선언이 실언과 망언이 아니라 씨앗과 밀알이 되는 관건 또한 시운(時運)에 달려 있다고 생각합니다. 천지인의 조화도 때가 맞아야 이루어집니다. 하늘과 땅과 사람이 서로가 서로를 도와야 신도 우주도 공명합니다. 천간(天干)이 '기'(己)이고 지지(地支)가 '해'(亥)인 2019년, 하늘사람들의 집합적 커밍아웃 '개벽파선언'이 상서로운 까닭입니다.

2. 세대화

그러함에도 《개벽세대》 창간 등은 앞서가는 구상이라고 생각합니다. 지나치면 모자람만 못합니다. 서두르면 자빠집니다. 급할수록 돌아가라 일렀습니다. 개벽세대를 기르자는 충심에야 어찌 이론의 여지가 있겠습니까. 응당 벽청(개벽하는 청년)과 벽동(개벽하는 아동)을 모시고 기르고 섬겨야 마땅하겠습니다. 우리가 춘래불사춘(春來不似春), 미세먼지 자욱한 춘삼월에 개벽학당의 문을 연 연유이기도 하겠죠. 하지만 겨우 넉 달을 공부했을 뿐입니다. 현재의 벽청들에게 신시대의 기치를 표방하며 깃발을 나부끼고 기수로 나설 만한 내공이 있는가 냉정하게 따져 보아야 합니다. 선생님의 강연과 저의 세미나를 따라오기에도 허겁지겁입니다. 뉴스레터 만들기도 매번 턱걸이, 과부하에 걸려 있습니다. 단칼에 잘라 말할 수 있습니다. 역량이 턱없이 부족합니다. 절차탁마, 여전히 갈고 닦고 연마해야 합니다. 겨우 '연습생 과정'에 입문했을 뿐입니다. 혹여나 헛바람이 들어 무언가를 해 보고자 한다면 아서라 바짓가랑이를 붙들고서라도 뜯어 말려야 할 시점입니다. 역시나 때가 관건입니다. '하산'(下山)도 적시가 있는 법입니다. 때에 맞지 않은 출사에는 하강과 하락이 기다리고 있을 뿐입니다. 시장은 의외로 은근히 합리적입니다. '보이지 않는 손'의 메커니즘은 온정을 베풀지 않습니다. 축적된 실력 없이 깝죽거리면 반짝 스타는 될지언정 삽시간에 추락하고 도태되기 십상입니다.

No Pain, No Gain. 인고의 학습을 견디고 버티어 내어야 술이창작(述而創作)의 희열, 고진감래의 유레카가 은총처럼 찾아오는 법입니다. 기성의 학교와 학원이 배우기만 하고 생각하지 않아서 병폐이고 적폐라면, 생각만 많이 하고 충분히 배우지 않으면 또한 위태롭다 하겠습니다. '나를 살리고, 이웃을 살리고, 뭇 생명도 살리는' 개벽꾼, 널리 만인과 만물을 모두 이롭게 하는 홍익인간으로 거듭나기 위하여 아직은 쑥과 마늘을 먹으며 더욱 정진해야 할 단계입니다. 여전히 '개벽'이라는 단어에는 숱한 오해와 편견이 따라붙고 있는 형편인 탓입니다.

자칫 설레발로 나섰다가 총알받이로 전락할 수도 있습니다. 개벽이 '힙'의 대명사가 되기까지는 우리가 발판을 깔아 주고 방탄이 되어 주어야 합니다. 하기에 더더욱 혹독하고 엄정하게 트레이닝 시켜야 하겠습니다. 아낄수록 냉엄해질 필요가 있습니다. 벽청들에게 지금 필요한 사람은 자모(慈母)보다는 엄부(嚴父)일지 모릅니다.

다만 그 성장 스토리는 공유해 나갈 수 있다고 생각합니다. 방탄소년단이 부단한 노력 끝에 아이돌에서 아티스트로 거듭나기까지, 그들을 성원하는 혁신적 팬덤 문화의 기수 '아미'가 있었습니다. BTS와 ARMY는 상호진화하면서 더불어 성장하고 성숙해 가는 스토리텔링을 함께하고 있다고 해도 과언이 아닙니다. 풋풋한 벽청 1기, '연습생 시절'로부터 창간을 하고 창업을 하고 창당도 하는 개벽 2.0의 대서사를 SNS를 비롯한 다양한 매체를 활용하여 공유하고 공감해 나갈 수 있다고 봅니다. 각자가 제 영역에서 인플루언서가 되어 개벽파의 지분을 늘려가며 '다시 개벽'의 이미지를 새롭게 디자인하고 브랜딩하고 마케팅해 나가는 편이 개벽파의 항로에도 이롭겠습니다.

물론 맡겨만 두어서도 아니 되겠습니다. 파종 다음에는 육종입니다. 자생력을 가지고 주도적으로 성장하기 전까지는 물도 뿌려주고 거름도 주어야 합니다. 아낌없이 지원해 주어야 합니다. 물심양면으로 골고루 후원해야 합니다. 씨드머니, 종자돈을 구해야 합니다. 당장 개벽학당 다음 학기 운영자금 마련을 위해 골치를 썩여 왔습니다. 골머리가 아프지만 그럴수록 더더욱 골똘하게 골몰하지 않을 수 없습니다. 쉬운 방법으로 에둘러 가지 않기로 했습니다. 일정한 기탁금을 낼 수 있는 인사들로 이사회를 꾸리는 쉬운 길은 택하지 않기로 했습니다. 〈개벽학당, 어떻게 만들 것인가〉 세미나를 만들어 청년세대와 기성세대가 미래학교 모델을 함께 궁리하는 판을 벌리기로 결정한 까닭입니다. 그 난상토론과 심사숙고의 과정을 언론사 연재를 통해 확산시켜 볼 수도 있겠습니다. 그리고 그 세미나의 최종 결과물을 가지고 벽청들이 주도하는 쇼케이스를 열어 볼까 싶습니다. 개벽학당 로고도 벽청들이 직접 고안하고 '당가(黨歌)'도 작사하고 작곡해 보기를 권합니다. 우리가 이러한 미래학교, 세상을 바꾸는 개벽학당을 만들고자 하노라 하고, 눈 밝고 품 넓은 분들은 후원하고 투자하고 기부하시라 당당하고 떳떳하게 독려할 수 있으면 좋겠습니다.

3. 세계화

화창한 5월 어느 날 강남 한복판, '최인아책방'에 속속 사람들이 모여들었습니다. '그 책 그 저자 깊이 읽기'의 일환으로 『유라시아 견문』 시리즈를 주제로 세 번에 걸쳐 대화하는 자리였습니다. 한강에서 시원한 바람 맞으며 맥주 한잔 들이켜기에 딱 좋은 날씨가 이어졌습니다. 누가 이런 날 5만원이나 내고 북토크에 올까 하는 염려는 기우에 그쳤습니다. 매번 열다섯 명의 인원이 꼬박꼬박 채워졌습니다. 깊이 읽고 토론하는 문화적 욕구가 넓게 퍼져 있음을 새삼 확인했습니다.

1인 기업, 1인 미디어, 1인 대학의 실험이 가능하겠다는 판단을 굳힌 계기이기도 합니다.

　세 차례의 깊이 읽기를 마무리 할 무렵, 책방 마님 최인아 대표가 돌직구를 날렸습니다. '왜 하필 동학인가? 아메리카부터 유라시아까지 죄다 싸돌아다닌 사람이 어째서 개벽을 기치로 내세우는 것인가' 직문했습니다. 우리 것이라서? 토착적이라서? 의아함과 의구심을 표하신 것입니다. 최인아 대표는 제가 만나 온 숱한 개화파들 가운데서도 가장 마음이 열리고 생각이 트인 분입니다. '그녀는 프로다. 프로는 아름답다'라는 그 유명한 카피처럼 시대정신을 간파하고 새 언어를 직조해 내는 감각도 탁월한 분이라고 생각합니다. 그런 분조차도 '개벽파선언'이나 '개벽학당'에는 흔쾌히 손을 들어줄 수 없는 미심쩍음과 석연치 않음이 싹 가시지 않은 것입니다.

　저 또한 '우리 것이 좋은 것이야' 수준으로는 필패이고 필망이라고 생각합니다. 한국만의 남다름과 고유성을 천착하는 것 또한 식민지 콤플렉스의 발현이자 나라별로 쪼개져서 차별성을 구하였던 20세기의 반복이자 변주에 그칠 뿐이라고 여깁니다. 국학(國學)이야말로 서구적 근대의 발명품입니다. 동아시아 대분단 체제, 남아시아 대분할 체제, 서아시아 대분열 체제 모두가 지역적 단위로 작동하던 문명 질서를 조각조각 허물고 국가간 체제로 재편시킨 서세동점의 파열이자 파국의 소산이었습니다. 지난 백년처럼 나누어지는 것이 아니라 나누어줄 수 있어야 다른 백년이 열립니다. 사상의 사유화에 반대하는 만

● 《개벽》 제6호(1920.11)
에 실린 기사 '사나이거든
풋뽈을 차라라는 기사 제
목에서 차용한 천정환의
책(2010, 푸른역사). 일제
강점기에 세계를 제패한
손기정과 남승룡 두 마라
토너가 식민지 조선의 인
민들에게 크나큰 자긍심
을 안겨 준 역사를 상징하
는 말로 차용하였다.
● 1937년 한 레코드 회사
소속 오도실, 박금도 등 여
성 8명이 조선총독부에
'서울에 딴스홀을 허하라'
라고 요구한 데서 따온 말.
《삼천리》 잡지에 같은 제
목으로 기고하여 수록되
었다. 문명도시에 모두 있
는 딴스홀(클럽)이 경성에
만 허가되지 않은 것을 통
탄하며 이러한 요구서를
총독부에 제출한 일. 1999
년에는 같은 제목으로 일
제강점기의 문화상을 짚
어보는 단행본도 출간되
었다.
● YMCA야구단: 1904년
YMCA 선교단 필립 질레
트가 야구장비를 도입하
여 한국에 야구를 전하고,
우리나라 최초의 야구단
인 '황성 YMCA야구단'을
창립한 것에서 착안하여
2002년 송강호, 김혜수
주연으로 만들어진 영화
의 제목.

큼이나 사유의 국유화에도 비판적입니다. 개벽을 한국의 아이템으로 어필할 것이 아니라, 필히 지구적 공공재로서 득템하도록 도와주어야 할 것입니다. 수운과 해월도, 의암과 소태산도, 장일순과 김지하도 모두가 동서고금을 아우르고 심학과 실학을 융합하고 과학과 도학을 통섭했던 회통의 대가들이었습니다. 하여 국민(國民)으로 그치지도 않으면서 시민(市民)으로도 족하지 않는 하늘사람의 감성과 감각을 습관이자 습속으로 길들여 갔던 것입니다. 그 정도는 되어야 개벽학이 '한국학 2.0'이면서도 만국-만인-만물과 공공하는 지구학의 원조로서 품격을 갖출 수 있습니다.

이미 조짐은 여실합니다. 힙합을 체득하고 체화시킨 방탄소년단은 글로벌 대중문화의 아이콘으로 거듭났습니다. 프리미어리그에서 맹활약하던 손흥민은 챔피언스리그 결승전에도 출격했습니다. LA 다저스의 에이스로 진화한 류현진은 올스타 경기 선발 출장에 이어 월드시리즈에 나설 것이 유력합니다. 봉준호 감독은 〈기생충〉으로 칸영화제 그랑프리를 움켜쥐었습니다. '조선의 사나이거든 풋뽈을 차라'*로부터 이강인까지, '서울에 딴스홀을 허하라'*로부터 BTS까지, 'YMCA 야구단'*으로부터 류현진까지, 지난 백년 서방의 문화를 열심히 배운 결과 도처에서 월드클래스 수준으로 빛을 발하고 있는 것입니다. 즉 철저한 개화 학습 또한 남부끄러운 일이 아닙니다. 자부심을 가지고 자존감을 키울 필요가 있습니다. 개화를 충분히 배우고 익혀 그다음 단계의 신문명을 열어젖히는 것이야말로 다시 개벽, 21세기의 개벽 2.0에 해당할 것이기 때문입니다.

K-pop, K-culture, K-beauty의 대약진에 견주어 여전히 K-studies는 수줍고 미진합니다. 책상물림 먹물들이 가장 온순하고 유들유들합니다. 여태 수입과 번역에 급급하고 긍긍하며 창조와 발신으로 스위치를 변환하지 못합니다. 경천(敬天), 경인(敬人), 경물(敬物)의 삼경사상은 자유, 평등, 우애를 대체할 만한 인류세의 시대정신으로 제격이건만 도무지 등잔 밑이 새까맣게 어둡습니다. 혹 알고 있는 사람들조차도 세계 학계에 발신하고 토론하는 글로벌 공론장을 좀처럼 만들어내지 못합니다. 학계에서의 제 역할과 소임 또한 이 쪽에 두려고 합니다. 제 '감'으로는 삼경사상만으로도 앞으로 10년 이상은 세계 사상계를 씹어 먹을 수 있다고 자신하는 편입니다. 당장 올 연말에는 한국의 범개벽파를 규합하여 베이징에서 영국과 중국 지식인들과 교류하는 자리를 만들어 보려 합니다. 내년 봄에는 보스턴에서 열리는 아시아학회(AAS)에도 다녀오려고 합니다. 내후년에는 코펜하겐에서 열리는 유럽 한국학 대회에도 참여해 보고자 합니다. 서방의 다보스포럼이나 동방의 보아오포럼*에 참석해도 좋을 것입니다. 지구촌 곳곳에 개벽마당을 깔아드릴 터이니 그간의 내공을 마음껏 발산해 주십사 긴히 부탁드리는 바입니다.

그러함에도 여전히 아쉬움은 남습니다. 프리미어리그는 영국에서 열립니다. 메이저리그는 미국에서 열립니다. 세계3대 영화제도 프랑스(칸), 이탈리아(베니스), 독일(베를린)이 꼽힙니다. 다보스도 보아

● Boao Forum for Asia. 아시아판 '다보스포럼'으로 불리며, 아시아 국가 간의 협력을 통한 경제발전을 도모할 목적으로 2001년 한국, 중국, 일본, 호주 등 26개국이 회원국으로 참여해 창설한 비정부/비영리 포럼이다. 매년 4월 중국 하이난다오(海南島) 충하이시 보아오에서 개최된다.

오도 유럽과 중국입니다. 기왕의 무대에 한국인들이 주인공으로 올라서고는 있으나 새 무대를 직접 만들어 내지는 못하는 형편입니다. K-Studies가 내장한 가장 큰 가능성이 바로 이 지점에 있다고 생각합니다. 개벽학의 근거지는 오롯이 이 땅이 감당해야 할 것이기 때문입니다. 개벽사상과 개벽문명의 플랫폼을 이곳으로부터 키워 나가야 하겠습니다. 노르웨이만 노벨평화상을 수여하란 법이 있겠습니까. 동학사상, 개벽정신에 가장 부합하는 세계적 인물을 선정하여 우리가 '녹두꽃 생명상'을 수여할 수도 있겠습니다.

당장은 '동학쟁이' 박맹수 교수가 '개벽총장'으로 등장한 원광대학교를 최대한으로 활용할 필요가 있습니다. 내년부터 선보인다는 사흘짜리 개벽학 국제학술회의에 큰 기대를 걸고 있습니다. 그러나 총장 임기 겨우 4년에 그칠 뿐입니다. 결국은 장기적인 사업 기반을 확보할 수 있는 별도 기구가 필요하다고 생각합니다. 여러 방안 가운데서도 저는 특히 지자체를 적극 활용할 필요가 있다고 여깁니다. 경주와 여주와 원주와 전주와 익산 등 개벽과 접점이 있는 도시들을 개벽도시로 탈바꿈시켜 나아가면 좋겠습니다. 뻔하디 뻔한 '도시 재생'을 흔하디 흔하게 복제할 것이 아니라, 하늘도시 신생 작업으로 버전업시키고 싶습니다. 개벽학당의 지역 거점들을 세우기에도 최적의 장소들이 아닌가 싶습니다. 각각의 하늘도시들을 접(接)이자 허브(hub)로 삼아서 '궁궁의 그물망'을 엮어 가야 하겠습니다.

아울러 개벽학이 학으로만 그쳐서도 미진하다는 점까지 보태고 싶습니다. 20세기 일본이 전 세계로 수출했던 ZEN(禪)이라는 사상이 MUJI*라는 라이프스타일 비즈니스로 진화하여 지구촌 주민들의 삶 속으로 깊숙히 파고들고 있습니다. 중국의 신유학 사상가 장칭은 천지인 삼재론에 입각하여 통유원, 국체원, 서민원으로 구성되는 의회 삼원제라는 독자적인 정치 제도를 고안해 내고 있습니다. 경천과 경인과 경물을 제도적으로 디자인하는 창의적 실험이 요청되는 것입니다. 국가 경영 운영체제(OS)를 직접 만들어 탑재할 수 있어야 합니다. 웹(web)과 앱(app)으로 제공할 수 있는 매뉴얼을 작성할 수 있어야 합니다. 21세기 신문명의 개략을 소프트웨어로 공급할 수 있어야 개벽학을 권장하는 진정한 문화국가, 콘텐츠 대국으로 거듭납니다. 사상을 일상으로 전환시키고, 생명과 생각을 생활과 생산과 결부시키는 실험실과 작업장이 필요한 것입니다. 개벽학당은 장차 학업과 창업을 겸장하는 하늘문명의 LAB이자 개벽도시 및 개벽국가의 인큐베이터로 진화해 가야 할 것입니다

● 무인양품(無印良品). 1980년 월마트의 일본 자회사 세이유(西友)의 자체 브랜드로 출발하였으며, '상표가 없는 좋은 물건'을 표방하는 일본의 대표적 라이프스타일 브랜드이다. '노디자인'을 기본철학으로 하며, 실용성을 강조하는 단순한 디자인으로 일본의 특성을 십분 활용하고 제조공정으로 원가를 낮추어 소비자의 시선을 끌었다.

4. 세력화

7월에 박사학위 논문이 책으로 발행됩니다. 2013년에 초고를 완성했으니 6년이나 묵혀서 이제야 출간하는 것입니다. 그만큼 학계에 애정이 크지 않습니다. 대학에 대한 애착도 뜨뜻미지근합니다. 새로 작성한 저자 소개란에는 이렇게 적었습니다. 학자보다는 기획가, 연출

가, 혁신가, 창업가에 방점을 찍었습니다. 선천이 학자 군주의 시대였다면, 후천은 학자 CEO가 더 어울릴지 모릅니다.

2018년 봄부터 원광대학교의 동북아시아인문사회연구소에서 개벽학을 연구하고 있다. 2019년 새봄에 출범한 '개벽학당'의 당장으로 벽청(개벽하는 청년)들과 더불어 동서고금을 회통한 신문명을 모색하고 있다. 벽청들 사이에서는 방랑자(放浪者, 호로샤)의 약칭으로 '로샤'라고 통한다. 로샤를 음차한 '로사'(路思)를 호로 삼아도 무방하다고 여긴다. 길에서 생각하는 사람이자(Thinker on the Road), 생각의 새길(New way of Thinking)을 여는 사람이라는 뜻을 담았다.

동아시아 냉전사가로 지나간 100년을 훑었고, 유라시아 문명사학자로 오래된 1000년을 살폈다. 갈수록 역사학자로서의 정체성은 희미하고 흐릿해지고 있다. 과거에 대한 탐구보다는 미래를 기획하고 기투하는 미래학자에 점점 더 근사해진다. 기왕이면 너무 늦지 않게 '학자'라는 꼬리표까지 훌훌 떼어내면 좋겠다. 다음 100년을 기획하고 다른 100년을 연출하는 미디어 창업자이자 교육 혁신가가 되고 싶다. 그 편이 본디 동아시아의 지식인, '士'에 가까워지는 길이라 믿는다.

벽청들을 지그시 바라보노라면 홀연 저의 20대가 떠오르고는 합니다. 오른손에는 《창작과비평》을, 왼손에는 《녹색평론》을 쥐었던 시절입니다. 우창비를 통해 현실을 익히고, 좌녹평을 통해 이상을 키웠습니다. 창비의 동아시아론과 녹평의 생태문명론을 어떻게 결합시킬 것인가 숙고했던 적도 있습니다. 창비의 '진보적 동아시아'를 '녹색 동아시아'로 탈바꿈시키고 싶다는 마음을 품었더랬습니다. 반면 기왕의 녹색 담론이 너무 서방을 답습하고 있다는 아쉬움도 짙었기에 우리가 터하고 있는 이 땅에 착근시키고 싶다는 바람도 일었습니다. 그 생각의 맹아가 자라고 커져서 기해년 오늘의 〈개벽파선언〉으로 귀결되는 모양새입니다.

올해가 선언의 적기라면 내년은 창간이 적시입니다. 백 년 전에도 삼일운동 이듬해인 1920년에 《개벽》이 창간됐습니다. 2020년에 《개벽+》를 출범시키는 밑그림을 그리고 있습니다. 범개벽파를 결집시키는 매개이자 매체이며 촉매가 되고 싶습니다. K-Studies의 진지를 구축하는 사업이기도 합니다. 새 술은 새 부대에, 촛불혁명 이후의 새 정신을 구현하는 텃밭을 가꾸어보고 싶습니다. 천도교와 원불교부터 한살림과 녹색평론까지 '구개벽파'들은 어쩐지 흩어진 모래알입니다. 대동단결을 촉발하는 거국적 움직임이 당최 보이지가 않습니다. 그럴수록 원(願)을 크게 세워야 하겠습니다. 원대한 꿈을 키울수록 작은 이해관계에 연연하지 않는 대범함과 초연함이 자라납니다. 생명을 생각하는 생활을 생산하는 차원에서, 무궁한 생명의 질서로 온 누리를 개벽하는 무궁아의 지평에서, 범개벽파는 반드시 대동소이(大同小異)와 구동존이(求同存異)의 태도를 견지해야 할 것입니다. 개벽사상으로 세계관과 가치관을 확립하고, 개벽 일상으로 라이프스타일을 주조해야 하겠습니다. 생각은 스케일 크게 울울하게, 생활은 스타일 쩔게 섹시하게.

그리하여 개벽파는 기성 세력 가운데 하나로 자리매김하는 것이 아니라 산업화 세대와 민주화 세대가 주조해 간 20세기와는 다른 21세기를 추동하는 판갈이를 주도해가야 하겠습니다. 개화 좌우파의 갈등과 반목을 개벽 좌우파의 대연정으로 반전시키는 빅픽처의 로드맵을 그려 가야 하겠습니다. 2048년 통일헌법의 근간을 동학으로 삼는 새 나라의 골격 또한 디자인해야 하겠습니다. 기어이 동학 창도 200년이 되는 2060년에는 동학국가의 꼴과 얼이 완성되었으면 좋겠습니다. 《개벽+》를 창간하는 2020년이면 제 나이 마흔 둘이 됩니다. 2060년까지 맑은 정신 유지하며 건사할지 장담할 수가 없습니다. 하지만 2060년은 작년에 태어난 제 아들이 꼭 마흔 두 살이 되는 해이기도 합니다. 제 육안으로 확인하지 못할지언정 제 아들 녀석은 동학국가에서 살아가기를 염원합니다. 남/녀가 보수/진보가 내국인/외국인이 기껏 소아(ego)적 욕망을 실현하기 위하여 적대하고 혐오하고 조롱하는 개화의 끝 악다구니 헬조선이 아니라, 모두가 저마다 무궁아로서 서로가 서로를 모시고 기르고 섬기는 개벽세의 일원으로 살아가기를 두 손 모아 희구합니다.

허나 하늘과 한울과 공공하는 개벽파로서 어찌 '동학몽'이 우리나라 일국에 갇힐 수가 있겠습니까. 다시금 개벽학은 미래학이자 지구학입니다. 개벽학당 출범 3개월 만에 개벽풍은 이미 현해탄 건너 일본에까지 다다랐습니다. 이토시마의 시의원이자 '동아시아생명문화다양성연구소' 소장을 겸하고 있는 후지이 요시히로*의 편지를 받았습니다. 그 또한 1978년생, 저와 동갑내기입니다. 동아시아인들이 동학을 함께 공부하는 미래를 소망하고 있다고 합니다. 만추가 절정에 이를 늦가을, 일본의 벽청들과 한국의 벽청들이 함께 어울리는 '동학 스터디 투어'를 제안했습니다. 내년 6월 쿤밍에서 열리는 지구촌 회합에서도 한중일을 넘어 서방에까지 동학을 알리는 기획을 해 보자고 합니다. 더 나아가 동아시아의 개벽파들이 동참하여 북조선에 숲을 가꾸어 가는 국제적 프로젝트도 제안했습니다. 그 일환으로 2022년에는 '글로벌 개벽파'들이 북조선 및 한반도를 순례하는 이벤트도 준비해 보자고 합니다.

● 藤井芳広, 1978~

작년이 바로 메이지유신 150주년이었습니다. 지난 5월에 연호가 바뀌어 일본은 이제 레이와(令和) 시대로 진입했습니다. 동학에 기초하여 '레이와유신'을 해보고 싶다는 전언에 가슴이 콩닥콩닥 뜁니다. 심장이 쿵쾅쿵쾅 뜁니다. 척사의 보루였던 대청제국과 개화의 아성이었던 대일본제국의 협공으로 하늘사람들의 개벽몽이 좌초된 지 120여 년이 흘러 마침내 '개벽하는 동아시아'의 여명이 동터 오는 것인가 벌렁벌렁 설렙니다. 당장 9월에 '일본의 개벽파'들이 터하고 있다는 이토시마로 날아가 손을 맞잡고 눈을 맞추며 선언 이후의 실천과 실행을 논의해 보려고 합니다.

11월 초로 예정된 한일 벽청 동학기행은 '여주에서 원주까지'가 어떨까 기획하고 있습니다. 여주는 세종대왕과 해월신사의 묘가 모두 모셔져 있는 남다른 공간입니다. 이웃도시 원주는 한살림운동의 근거지였습니다. 한글부터 한울을 지나 한살림까지, 한국의 개벽사상사 반천년을 살피기에 최적의 코스가 아닌가 싶습니다. 개벽학당 또한 마찬가지일 것입니다. 일국에, 한 나라에 안주할 이유가 하등 없습니다. 자타불이, '아국운수 먼저 한다'뿐이지 타국 운수도 남의 일이 아닙니다. 디지털과 글로벌은 21세기의 숙명인바, 일본으로 중국으로 러시아로 몽골로, 아시아로 유럽으로 아프리카로 아메리카로, 지구촌 방방곡곡으로 개벽의 그물망을 잇고 땋고 엮어 가야 하겠습니다. 19세기 물질개벽, 산업혁명의 벽두에 〈공산당선언〉이 탄생했습니다. 21세기 물질개벽, 디지털 혁명의 여명에 〈개벽당선언〉이 나오지 말라는 법 없습니다. 개벽청년단 가운데 일군이 전위가 되고 정예가 되어 별동체를 꾸려도 보람될 것입니다. 기왕이면 한국 청년뿐만이 아니라 다국적 연합으로 구성된 최초의 지구정당이 출현한다면 더더욱 기쁠 것입니다. '오심즉여심즉당심(吾心卽汝心卽黨心)'으로, 내 마음과 네 마음과 온 마음이 한 마음 되는 궁궁을을(弓弓乙乙)의 '새 정치'가 펼쳐지기를 기원합니다.

아름다운 시작은 부지기수, 수도 없이 많았다지요. '새로운 것'보다 더욱 난망한 일이 '오래된 것'으로 지속하는 일인 법입니다. 레전드로 남아야 그 싱그럽던 시발 또한 그윽하게 회고될 수 있습니다. 개벽파선언을 궁리했던 그 첫 마음을 잊지 않을 것을 다짐하는 바입니다. 첫 문장을 써 나가던 새해 첫날 그 새벽의 초심을 잃지 않을 것을 되새기는 바입니다. 개화에서 개벽으로의 터닝포인트, 선천에서 후천으로의 티핑포인트, '새로운 하늘은 이제부터'입니다. 20190624

조
성
환

개벽하러 가는 길

저에게 가장 감동적이었던 글은 자리타의 '개벽하러 가는 길'이었습니다.…"울고 싶습니다"…그래서 저도 '매일같이 울고 있다'고 답변해 주었습니다. 나이 50이 다 되어서야 개벽에 '눈을 떴기' 때문입니다.…개벽은 '가야 할 길'이 아니라 '가고 싶은 길'입니다.…제가 가고 싶은 길은 청년들이 가고 싶어 하는 길을 열어주는 것입니다. 그것이 저의 개벽의 길입니다.…〈개벽파선언〉과…「개벽학당」은 그런 점에서 행복한 시간이었습니다.

1. 중생접화(中生接化)

　마지막 편지를 앞두고 나니 문득 첫 번째 편지에 쓴 말이 생각납니다. 후생가외(後生可畏)와 선생가외(先生可畏)! '개벽파'를 선언한 이병한 선생님과 '개벽대학'을 선포한 박맹수 총장님의 기개를 공자의 언어로 표현해 본 말입니다. 그렇다면 선생(先生)과 후생(後生) 사이에서 중생(中生)이 할 수 있는 일은 무엇일까? 합작이나 공공이 아닐까 싶습니다. 선생과 합심하고 후생과 합작하는 것입니다. 아니면 선생과 후생이 합작할 수 있도록 중간에서 공공하는 것입니다.

　합작이 연대라면 공공은 매개라고 할 수 있습니다. 실제로 김태창 선생님은 공공(公共)이 동사로 쓰인 점에 주목하여 '매개하고 연결하다'는 의미로 해석하셨습니다. 최치원이나 최제우가 말한 '접'도 이런 식으로 이해할 수 있을 것 같습니다. 동학 조직의 지도자인 접주(接主)는 '사람들이 접할 수 있도록 연결해주는 커넥터 혹은 공공인'이라고 할 수 있고, 최치원이 풍류도에서 말한 접화(接化)도 "사람들을 접하게 하여 변화시키다."라는 의미로 해석할 수 있겠지요.

서신 교환도 일종의 '접'의 행위라고 할 수 있습니다. 서로의 생각을 이어주기 때문입니다. 지난 6개월 간의 서신 교환은 서로의 생각과 방향을 더듬어 나가는 접촉 과정이었던 것 같습니다. 개벽에 대한 선생님의 확고한 의지를 확신했고, 개화에 대한 공통된 입장을 확인했습니다. 반면에 관점이나 방식 상의 차이도 발견했습니다. 이 점은 서로에 대한 이해를 심화시키고 앞으로 일을 도모하는 데 탄탄한 밑거름이 되리라 생각합니다.

어쩌면 선인들이 공공이나 합작에 서툴렀던 이유는 관점이나 방법까지도 같아야 된다는 강박관념을 가지고 있었기 때문이 아닌가 싶습니다. 그러나 서로가 공공해야 할 공통의 가치만 분명하다면 이러한 차이는 충분히 극복할 수 있으리라 생각합니다. 삼일독립운동 당시 상이한 종교단체들끼리 합작이 가능했던 이유는 자주와 독립이라는 공통의 가치가 분명했기 때문이듯이 말입니다.

2. 실천실학자

저는 본디 '선언' 같은 것에는 어울리지 않는 사람입니다. 그것도 이렇게 공개적인 형식의 선언에 동참하리라고는 꿈에도 생각하지 못했습니다. 아마도 선생님의 진지함이 저에게 용기를 준 것 같습니다. 한국학을 하는 저로서는 한국사회에 이토록 진지하게 접근하는 학자를 본 적이 없기 때문입니다. 오구라 기조 교수님의 표현을 빌리면,

대개 팔장을 낀 채 도덕지향적인 언설이나 당위적인 주장을 내놓는
게 대부분입니다. 아니면 연구실에서 자기 전공분야에 몰두하는 게
전부입니다.

그런데 이병한이라는 학자는 과감하게 개벽파를 자처하고, 그것도
모자라서 개벽학당을 열어 개벽세대를 양성하고 있습니다. 조선 후기
식으로 말하면 개혁론만 쓰는 이론실학자가 아니라 실심(實心)으로 실
사(實事)하고 실정(實政)하는 실천실학자인 것입니다. 저는 이것이 진
정한 사(士)의 모습이고 참다운 학(學)의 실천이라고 생각합니다. 그런
의미에서 앞으로 제2의 이병한, 제3의 이병한이 많이 나오기를 바라
는 마음입니다.

3. 개벽파 서원

〈개벽파선언〉이 뜻 깊은 것은, 편지에서 여러 번 언급하셨듯이, 올
해가 〈삼일독립선언〉 100주년이기 때문이기도 합니다. 삼일운동 백
주년을 기념하는 학술대회에서 모시는사람들의 박길수 대표님은 삼
일독립선언문을 '기도문'이라고 해석하였습니다.(「3·1운동과 다시 개벽
의 꿈」, 『3·1운동 백주년과 한국 종교개혁』) 다시 음미해 보니 확실히 독립선
언문에는 하늘과 땅을 향해 기원하는 마음이 느껴집니다. 천인상여
(天人相與)의 서원을 담은 선언문이 〈기미독립선언문〉인 것입니다.

〈개벽파선언〉을 마무리할 시점에서 제가 느낀 감정도 마찬가지입

니다. 개벽파선언문 역시 하나의 서원문이 아닐까 하는 생각이 들었습니다. 앞으로 '개벽파로 살아가겠노라'는 기원이나 서원을 공언한 것이 개벽파선언입니다. 윤동주의 시어를 빌리면 '죽는 날까지 개벽파로서 한 점 부끄럼 없기를' 바라는 「서시」에 다름 아닙니다. 서원이 빠진 선언은 일시적이기 마련입니다. 기도가 없는 선언은 오만하기 쉽습니다. 〈독립선언〉이나 〈개벽파선언〉이 〈공산당선언〉과 같은 개화파 선언과 다른 점은 여기에 있다고 생각합니다. 그것은 다른 학파나 정당을 향해 선전포고를 하는 선언문이 아니라 하늘과 땅을 향해 심고(心告)를 올리는 서원문입니다.

4. 개벽어사전

대학에 몸담고 있는 저로서는 '개벽파선언'이란 '학문의 독립 선언'에 다름 아닙니다. 지금까지 선배 학자들이 교화와 개화의 틀로 해석해 온 한국사상과 한국근대를 개벽의 관점에서 다시 보는 것입니다. 그러기 위해서는 종래의 관점으로부터 독립하지 않을 수 없기 때문입니다. 최근에 한국 근대를 논하는 학술대회에 다녀온 적이 있습니다. 그런데 발표 제목들을 보고 약간 혼란스러웠습니다. '혁명(革命)에서 개벽(開闢)으로', '사대부(士大夫)에서 지식인(intelligentsia)으로', '천하(天下)에서 국가(nation-state)로', '도(道)에서 진리(truth)로', '강상(綱常)에서 윤리(ethics)로', '만민(萬民)에서 개인(individual)으로', '예교(禮敎)에서 종교(religion)로' 등.

사대부, 천하, 도, 강상, 만민, 예교와 같은 왼쪽 항목은 전형적인 유교적 교화의 개념이고, 지식인, 국가, 진리, 윤리, 개인, 종교와 같은 오른쪽 항목은 대표적인 서구적 개화의 개념입니다. 그래서 이 틀은 '유학에서 서학으로', '교화에서 개화로' 한국 근대가 진행되었다는 종래의 관점과 크게 다르지 않습니다. 그런데 맨 처음 주제인 '혁명에서 개벽으로'는 이런 틀에 맞지 않습니다. 개벽은 교화와 개화의 사이에 위치하기 때문입니다. 그래서 개벽은 영어 표기도 병기되어 있지 않습니다. 영어의 번역어가 아니기 때문입니다. 만약에 나머지 주제들에 맞춘다면, '혁명에서 개벽으로'는 '교화에서 개화로' 정도로 바꾸는 게 적절할 것입니다.

이때 제가 깨달은 것이 개벽파의 개념어를 발굴해야겠다는 것입니다. 예를 들어 유교적 '만민'과 서구적 '개인' 사이에 동학의 천인(天人)이나 천도교의 공개인(公個人) 개념을 넣거나, 유교적 '천하'와 서구적 '국가' 사이에 원불교에서 애용한 '사회' 개념을 넣는 것입니다. 유교적인 정교일치와 서구적인 정교분리 사이에 천도교의 교정쌍전(敎政雙全)이나 원불교의 정교동심(政敎同心)을 넣는 것입니다. 다행히 이런 문제의식을 공감해 주신 덕분에 내년(2020년) 봄에 개벽학당에서 '개벽파 개념'을 강의할 수 있게 되었습니다. 거듭 감사드립니다. 개화 개념밖에 몰랐던 청년들에게 개벽 개념을 체계적으로 소개할 수 있는 좋은 기회가 되리라 생각합니다.

5. 개벽하는 청년들, 개벽군의 눈물

지난주에(2019년 6월 26일) 개벽학당 수료식이 있었습니다. 동학 식으로 말하면 4개월간의 개접(開接)을 마치고 잠시 동안의 폐접(閉接)에 들어간 셈입니다. 수료식 날의 마지막 수업 시간에 〈개벽파선언〉을 읽고 와서 각자의 소감을 발표하는 자리를 마련해 주셨습니다. 그런데 몇몇 벽청들이 자기가 써 온 글을 읽다가 말문을 잇지 못했습니다. 하지만 이번에는 개강 첫날에 보여줬던 눈물과는 차원이 달랐습니다. '자발적 고졸'이라는 자괴감에서 북받쳐 오는 설움이 아니라 개벽꾼, 개벽군(開闢君)으로 거듭났다는 자신감에서 우러나오는 감격이었기 때문입니다. 불과 4개월 만의 변화입니다. 반년도 안 돼서 개벽의 주인으로 우뚝 서게 된 것입니다.

마지막 서신을 쓰면서 이날 벽청들이 써 온 변화의 심경들을 다시 한 번 정독해 보았습니다. 〈개벽파선언〉은 「개벽학당」과 함께 달려온 동지와 다름없기 때문입니다. 읽으면 읽을수록 생각거리가 풍부해지고 새로운 통찰이 떠오릅니다. 하나같이 두고두고 음미해 볼 만한 철학 에세이이자 평생 동안 간직하고 싶은 보물들입니다. 혼자 보기에는 아깝고 모두와 공공하고 싶은 생각이 간절해집니다.

벽청들의 논평문 중에서 특히 인상적이었던 것은 개벽을 동사로 쓰고 있는 글들이 많다는 점입니다. 느린의 「개벽할래?」, 자리타의 「개벽하러 가는 길」, 비움의 「개벽을 살자」처럼 제목으로 쓰거나, 하이의

'개벽을 하고 싶다'와 같이, 실제로 개벽을 살고자 하는 진지한 모습들이 물씬 풍겨납니다. 마치 조선 후기에 '참다운 학문을 하자!'고 외쳤던 홍대용이나 정제두*와 같은 실심실학자들을 연상시킵니다. 그들이야말로 '실학하자!' '실학할래?'라고 제안했던 사람들이었으니까요.

● 鄭齊斗, 1649~1736

아울러 벽청들이 자신의 언어를 찾아가고 있다는 느낌을 받습니다. 1910년에 《천도교회월보》에서 '하늘한다'는 말을 발견했던 것처럼 말입니다. 어쩌면 '하늘한다'는 아주 오래전에 한반도인들이 실제로 쓰고 있었던 말이었는지도 모릅니다. 그것이 중국철학의 수용으로 잊혀지고 있다가, 자신을 진지하게 되돌아볼 계기가 주어지자 기억의 수면 위로 떠오른 것이 아닐까요? 이렇게 생각해 보면 개벽파가 썼던 '개벽한다'는 말 역시 잊혀졌던 옛말을 되찾은 것일지 모르겠습니다. 그것이 해방 이후로 다시 망각되었다가, 지난 4개월간의 개벽학당의 훈련을 통해서 벽청들의 언어로 부활하게 된 것입니다.

6. 개벽하러 가는 길, 개벽하는 님들

벽청들의 마지막 논평문 중에서 저에게 가장 감동적인 글은 자리타(김지아)의 「개벽하러 가는 길」이었습니다.

울고 싶습니다. … 100년 전에 눈을 질끈 감아 버린 척사파도 답답하고 깜빡 눈이 멀어 버린 개화파도 밉살스럽습니다. 그 길이 가시 밭길이라도 눈을 부릅뜨고 직시하는 개벽파가 될 수밖에요. … <개 벽파선언>에는 '회통'이라는 단어가 많이 나옵니다. 동과 서가 회통하고, 유학과 서학이 회통하고, 천주교와 천도교가, 수학과 철학이, 정신과 물질이, 도학과 과학이 회통해야 한다고 합니다. … 그러고 보니 최치원부터 최제우까지 한국사상사 강의 때 공부한 인물들은 죄다 회통한 사람들이었습니다. 어느 것 하나에만 전념하지 않고 이것과 저것 모두 흡수하고 통달하여 하나로 만들었습니다. … 배 제하지 않고 모든 것을 아울러 보듬는 것, 그것이 제가 첫 번째로 이 해한 개벽입니다. 회통하지 않으면 작금의 문제들을 풀어나갈 수가 없으니 지금 바로 개벽을 해야 하는 이유가 됩니다. … 그러기 위해 서 일단 저는 '달통'부터 하고 봐야겠습니다. … 저실 저는 유학도 서학도, 철학도 과학도 모릅니다. … 회통/포함/하늘하기 위해서는 정진이 필요합니다. 그것도 꽤 빡센 공부가 필요합니다. 그것을 알 기 때문에 제가 울고 싶었던 겁니다.

들고 있는 저까지도 울컥할 정도였습니다. 실제로 개벽을 살고자 하는 청춘의 고뇌가 묻어납니다. 이병한 당장님의 세상에 대한 진지 함에 벽청들이 화답하는 느낌입니다. 그래서 저도 '매일같이 울고 있 다'고 답변해 주었습니다. 나이 50이 다 되어서야 개벽에 '눈을 떴기' 때문입니다. 공자 식으로 말하면 지천명(知天命)이 아니라 지개벽(知開

闕)을 한 셈이고, 플라톤 식으로 말하면 25년 만에 동굴 밖으로 나온 셈입니다. 그 시간이 너무도 길어서 선배 학자들을 원망해 보기도 했습니다. 왜 지난 25년 동안 아무도 알려주지 않았느냐고-. 그러나 냉정하게 생각해 보면 그것도 의존하는 마음의 발로입니다. 그래서 이제는 선학과 해원(解冤)하고 후학과 상생(相生)하기로 하였습니다. 자리타 같은 개벽청년들 덕분입니다. 대한민국과 한반도의 미래가 결코 어둡지 않음을 확신했습니다.

벽청들의 글 속에 나오는 '평화하다'나 '자유하다'와 같은 말들도 인상적이었습니다. 한국의 청년들은 '뭔가를 하고 싶어 하는 님들이구나' 하는 생각이 들었습니다. 이들이 〈개벽파선언〉에 나오는 '공공하다'나 '하늘하다' 또는 개벽학당에서 말하는 '개벽하다'에 공감한 이유도 여기에 있을 것입니다. 다만 이런 '하는님'들에게 기성세대들은 시험공부와 취업공부만 강요한 게 아닌가 싶습니다. 그렇게 되면, 윤노빈 선생의 말대로, '하는 놈'이 되기 십상입니다. 상대는 물론 자신까지도 하느님으로 모실 만한 영혼의 여유가 없기 때문입니다.

조개(박상희)는 〈개벽파선언〉을 읽으면서 '자유로운 기분이 들었다'고 하였습니다. 아마 제가 『장자』를 읽거나 방탄소년단의 '에어플레인 파트 투'를 들을 때와 같은 기분이 들었나 봅니다. 그래서 '자유하고' 싶은 저로서는 대단히 반가운 소감이자 영광스런 찬사가 아닐 수 없습니다. '개벽'이 이 시대의 청년들에게 자유를 느끼게 해 주는 말이 되었으면 좋겠습니다. 삼일독립운동이 끝난 직후에 《개벽》이라는 잡지가 나온 것도 자유하고 싶어서였을 것입니다.

축구하는 여성 하야티의 글도 감동적이었습니다; "(축구회 회원이 되
어) 운동장에서 버티는 동안 축구를 잘 하는 사람이 되지는 못했지만
그냥 '축구를 하는' 사람은 되었던 것처럼 … 저도 모르게 '개벽하는'
사람이 되어 있겠지요." 의미심장한 말입니다. 어쩌면 우리는 지금까
지 '그냥 하는' 청년보다는 '잘 하는' 청년을 선호했고, '즐겨하는' 학생
보다는 '경쟁하는' 학생을 길러냈구나 하는 생각이 들었습니다. 벽청
들이 유독 '개벽하다'나 '평화하다', '자유하다'를 선호한 이유도 이런
말들에는 경쟁이나 우열이 없기 때문일 것입니다. 시험어, 경쟁어, 우
열어보다는 개벽어, 평화어, 자유어가 본능적으로 편한 것이겠지요.
어쩌면 방탄소년단의 성공 요인도 젊은이들이 하고 싶어 하는 음악을
자유롭게 할 수 있는 마당과 환경을 만들어 준 데 있지 않았나 생각합
니다. 벽청들이 공부했던 '하자센터'도 그런 취지에서 만들었을 것 같
고요.

7. 반년의 성과

〈개벽파선언〉과 「개벽학당」에 대한 벽청들의 전체적인 소감은 "잃
어버린 개념들을 되찾고 자기가 서 있는 위치를 파악했으며, 자기가
해야 할 일을 찾았고 세계를 새롭게 인식했다. 앞으로 개벽의 삶을 살
고 개벽파의 길을 가겠다."는 내용이 대부분이었습니다. 이 외로도,

"개벽이 종교언어가 아니라 포함하고 회통하고 화합하자는 말이라는 사실을 처음 알게 되었다."는 고백과 "개벽학을 하려면 앞으로 한자 공부에 정진해야겠다."(망창)는 다짐도 있었습니다. "개벽학당에 발을 들이기 전에는 〈개벽파선언〉을 읽어도 무슨 말인지 머리에 들어오지 않았다. 하지만 종강을 앞두고 다시 들춰 보니 지난날과는 달리 술술 읽혔다. 그래서 공부를 잘 했구나 싶었다."(하이)는 내용도 반가웠고요. 불과 4개월 동안에 이 정도의 반응이라면 성공적이었다고 자평합니다. 이런 내공과 다짐이라면 벽청들도 더 이상 방황하거나 휘둘리지 않고 자신의 길을 묵묵히 갈 수 있을 것입니다.

8. 가고 싶은 길

지난주에 하자센터에서 '다른백년' 3주년 기념행사가 있었습니다. 다섯 분이 테드(TED)* 형식의 짧은 강연을 해 주셨는데, 광주(김봉준), 북한(김화순), 생태(김유익), 경제(이래경) 등등 하나같이 개벽학이 고민해야 할 중요한 주제들이었습니다. 그중에서도 특히 '숲 속의 도서관'에 대해 강연해 주신 박연식 선생님의 『이상한 나라의 엘리스』에 나오는 이야기가 「개벽학당」의 모습을 연상시켰습니다

엘리스가 숲 속에 이르자 여러 길이 나 있었다. 마침 나무 위에 고양이가 있어서 물어 보았다

● TED(Technology Entertainment Design) 미국에서 주최되는 연례 국제 콘퍼런스 "퍼뜨릴 만한 아이디어"라는 슬로건 아래, 1984년부터 심리학, 철학, 디자인, 과학, 음악, 미술, 운동, 종교, 교육 등 수많은 분야 사람들이 18분 동안 혼신을 다해 발표하는 형식. 이후 이러한 형식을 딴 수많은 발표회가 만들어져, 새로운 발표 형식을 대표하는 이름이 되었다. TED가 요구하는 까다로운 조건에도 불구하고 한국은 인도 다음으로 많은 수의 TEDx 프로그램을 진행, 전 세계 2위의 활동량을 보유하고 있다.

엘리스: "어느 길로 가야하지?"

고양이: "어느 길로 가고 싶은데?"

엘리스: "모르겠어."

고양이: "그럼 상관없잖아."

개벽은 '가야 할 길'이 아니라 '가고 싶은 길'입니다. 당연지도(當然之道)가 아니라 자유지도(自由之道)입니다. 제가 가고 싶은 길은 청년들이 가고 싶어 하는 길을 열어주는 것입니다. 그것이 저의 개벽의 길입니다. 지난 6개월간의 〈개벽파선언〉과 4개월간의 「개벽학당」은 그런 점에서 행복한 시간이었습니다. 저에게 개벽할 수 있는 마당을 마련해 주신 〈개벽파선언〉의 기획자이자 개벽학당의 창시자인 이병한 선생님을 비롯해서 다른백년의 이래경 이사장님, 그리고 개벽학당의 김현아 선생님과 벽청들에게 감사드립니다. 지난 반년 동안 바쁜 일정 속에서도 꼬박꼬박 서신을 쓰시느라 고생 많으셨습니다. 앞으로도 '가고 싶은 길'을 마음껏 가시기 바랍니다. 제가 도울 수 있는 일이 있으면 언제든지 합작하고 공공하겠습니다. 20190702

혁명에서 개벽으로

여기저기에서 "촛불혁명 이후로 달라진 게 별로 없다."는 말을 듣곤 한다. 이 말이 사실이라면 그것은 아마도 촛불이 개벽이 아니라 혁명이었기 때문일 것이다. 혁명이 일회적 사건이라면 개벽은 일상의 연속이다. 지금 벌어지는 '불매운동'이 과거와 달리 일상화가 되고 있다면, 그것은 개벽적 차원에서 전개되기 때문이라고 말할 수 있으리라. 마찬가지로 1894년의 동학농민혁명이 25년 뒤에 삼일독립운동으로까지 이어졌다면, 그것은 혁명이 아닌 개벽을 지향했음을 의미한다. 그리고 그 운동이 오늘날의 촛불혁명으로 이어졌다면, 그 운동은 실패한 혁명이 아니라 지속적 개벽으로 평가되어야 할 것이다.

최근에 전개되는 '탈일'(脫日)운동은 일본으로부터 기술적으로, 경제적으로 독립하겠다는 의지의 표명이지 결코 일본과 담을 쌓거나 일본을 지배하겠다는 뜻은 아닐 것이다. 그런 점에서 후쿠자와 유키치의 탈아(脫亞)와는 근본적으로 다르다. 왜냐하면 '탈아'의 일본은 아시아를 벗어나는 것을 넘어서 아시아를 지배하는 길로 나아갔기 때문이다. 반면에 동학의 개벽은 철학적 탈아(脫亞)를 추구하였다. '하늘'이라는 자신의 언어로 '하늘한다'(天道)는 자신의 철학을 시도해 본 것이다. 그렇다고 해서 그것이 편협한 국수주의나 이기적인 자기중심주의(各自爲心)에 빠진 것도 아니다. 누구나 모시고 있는 자기 안의 보편적인 하늘을 발견해서, 그 하늘을 실천하는 삶을 지향했기 때문이다. 그런 점에서 그것은 또 다른 의미에서의 탈아(脫我)라고 할 수 있다.

일본 근대가 추구한 탈아입구는 중국 대신에 서구라고 하는 또 다른 질서로의 편입이었다는 점에서 태생적인 한계를 안고 있었다. 자신이 직접 새로운 세계관을 구축하는 것이 아니라 또다른 기존의 세계관에 기대는(有待) 것이기 때문이다. 그런 점에서 궁극적으로 벗어난(脫) 것은 없다고 해도 과언이 아니다. 진정으로 벗어나려면 '탈아입구'에서 '탈아출구'(脫亞出歐)로까지 나아갔어야 했다. 그리고 이때의 '탈'도 침탈을 위한 '탈'이 아니라 진정한 자유와 독립을 위한 '탈'이 되었어야 했다. 그런 탈아입구적 근대화의 한계가 지금 우리가 보고 있는 일본의 모습이다.

그러나 이것은 한가한 남 얘기가 아니다. 해방 이후에 우리의 사상적 지형도가 개벽에서 개화로 넘어간 것은 일본의 탈아입구적 근대화를 따라갔기 때문이다. 그 결과는 서구라는 또 다른 중국에의 정신적 종속이었다. 그리고 그 예속성은 근대화의 후발주자이니만큼, 그리고 식민지 지배까지 겪은 나라이니만큼, 일본보다도 훨씬 더 심각했다. 『개벽파선언』의 첫머리를 '디톡스'(해독) 이야기로 시작하는 것도 이러한 이유에서이다.

지난 촛불혁명과 최근의 탈일 운동은 이제 우리가 진정으로 입구(入歐)에서 출구(出歐)로까지 나아가야 하는 시점에 와 있다는 역사적 신호일 것이다. 그것은 다른 말로 하면 '서구적 근대화로부터의 탈출'이고 '한국적 근대화로의 재진입'이다. 동학 식으로 말하면 '다시 개벽'인 셈이다. 외국 문헌만 많이 인용하면 평가받던 시대, 외국에서 인정받아야 국내에서 알아주는 풍토, 서양학자들의 이론을 이해하면 만족하는 태도…. 이런 20세기적 문화는 모두 서구적 근대화의 잔재에 다름 아니다. 그것은 당사자인 자신들에게는 좋을지 몰라도 그들의 수업이나 지도를 받는 학생들에게는 세뇌나 곤욕에 다름 아니다. 나는 이런 교육을 받고 자란 개화세대이다.

내가 생각하기에 이 선언을 기획하고 제안한 이병한 선생이야말로 학계의 진정한 '개벽의 일꾼'이다. 그 연배에서 그만큼 개벽의 의지가 확고한 학자를 본 적이 없다. 뿐만 아니라 구체적인 비전과 실천까지 겸비하였다. 이 선언이 하나의 계기가 되어 우리 사회가 진정으로 '개벽하러 가는 길'로 나아갔으면 하는 바람이다. 설령 그 짐이 버겁고 그 길이 멀지라도 말이다(任重道遠).

개벽학당의 자리타가 "개벽의 길을 떠나려 하니 울고 싶어졌다."고 했는데, 그러면 울면서 하면 되지 않을까? "독립운동은 못 했어도 불매운동은 한다."는 게 요즘 젊은이들의 구호이던데, 독립운동을 하는 사람들은 매일같이 울었을 것이다. 그 짐이 너무 무겁고 그 길이 너무

험난한데, 그것을 대신해 줄 사람도 없고 그것을 피해갈 수도 없었기 때문이리라. 개벽이 힘들면 울면서 하면 될 것이다. 그러나 『개벽과 선언』도 이병한 선생과 둘이서 '공공' 했듯이, 「삼일독립선언문」도 33인이 같이 낭독하고 전 국민이 동참했듯이, 같이 하면 울어도 즐겁고 덜 힘든 법이다. 그것이 '한(恨)을 넘어선 한(天)의 경지'일 것이다.

2019년 8월 13일 새벽 조성환

찾아보기

개벽하러 가는 길

다른 백년 다시 개벽

등록   1994.7.1 제1-1071
1쇄 발행   2019년 9월 20일

지은이   조성환 이병한
펴낸이   박길수
편집장   소경희
편 집   조영준
관 리   위현정
디자인   이주향
펴낸곳   도서출판 모시는사람들
        03147 서울시 종로구 삼일대로 457(경운동 수운회관) 1207호
전 화   02-735-7173, 02-737-7173 / 팩스   02-730-7173
홈페이지   http://www.mosinsaram.com/

인 쇄   천일문화사(031-955-8100)
배 본   문화유통북스(031-937-6100)

값은 뒤표지에 있습니다.
ISBN   979-11-88765-57-7   03100

이 도서의 국립중앙도서관 출판예정도서목록(CIP)은 서지정보유통지
원시스템 홈페이지(http://seoji.nl.go.kr)와 국가자료공동목록시스템
(http://www.nl.go.kr/kolisnet)에서 이용하실 수 있습니다.(CIP제어번호:
CIP2019032723)

개혁과 선언 을 함께하는 사람들

가림	도로롱	박흥선
갈매나무	돌몽	방상언
감주영	동녘	보리
강국진	로샤	부산온배움터 채상병
강동훈	마카야 배	서가재
고근호	맑은바람	석승억
고석수	망크	송주환
고화숙	메이텐	아루나
공철	모르는 나	아시반
권택정	모세	아청
그랜드	목암	아침
그루	묘수	아침바다
금시행복	무욕무심	엄옥희
김산	문경미	엄용훈88
김가민가	미래파	오세영
김동희	바람의 환생	와이맨 젊은피
김민웅	박대성	운동화
김석환(탱구)	박도연	웨딩그랜덤
김세리	박맹수	유민주
김수현	박민희	유상용
김연숙	박부영	유용태
김재익	박상훈	유채운
김재형	박승규	윤여경
김지혜	박은정	윤창원
김현우	박인규	이나미
깔베	박인섭	이반석
날아라원더우먼	박인전	이상민
노숙경	박재현	이수호
노자산	박해란	이슬아
대안세상	박활민	이원진

──────── 여러분이 모두 개벽파입니다. 고맙습니다.

이윤복	철돌이	hje****
이정아	철암 김영욱	Hyenwook Kang
이주연	최다울	Jaeseon Lee
이준석	최영선	Justice
이창준	최한울	jy90****
이효정	최흥주	kimbon****
일상의 소중함	풍운아	kj****
자유인	하서영	life안내자
장구갑	햅번	ljp
장유리	허남진	Nagyung Gu
정덕재	허은실	openblu****
정명주	호야호야	pch
정민주	홍석현	peacetre****
정혜정	황광석	polaris
정화식	황희준	salimjung
제이	효성	Sejin Kim
조강	히옥스	spring
조성환	-	sukdoo@won.or.kr
조아저씨	-	sung****
조이	8510****	sung****
조정훈	Ahn Sang-soo	tangri****
조형재	alyssa****	UN사무총장
주선원	butt****	wsn****
주재헌	Carpediem	YERIN
중암	Chan Yoon	Yonghan Kim
지리산	cmy****	Yoonhee Kim
진산서당	Dreamruler	ysh0****
진철군	fabian	
짱평	GE Son	
천지연	growny	

별도의 요청이 없는 경우 후원시에 등록하신 별칭으로 기재하였습니다.
순서는 기재 이름의 가나다 순입니다.